CB004339

ORGANIZAÇÕES
DO CONHECIMENTO

INFRA-ESTRUTURA, PESSOAS E TECNOLOGIA

2ª edição
REVISTA E AMPLIADA

www.saraivauni.com.br

Maria Terezinha Angeloni (org.)

ORGANIZAÇÕES DO CONHECIMENTO

INFRA-ESTRUTURA, PESSOAS E TECNOLOGIA

Ana Luísa Mülbert, Carlo Gabriel Porto Bellini, Caroline Brito Fernandes, Clarissa Carneiro Mussi, Cláudia Romani, Daniela Grotto, Eduardo Sguario dos Reis, Fábio Andreas Richter, Fábio Leandro Moratti Teixeira, Juarez Jonas Thives Jr., Liane Carly Hermes Zanella, Márcia Cristina Schiavi Dazzi, Maria Terezinha Angeloni, Mário de Souza Almeida, Maurício Fernandes Pereira, Rita de Cássia de Faria Pereira, Rogério Brasiliense Machado, Sandro Clemes, Vicente de Bona Sartor

2ª edição
revista e ampliada

Editora
Saraiva

Editora Saraiva

Rua Henrique Schaumann, 270
Pinheiros – São Paulo – SP – CEP: 05413-010
PABX (11) 3613-3000

SAC | 0800-0117875
De 2ª a 6ª, das 8h30 às 19h30
www.editorasaraiva.com.br/contato

Direção editorial	Flávia Alves Bravin
Coordenação editorial	Rita de Cássia S. Puoço
Editorial Universitário	Luciana Cruz
	Patricia Quero
Editorial de Negócios	Gisele Folha Mós
Produção editorial	Daniela Nogueira Secondo
	Rosana Peroni Fazolari
	William Rezende Paiva
Produção digital	Nathalia Setrini Luiz
Suporte editorial	Najla Cruz Silva
Arte e produção	Candombá
Capa	Casa de Idéias
Produção gráfica	Liliane Cristina Gomes
Impressão e acabamento	Assahi Gráfica

ISBN 978-85-02-06196-5

CIP-BRASIL. CATALOGAÇÃO NA FONTE
SINDICATO NACIONAL DOS EDITORES DE LIVROS, RJ.

Organizações do conhecimento: infra-estrutura, pessoas
e tecnologia / Maria Terezinha Angeloni (org.) Ana Luísa
Mülbert... [et al.]. – 2.ed. – São Paulo: Saraiva, 2008

Inclui bibliografia
ISBN 978-85-02-19383-3

1. Gestão do conhecimento. 2. Aprendizagem
organizacional. I. Mulbert, Ana Luísa. II. Angeloni, Marla
Terezinha, 1950 –.

06-4600   CDD-658.4038
         CDU 658.012.45

2ª Edição
1ª tiragem: 2008
2ª tiragem: 2012
3ª tiragem: 2014

SOBRE OS AUTORES

ANA LUÍSA MÜLBERT
Graduada em Ciências da Computação e mestre em Administração pela Universidade Federal de Santa Catarina. Professora da Universidade do Sul de Santa Catarina.

CARLO GABRIEL PORTO BELLINI
Graduado em Ciências da Computação, mestre e doutor em Administração em Sistemas de Informação pela Universidade Federal do Rio Grande do Sul. Professor e pesquisador da Universidade Federal da Paraíba.

CAROLINE BRITO FERNANDES
Graduada e mestre em Administração pela Universidade Federal da Paraíba. Oficial do Programa das Nações Unidas para o Desenvolvimento.

CLARISSA CARNEIRO MUSSI
Graduada em Ciências da Computação, mestre em Administração pela Universidade Federal de Santa Catarina, doutora em Administração na FEA/USP. Professora e pesquisadora da Universidade do Sul de Santa Catarina.

CLÁUDIA ROMANI
Graduada em Biblioteconomia e mestre em Administração pela Universidade Federal de Santa Catarina. Colaboradora no Serviço Nacional de Aprendizagem Industrial — Senai-DR-SC e coordenadora da Rede de Unidades de Informação.

DANIELA GROTTO
Graduada e mestre em Administração pela Universidade Federal de Santa Catarina. Diretora Administrativa da Pomesul.

EDUARDO SGUARIO DOS REIS
Graduado em Engenharia Civil, especialista em Gestão de Sistemas de Informação, mestre em Administração pela Universidade Federal de Santa Catarina. É gestor do Centro de Tecnologias da Informação para Governo Eletrônico de SC. Diretor-presidente do Pólo SC da Sociedade Brasileira de Gestão do Conhecimento. Autor de trabalhos sobre GC, Estratégia e Tecnologia.

FÁBIO ANDREAS RICHTER
Administrador e mestre em Administração pela Universidade Federal de Santa Catarina.

FÁBIO LEANDRO MORATTI TEIXEIRA
Graduado em Gestão de Sistemas de Informação pela Faculdade Estácio de Sá de Santa Catarina. Especialista em Desenvolvimento de Sistemas de Gestão.

JUAREZ JONAS THIVES JR.
Graduado em Ciências da Computação, mestre em Administração e doutor em Engenharia da Produção e Sistemas pela Universidade Federal de Santa Catarina. Professor da Universidade do Vale do Itajaí e da Faculdade Estácio de Sá de Santa Catarina.

LIANE CARLY HERMES ZANELLA
Administradora pela Universidade Federal de Santa Catarina, especialista em Administração de Agroindústria pela Fundação para o Desenvolvimento de Recursos Humanos de Porto Alegre e mestre em Administração pela Universidade Federal de Santa Catarina. Professora e pesquisadora do Departamento de Ciências da Administração da Universidade Federal de Santa Catarina.

MÁRCIA CRISTINA SCHIAVI DAZZI
Economista pela Universidade Federal do Rio Grande do Sul e mestre em Administração pela Universidade Federal de Santa Catarina. Professora da Universidade do Vale do Itajaí.

MARIA TEREZINHA ANGELONI
Graduada em Administração pela Universidade Federal de Santa Catarina, mestre em Administração pela Universidade Federal da Paraíba, doutora em Administração pela Université Pierre Mendes France, em Grenoble, França. Professora e pesquisadora da Universidade do Sul de Santa Catarina. Autora de artigos científicos e de capítulos de livro. Presidente do Conselho Científico da Sociedade Brasileira de Gestão do Conhecimento — SBGC.

MÁRIO DE SOUZA ALMEIDA
Graduado em Administração de Empresas pela Escola de Administração de Empresas da Fundação Getulio Vargas de São Paulo, mestre em Administração e doutor em Engenharia de Produção e Sistemas pela Universidade Federal de Santa Catarina. Professor e pesquisador do Departamento de Ciências da Administração da Universidade Federal de Santa Catarina.

Maurício Fernandes Pereira
Graduado em Administração e mestre e doutor em Engenharia da Produção e Sistemas pela Universidade Federal de Santa Catarina. Professor do Departamento de Ciências da Administração da Universidade Federal de Santa Catarina.

Rita de Cássia de Faria Pereira
Graduada e mestre em Administração pela Universidade Federal da Paraíba, doutora em Administração pela Universidade do Rio Grande do Sul. Professora e pesquisadora da Universidade Federal da Paraíba.

Rogério Brasiliense Machado
Graduado em Administração e pós-graduado em Sistemas de Informação pela Universidade Federal de Santa Catarina. Diretor-geral da RBM — Soluções em Informática Ltda.

Sandro Clemes
Graduado e mestre em Administração pela Universidade Federal de Santa Catarina.

Vicente de Bona Sartor
Graduado em Administração e em Letras (português, inglês e italiano) pela Universidade Federal de Santa Catarina. Especialista em Administração Escolar e Recursos Humanos pela Universidade Federal de Santa Catarina. Professor de vários cursos de pós-graduação e diretor acadêmico da Escola Superior de Administração de Criciúma/SC.

"Muitos dos deuses da criação em todas as culturas e através dos séculos não criaram com perfeição logo da primeira vez. A primeira tentativa pode sempre receber aperfeiçoamentos, assim como a segunda e muitas vezes a terceira e também a quarta. Isso não tem nada a ver com a nossa habilidade e talento. É simplesmente a vida, evocativa e em evolução."
Clarissa Pinkola Estés

A vida de um ser humano é repleta de grandes desafios. Assim também é a vida das organizações, nas quais um desses grandes desafios é o trabalho em equipe. Projetar algo implica propor à equipe um trabalho ordenado e condicionado ao objetivo final.

Coordenar um livro com diversos autores tendo como objetivo construir uma obra com coerência entre os diversos textos escritos consistiu em um grande desafio, que felizmente foi cumprido com a publicação da primeira edição.

Quando pensamos que esse desafio estava superado, surge um novo, que pode ser considerado ainda mais complexo: a edição revisada da obra.

Dada a dinamicidade da vida, alguns daqueles autores — certamente, em busca dos seus ideais — trilharam caminhos diferentes, não sendo possível, portanto, reunir a mesma equipe em torno de um *novo* objetivo comum e compartilhado. Assim, obtivemos sucesso na revisão de alguns capítulos; e, de outros, não.

Deparamo-nos, na prática, com a tão propalada dificuldade de reter o conhecimento tácito dos integrantes de uma equipe ou organização. Quando esses integrantes se vão, levam consigo uma parte da "massa cinzenta" da equipe, deixando-a com uma espécie de amnésia não recuperável.

Os saberes individuais que fizeram parte de uma equipe naquele momento hoje não mais constroem a sinergia positiva do Núcleo de Estudos de Gestão da Informação, do Conhecimento e da Tecnologia. Esses saberes estão iluminando outras paragens, outras organizações, outros saberes individuais. Um ciclo da vida se encerrou, novos ciclos foram vivenciados e outros recomeçaram, cumprindo o papel da dinamicidade da vida.

Quanto à estrutura da obra nesta sua segunda edição, na Primeira Parte, foram revisados os capítulos: *A gestão organizacional: em busca do com-*

portamento holístico; Estilo gerencial nas organizações da era do conhecimento; e *Estrutura: o desenho e o espírito das organizações.*

Na Segunda Parte, foram revisados os capítulos: *Aprendizagem organizacional como um processo para alavancar o conhecimento nas organizações; O compartilhamento do conhecimento nas organizações*; e *Criatividade e inovação nas organizações do conhecimento.*

Na Terceira Parte, foram revisados os capítulos: *A tecnologia de* workflow *e a transformação do conhecimento; As redes como tecnologia de apoio à gestão do conhecimento*; e *Gerenciamento eletrônico de documentos e sua inter-relação com a gestão do conhecimento*; foi ampliado o capítulo *Gestão do conhecimento e* data warehouse: *alavancagem no processo decisório*, que passou a denominar-se Business intelligence: *tecnologia alavancando a criação de conhecimento*; e um novo capítulo foi incluído: *Portal do conhecimento: integrando estratégias, pessoas e informações*, mesmo constando da versão original um capítulo sobre redes (internet, extranet e intranet) considerando, segundo Saldanha (2007) que os portais trazem toda a potencialidade da tecnologia da informação para as intranets e fazem uma conexão mais forte com o negócio da empresa.

Assim, mais uma vez o espírito de equipe ressurgiu das cinzas e possibilitou reunir uma parte dos colaboradores iniciais e novos colaboradores para novamente refletir sobre as organizações da era do conhecimento, cumprindo cada qual o seu papel de disseminador do conhecimento organizacional. A cada um deles e à Editora Saraiva, nossos especiais agradecimentos.

Maria Terezinha Angeloni

SUMÁRIO

CAPÍTULO 14 Portal do conhecimento: integrando estratégias, pessoas e informações

A gestão do conhecimento cada vez mais se constitui em foco de análise e aplicação nas organizações. Não se pode negar sua relevância na gestão organizacional, fato que exige uma nova postura com relação aos desafios organizacionais contemporâneos. Além das permanentes demandas por eficiência, eficácia e efetividade e da necessidade de competir agressivamente em um mercado global, a noção de que os espaços organizacionais precisam ser ocupados por uma práxis mais substantiva, no sentido de promover a ação administrativa a uma categoria superior em relação à ética e à legitimação intrínseca pelos indivíduos, leva a repensar a função da gestão como elemento da epistemologia das organizações. O estudo dos saberes humanos e, de modo mais amplo, do conhecimento organizacional, pode conduzir à geração de subsídios que permitam criar uma nova organização, na qual se observem não comportamentos prescritos, mas ações autônomas de mudança.

Antes de expor o conceito de gestão do conhecimento que permeia as discussões de todos os estudos realizados nesta obra, é preciso definir o que é conhecimento. Com esse intuito, é útil distinguir os termos *dado*, *informação* e *conhecimento*. Os *dados* referem-se a elementos descritivos de um evento e são desprovidos de qualquer tratamento lógico ou contextualização. Eles comunicam um estado da realidade pura e têm base factual. A *informação*, cuja origem etimológica é o vocábulo latino *informatio*, que designa a ação de *informare* — dar forma, moldar —, corresponde a uma representação mental do mundo empírico. A construção de uma informação envolve atividades como coleta, classificação e aglutinação de dados. Ao contrário dos dados, a informação não possui sentido imanente, próprio, sendo sempre o produto de relações sistemáticas entre fatos[1]. A informação está inserida em uma rede de relações que lhe confere sentido e, portanto, utilidade. Em outras palavras, a informação pode ser entendida como um conjunto de dados selecionados e agrupados segundo um critério lógico para a consecução de um determinado objetivo. O *conhecimento*, a despeito

---

[1] DEUTSCH, Karl. *Os nervos do governo:* análise de modelos de comunicação e do controle político. Rio de Janeiro: Bloch, 1971.

das múltiplas interpretações que o termo recebe, traz em si um conjunto de informações pertinentes a um sistema de relações crítica e valorativamente elaborado. Conhecimento não é sinônimo de acúmulo de informações, mas sim de um agrupamento articulado delas por meio da legitimação empírica, cognitiva e emocional. O termo conhecimento significa *compreender* todas as dimensões da realidade, captando e expressando essa totalidade de forma cada vez mais ampla e integral[2].

A gestão do conhecimento organizacional é um conjunto de processos que governa a aquisição, a criação, o compartilhamento, o armazenamento e a utilização de conhecimento no âmbito das organizações. Uma organização do conhecimento é aquela em que o repertório de saberes individuais e dos socialmente compartilhados pelo grupo é tratado como um ativo valioso, capaz de entender e vencer as contingências ambientais. Nessa organização se observa uma forte ênfase na criação de condições ambientais, sociais e tecnológicas que viabilizem a geração, a disponibilização e a internalização de conhecimentos por parte dos indivíduos, com o propósito de subsidiar a tomada de decisões.

Em busca de um modelo teórico para a organização do conhecimento

Antes de discorrer sobre o novo modelo teórico de organização do conhecimento a ser apresentado, é oportuno apreciar os trabalhos de outros pesquisadores que, por seu caráter de pioneirismo e legitimidade científica, inspiram e auxiliam o esboço de uma proposta inovadora de organização. Para esse fim, foram selecionados os trabalhos de Donald Schon (1971) e de Jean Yves Prax (1997), autores que observam de modo peculiar a dinâmica social, *lato sensu*, e a organizacional, *stricto sensu*. Suas pesquisas servem a este estudo não apenas por fornecerem uma perspectiva histórica dos entendimentos acerca dos sistemas social e organizacional, mas também por apresentarem uma visão ampliada de questões concernentes à epistemologia organizacional.

[2] MORIN, Edgar. *O método*: o conhecimento do conhecimento. Trad. Juremir Machado da Silva. Porto Alegre: Sulina, 1999.

Donald Schon e a organização como sistema epistemológico

Nos domínios da organização, os indivíduos interpretam a realidade segundo experiências, conceitos e valores convencionados, internalizados durante o processo de socialização ocorrido dentro e fora dos limites organizacionais. Supor que as organizações possuem critérios peculiares de apreensão do mundo equivale a admitir que todo sistema social é um sistema epistemológico, isto é, um mecanismo de produção e reprodução de conhecimento. Ao compreender esse fenômeno, deve-se reconhecer a necessidade de análise e planejamento de sistemas sociais — e, em particular, organizacionais — não apenas por critérios técnicos, mas valorativos.

Donald Schon foi pioneiro, em 1971, ao tratar a organização social como sistema de aprendizagem. Por trás desse entendimento, está a idéia de que toda organização é um sistema epistemológico. O caráter epistemológico é primordial para qualquer tipo de organização[3]. O modelo de organização de Schon leva em conta suas bases epistemológicas. Assim, todo sistema social é constituído por uma **estrutura**, uma **tecnologia** e uma **teoria**.

A **estrutura** consiste nas relações estabelecidas entre os indivíduos e na organização dos atributos básicos e dos papéis a serem desempenhados por eles, não apenas do ponto de vista burocrático-legal, mas também do informal, já que tais papéis são eivados de comprometimentos ideológicos, teóricos e indicam certo *status*. Existe, assim, uma estrutura informal paralela à formal, que reagiria mais rapidamente às situações, na medida em que apresenta maior flexibilidade do que o formalismo burocrático.

A **tecnologia** é o conjunto de normas, ferramentas e técnicas consistentes que visam a otimizar atividades e alcançar metas. Tecnologia aqui não é apenas sinônimo de informática, mas também de técnicas e modos conhecidos de implementar as ações organizacionais. Não existe sistema social sem uma tecnologia pela qual ele tenha se desenvolvido[4].

---

[3] RAMOS, Alberto G. *A nova ciência das organizações*: uma reconceituação da riqueza das nações. Rio de Janeiro: Fundação Getulio Vargas, 1981.

[4] SCHON, Donald. *Beyond the stable state*. Nova York: Norton Library, 1971.

A **teoria** exprime-se pelo conjunto de regras epistemológicas por meio das quais se interpretam a realidade interna e a externa ao ambiente organizacional. Como na estrutura, há uma teoria formal e uma teoria informal coexistindo na organização. A teoria formal seria aquela que preconiza normas de conduta profissional, técnica e ética, e a informal diria respeito a noções subjacentes acerca do trabalho e do negócio, normas e práticas não oficializadas e decorrentes de experiências passadas.

As três dimensões constitutivas dos sistemas sociais encontram-se sobrepostas na dinâmica concreta da vida humana associada, apresentando, cada uma delas, áreas de interação com as demais. Uma visualização gráfica dessa proposta é mostrada na Figura 1[5], abaixo.

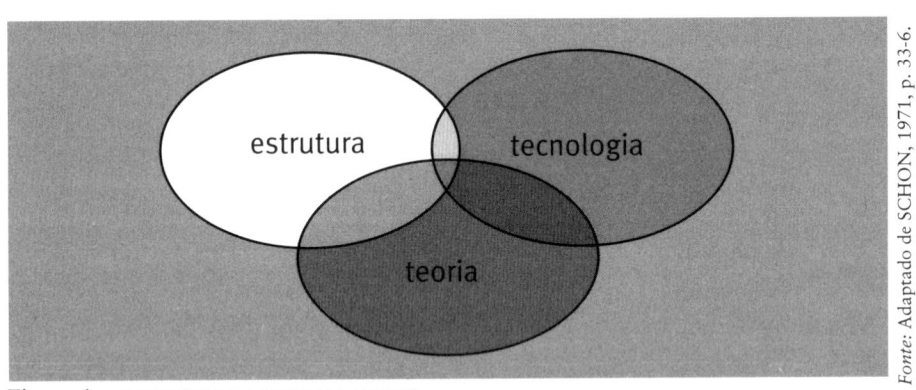

Fonte: Adaptado de SCHON, 1971, p. 33-6.

Figura 1 DIMENSÕES DOS SISTEMAS SOCIAIS

Eventuais modificações em uma das dimensões formativas anteriormente comentadas geram efeitos sobre as outras, devido à sua interatividade. Contudo, a teoria pode ser vista como a base do sistema social, por seu caráter normativo e prescritivo, que desencadeia as opções e as relações empreendidas no ambiente sistêmico[6].

O MODELO TRIDIMENSIONAL DE PRAX

O **modelo tridimensional de Prax** se fundamenta em três dimensões de análise, necessárias à busca da transformação de uma organização baseada no

[5] SCHON, 1971, p. 33-6.
[6] RAMOS, 1981.

paradigma de comando e controle em uma organização baseada no paradigma do conhecimento: a **dimensão do homem** e seu conhecimento, a **dimensão da empresa** e o conhecimento organizacional e a **dimensão de novas tecnologias** e a engenharia do conhecimento coletivo. Uma empresa voltada ao conhecimento emerge de interações contínuas e recursivas entre as três dimensões.

Na **dimensão do homem,** pode-se definir o complexo conceito de "conhecimento" por meio dos grandes estágios da história da comunicação — o oral, o escrito e o das novas tecnologias comunicacionais na empresa. Esses vários modos exercem uma grande influência sobre os modelos mentais e cognitivos dos agentes de comunicação.

A **dimensão da empresa** abrange os conceitos de conhecimento e comunicação e a problemática do conhecimento coletivo, ao mesmo tempo em que situa os jogos e perspectivas estratégicas desse conhecimento para as empresas contemporâneas.

A **dimensão de novas tecnologias** consiste em um elenco de recursos tecnológicos que favorecem a engenharia do conhecimento.

As dimensões e as variáveis do modelo proposto por Prax podem ser visualizadas na Figura 2, abaixo.

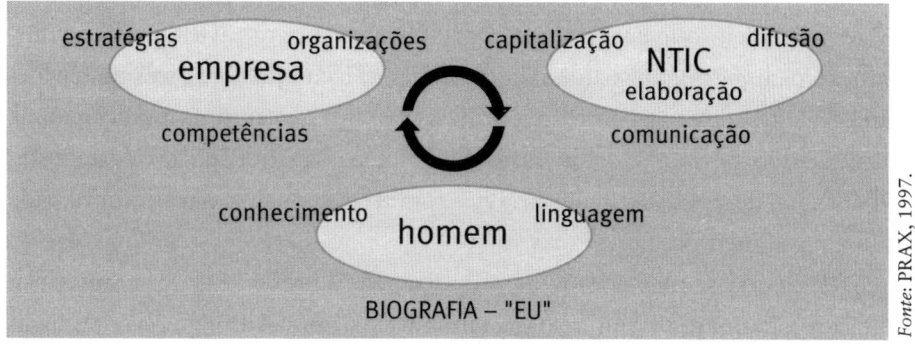

Figura 2 MODELO TRIDIMENSIONAL DE ORGANIZAÇÃO

UM MODELO ALTERNATIVO DE ORGANIZAÇÃO DO CONHECIMENTO
É oportuno salientar que, sempre que se pretende sugerir um modelo teórico acerca de um fenômeno social complexo, incorre-se em limitações prove-

nientes dos vieses perceptivos de quem o concebe, bem como de simplifica-ções incapazes de explicar a questão em sua totalidade. Com a consciência dessas limitações, da necessidade de flexibilidade da proposta e da evolução do mundo organizacional, articula-se aqui um modelo que está constante-mente sendo ampliado e reavaliado.

Revisando as proposições de Schon e Prax, percebe-se que a pesquisa sobre o tema organização do conhecimento não é uma prática tão incipien-te e recente. A constatação de que a organização é um celeiro de saberes que podem transformá-la qualitativamente já possui um respaldo histórico na literatura sobre Administração. Essa proposta não rejeita as anteriores, mas as toma como referência na tentativa de aprimorar conceitualmente o modelo de organização do conhecimento. O desenvolvimento desse mo-delo contou também com subsídios teóricos das obras de diversos autores do pensamento organizacional contemporâneo, como Ikujiro Nonaka, Jay K. Galbraith, Peter M. Senge, Ralph H. Kilmann, Ken Starkey, Thomas H. Davenport, Lawrence Prusak, Karl Erick Sveiby, Robert Putnam e Hirotaka Takeuschi. O estudo das reflexões desses pesquisadores foi de capital im-portância para o refinamento das idéias conceituais básicas que alicerçam o constructo, notadamente no que se refere ao delineamento das variáveis constitutivas do modelo.

O modelo que surge como uma alternativa para investigação e cons-trução de uma organização do conhecimento é composto de três dimensões interagentes e interdependentes: a **dimensão infra-estrutura organizacional**, a **dimensão pessoas** e a **dimensão tecnologia**. Partindo da proposta tridi-mensional de Prax, algumas variáveis foram selecionadas para compor cada uma das dimensões abordadas.

Como já se mencionou, as propostas de Schon e Prax serviram à ela-boração do modelo como referenciais teóricos, apesar de algumas premissas essenciais a essa nova proposição divergirem daquelas defendidas por esses autores. A principal diferença entre esse novo modelo e as postulações de Schon está na concepção de estrutura que cada um mantém. A estrutura em Schon seria como um arranjo de papéis e funções bem definidos, que inte-ragem com outros e formam uma cadeia de inter-relações. A premissa desse modelo de organização do conhecimento é que a estrutura compõe-se de uma gama de fatores mais ampla, que vai além de papéis e funções sociais e é planejada a partir do processo de trabalho da organização. Nesse caso, papéis socioorganizacionais, funções e cargos se tornam mais fluidos, menos limitados e predefinidos.

Enquanto o modelo de Prax enfatiza o aspecto tecnológico e comunicacional das organizações[7], essa nova proposta, imbuída de uma perspectiva holística, considera qualitativamente em equilíbrio as três dimensões constitutivas da organização do conhecimento. Tanto os métodos de estruturação organizacional, a criatividade e a intuição, como as ferramentas de gestão eletrônica de documentos, por exemplo, são entendidos como elementos fundamentais para uma organização produtora de conhecimento.

A Figura 3, abaixo, possibilita a visualização das três dimensões do modelo de organizações do conhecimento proposto: a infra-estrutura organizacional, as pessoas e a tecnologia.

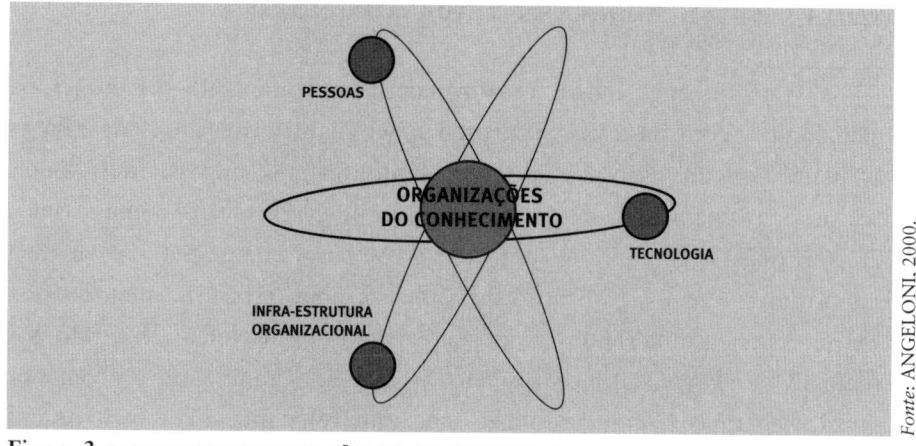

Fonte: ANGELONI, 2000.

Figura 3 MODELO DE ORGANIZAÇÕES DO CONHECIMENTO

A DIMENSÃO INFRA-ESTRUTURA ORGANIZACIONAL

Para que as organizações estejam aptas a competir no mercado atual, uma dimensão, aqui denominada infra-estrutura organizacional, deve ser desen-

---

[7] PRAX, Jean Yves. *Manager la connaissance dans l'entreprise:* les nouvelles technologies au service de l'ingenierie de la connaissance. Paris: INSEP, 1997.

volvida. Entre as variáveis importantes a serem implementadas inicialmente, propomos a visão holística, a cultura, o estilo gerencial e a estrutura, conforme demonstrado na Figura 4, abaixo.

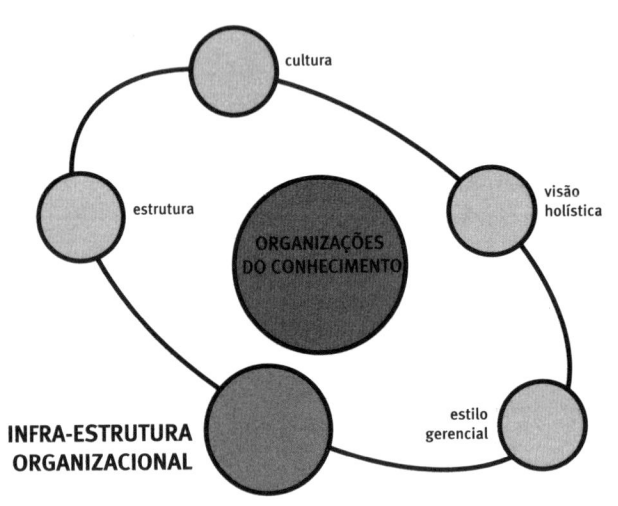

Figura 4 VARIÁVEIS DA DIMENSÃO INFRA-ESTRUTURA ORGANIZACIONAL

A visão holística busca transformar um entendimento organizacional fragmentado, com base no paradigma newtoniano-cartesiano, em uma visão mais ampla, a visão do todo. Para tanto, torna-se importante trabalhar a cultura da organização e a busca de um estilo gerencial que rompa com as características de comando e controle e passe para uma gestão participativa. É importante que a organização disponha de uma estrutura organizacional flexível. As estruturas rígidas propostas por teóricos do início do século XX, como Taylor e Fayol, entre outros, não são mais adequadas a um ambiente organizacional que exige uma rápida e constante (re)adaptação do meio organizacional e a efetiva participação de todos os colaboradores da organização.

A DIMENSÃO PESSOAS

Uma segunda dimensão diz respeito a características pessoais relacionadas ao conhecimento. É composta pelas variáveis aprendizagem, modelos mentais, compartilhamento, criatividade e inovação e intuição, conforme pode ser visualizado na Figura 5.

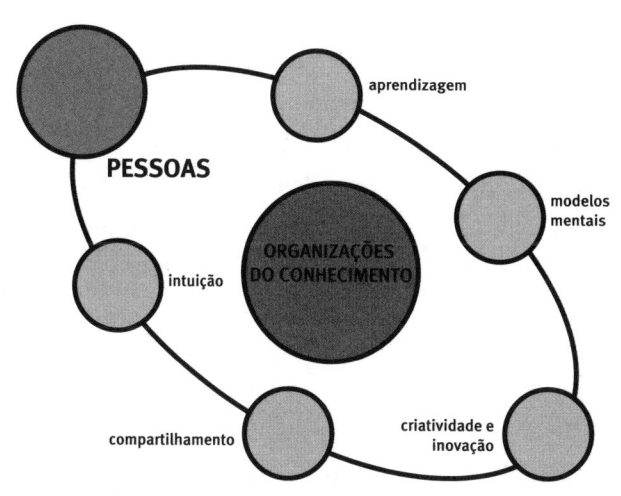

Figura 5 VARIÁVEIS DA DIMENSÃO PESSOAS

Em uma visão de totalidade, essa dimensão refere-se à integração dos vários níveis de conhecimento e de expressão, à ação coordenada de todos os indivíduos e ao desenvolvimento de suas habilidades. As condições para a ampliação do conhecimento estão vinculadas também à reeducação do ver, do ouvir e do corpo. "A maioria de nós cresceu em um ambiente de comando e controle, sendo muito difícil nos afastarmos disso, por mais que queiramos". Turner foi mais radical, chegando a formular a hipótese de que se devem desaprender práticas passadas, sendo necessário, para isso, trabalhar modelos mentais. Aprender e desaprender são qualidades essenciais aos colaboradores inseridos nas organizações da era do conhecimento.

Nesse contexto, a figura do líder e seu perfil funcional assumem novas configurações, tal qual a capacidade de construir uma visão compartilhada, de trazer à tona modelos mentais vigentes e de incentivar padrões mais sistêmicos de pensamento. A visão compartilhada refere-se à existência de objetivos comuns entre as pessoas, atuando de forma agregadora; os modelos mentais dizem respeito à maneira pela qual as pessoas entendem e explicam a realidade, e a visão holística envolve habilidades fundamentais, tais como enxergar inter-relações e processos, distinguir a complexidade de detalhes da complexidade dinâmica e evitar soluções sintomáticas.

A dimensão do homem destaca a necessidade de se considerar o agente humano nas organizações como artífice criador de conhecimento, e que as organizações, para não sucumbirem, devem proporcionar condições pertinentes ao trabalho criativo. O modelo de empresa hierárquica, em que a cúpula diretiva pensa e a base operária age, está dando passagem a um novo modelo, em que as idéias e ações devem acontecer em todos os níveis organizacionais[8].

A DIMENSÃO TECNOLOGIA

A implementação de uma infra-estrutura tecnológica constitui-se na terceira dimensão da gestão do conhecimento. Computadores, redes e *softwares* são ferramentas que estão sendo disponibilizadas para criar, armazenar, resgatar e distribuir conhecimentos. As organizações necessitam utilizar esses recursos tecnológicos para gerenciar seu conhecimento acumulado e em desenvolvimento. Vale destacar que a tecnologia deve ser considerada um suporte à gestão do conhecimento organizacional.

Dada a multiplicidade de tecnologias disponíveis no mercado, selecionamos para estudo, em momento inicial, redes, *data warehouse, workflow* e gerenciamento eletrônico de documentos (GED) como as principais tecnologias de suporte à engenharia do conhecimento. Na presente edição a variável *data warehouse* foi ampliada para *business intelligence* e um portal do conhecimento foi acrescentado, conforme Figura 6, na página ao lado.

Apresentadas as dimensões e variáveis do modelo de organizações do conhecimento proposto, passamos a discorrer sobre a forma como o livro está organizado.

Como o livro está organizado

A obra está estruturada em três partes, que correspondem a cada uma das dimensões de análise do modelo teórico sugerido, inseridas no novo paradigma organizacional e consideradas essenciais à transformação das

---

8 KIM, D. H. Administrando os ciclos de aprendizado organizacional. In: WARDMAN, K. T. *Criando organizações que aprendem*. Trad. Cynthia Azevedo. São Paulo: Futura, 1996, p. 66.

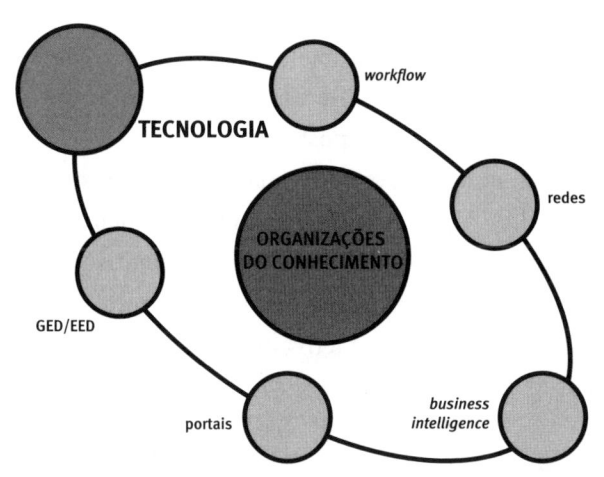

Figura 6 VARIÁVEIS DA DIMENSÃO TECNOLOGIA

organizações. Cada dimensão é articulada por meio do estudo de variáveis constitutivas, que as descrevem. Cada um dos capítulos trata de uma dessas variáveis e de seu papel na construção de uma organização voltada ao gerenciamento do conhecimento.

Recomendações para leitura

Os capítulos desta obra versam sobre diferentes temas de pesquisa em gestão de organizações do conhecimento. Não se deve pressupor, no entanto, que tais ensaios adotem posturas teóricas independentes e conflitantes entre si. Todos os autores se guiaram, na elaboração de seus textos, por um modelo teórico de organização construído e debatido coletivamente, segundo um objetivo definido e compartilhado. Mas, embora cada um desenvolva seu tema observando premissas teóricas congruentes com aquelas constitutivas do modelo ora em apresentação, seu estilo pessoal, sua subjetividade e postura científica expõem-se de forma clara e inevitável.

Considerando que o modelo de organização do conhecimento aqui proposto é constituído de três dimensões fundamentais — infra-estrutura organizacional, pessoas e tecnologia —, recomenda-se ao leitor que, antes de iniciar a leitura de um capítulo em particular, dedique-se a duas leituras preliminares: da introdução geral da obra e, em seguida, da introdução da dimensão (Primeira, Segunda e Terceira Partes) à qual pertence o capítulo que pretende ler. Tal estratégia irá facilitar o seu entendimento quanto ao contexto no qual o capítulo está inserido, seus pressupostos teóricos e sua função na formulação geral da proposta.

Dentro de cada dimensão, os temas não estão dispostos segundo qualquer critério valorativo que enseje determinada ordem de leitura. Cada texto tem seu valor no conjunto de categorias formativas desse modelo e, portanto, dispensa uma seqüência rígida em sua leitura. Da mesma forma, cada uma das dimensões — mais objetivamente os capítulos que a compõem — pode ser lida separadamente.

A quem se dirige o livro

Este livro destina-se a profissionais atuantes em organizações públicas ou privadas, professores e estudantes de ciências sociais, econômicas e tecnológicas — como Administração de Empresas, Economia, Sociologia, Psicologia Organizacional, Engenharia de Produção e Sistemas e Informática — e à comunidade científica que investiga as questões relativas ao conhecimento humano e à gestão das organizações. A discussão dos desafios e das implicações internas e externas da gestão do conhecimento é de amplo interesse da comunidade científica, do mundo econômico e dos demais enclaves da vida humana associada.

O tema é desenvolvido a fim de despertar o interesse pelo estudo e pela reflexão crítica quanto a um modelo de organização insurgente — a organização do conhecimento. A obra reflete um processo de questionamento teórico referente ao tema e representa a primeira etapa de uma pesquisa mais abrangente, que inclui o estudo de casos em organizações econômicas e tem como objetivo descrever o mundo empírico organizacional em cotejo com as prescrições teóricas estudadas.

REFERÊNCIAS

DEUTSCH, Karl. *Os nervos do governo:* análise de modelos de comunicação e do controle político. Rio de Janeiro: Bloch, 1971.

KIM, D. H. Administrando os ciclos de aprendizado organizacional. In: WARDMAN, K. T. *Criando organizações que aprendem.* Trad. Cynthia Azevedo. São Paulo: Futura, 1996.

MORIN, Edgar. *O método:* o conhecimento do conhecimento. Trad. Juremir Machado da Silva. Porto Alegre: Sulina, 1999.

PRAX, Jean Yves. *Manager la connaissance dans l'entreprise:* les nouvelles technologies au service de l'ingenierie de la connaissance. Paris: INSEP, 1997.

RAMOS, Alberto G. *A nova ciência das organizações:* uma reconceituação da riqueza das nações. Rio de Janeiro: Fundação Getulio Vargas, 1981.

SCHON, Donald. *Beyond the stable state.* Nova York: Norton Library, 1971.

PRIMEIRA PARTE
A DIMENSÃO INFRA-ESTRUTURA ORGANIZACIONAL

Dentre as dimensões que compõem as organizações do conhecimento, a infra-estrutura organizacional é a que contém os elementos responsáveis pela existência e manutenção da totalidade e da continuidade da organização.

Como espaço de produção, a organização agrupa pessoas em seu interior e opera tecnologias necessárias à consecução de seus propósitos. Esses elementos, por sua vez, geram, e também são gerados, por uma base composta de crenças, princípios, posturas, formas de agir, organizar, coordenar e controlar o trabalho, a qual se manifesta no desenho de grupos de ação, de códigos de conduta e na construção e busca de objetivos, possibilitando, assim, a reprodução da organização como entidade. O conjunto desses elementos resulta na infra-estrutura, que é de fundamental importância para aglutinar as demais dimensões.

O ambiente organizacional exerce considerável influência nas atitudes e nas ações dos indivíduos nele inseridos. As variáveis que compõem esse ambiente precisam ser consideradas e analisadas quando se pretende entender efetivamente o comportamento do indivíduo em face de suas atividades na organização. Assim, por exemplo, a forma como a aprendizagem ocorre, o grau de interação e compartilhamento do conhecimento entre os indivíduos, o desenvolvimento da criatividade e a inovação são processos que refletem os valores da organização, ou seja, a forma como tais processos ocorrem está diretamente relacionada aos valores inerentes ao ambiente organizacional.

A dimensão infra-estrutura organizacional apresentada no modelo proposto traz à tona variáveis do ambiente organizacional — visão holística, estilo gerencial, estrutura e cultura organizacional — a serem trabalhadas e questionadas em organizações voltadas ao conhecimento. Essa dimensão envolve a criação e a manutenção de um ambiente propício à gestão do conhecimento. É seu objetivo buscar continuamente a integração dos indivíduos à missão, à visão e às estratégias da corporação, a fim de que eles compreendam as necessidades organizacionais para as quais vêm desempenhando suas atividades.

CAPÍTULO 1

A gestão organizacional: em busca do comportamento holístico

Maurício Fernandes Pereira

> *"Como a análise decompõe o material simbólico da fantasia em seus componentes, o processo sintético integra-o em uma expressão conjunta e coerente."*
> Carl Gustav Jung

1.1 Introdução

As organizações modernas estão enfrentando ambientes dinâmicos, provocando alterações radicais no modo de serem gerenciadas. O sucesso para o impasse está na capacidade que os gestores da organização têm de aprender a aprender o novo e de desaprender o passado, o obsoleto, ou seja, passa por uma reconceitualização dos modelos mentais de cada indivíduo, refletindo, por conseguinte, na própria mudança de atitude da organização como instituição constituída.

Em outros termos, o aprendizado individual e o aprendizado em equipe influenciam o aprendizado institucional da organização. É, na verdade, a capacidade de explorar oportunidades de maneira flexível e adaptativa à geração de novas idéias, sejam elas obtidas por meio de atividades revestidas de sucesso ou mesmo de fracasso, haja vista que em toda e qualquer situação há sempre lições de aprendizado. Sendo assim, a grande vantagem competitiva das organizações contemporâneas está no conhecimento adquirido individual ou institucionalmente por organizações de sistemas abertos. Sabe-se hoje que a organização como sistema fechado teve êxito em seu tempo, mas agora está fadada ao fracasso. Para ser mais contundente, a empresa tem de ser administrada de maneira holística, sendo autotransformada e autoreinventada continuamente.

Nesse contexto, o objetivo central deste capítulo reveste-se de um caráter especulativo acerca de um paradigma[1] diferente que está sendo construído no seio do discurso acadêmico para as organizações do futuro. Na verdade, não se consubstancia em algo novo, mas sim em elementos que já estavam sendo discutidos como sonhos e que, neste momento, torna-se imprescindível às organizações colocá-los em prática. Com isso, reformula-se a estrutura pensante e dominante das empresas.

Todavia, não há motivo apriorístico para condenar paulatinamente o paradigma dominante atual à medida que o tema é encaminhado, já que o propósito deste capítulo é o de suscitar o debate e a reflexão dos dois paradigmas: um, classificado como o paradigma ultrapassado, o antigo, o newtoniano-cartesiano, o reducionista, igualmente o dominante nos dias de hoje; e o outro, o paradigma moderno, o holístico.

Reina uma defesa ao paradigma holístico para as organizações, sob a égide de um novo tempo de transformações e turbulências pelas quais hão de passar as empresas. Tem-se, assim, a nítida impressão de que só por meio dessa interpretação as organizações vão amortecer os abalos de um mundo competitivo sobre si, repleto de incertezas, imprevisibilidades, instabilidades e perplexidades.

Mas sabe-se também que o permanente hiato entre as dimensões teórica e prática ainda é grande, por isso o diletantismo vigente no mundo acadêmico *versus* organizacional será motivo de preocupação intermitente nas argüições e proposições aqui travadas.

Desde já deve-se afastar a idéia de que o novo paradigma é a salvação para o sucesso tranqüilo das organizações, mesmo porque a acepção atual demonstra que os paradigmas são, em alguns casos, complementares, e não excludentes na sua totalidade. É com esse intuito que tem-se a certeza de que, assim como o paradigma antigo não era e não foi uma panacéia, o holístico também não o será.

O paradigma holístico, por ser ainda recente na práxis administrativa, deve ser considerado como aproximação do conceito ideal. Assim, por se

---

[1] Para clarificar o conceito de paradigma, ver KUHN, T. S. *The structure of scientific revolutions*. Chicago: University of Chicago Press, 1970.

tratar de um campo com poucas experiências práticas de sucesso, as organizações vão construindo casos reais vivenciados de gestão holística de aproximações em aproximações do ideal, melhorando-se a aproximação do ideal cada vez mais.

Essa assertiva é discutida ao se reconhecer que as argüições são limitadas e aproximadas, pois está se lidando com uma rede de relações da qual fazem parte não só as organizações como também os indivíduos que compõem a empresa[2]. O termo "explicações aproximadas" é utilizado para concluir que, ao lidar com o novo paradigma, têm de ser levadas em consideração algumas das interconexões que o compõem; entretanto, sabe-se que todas as interconexões são ideais utópicos, por isso as aproximações estão sempre em busca desse ideal[3]. É também devido a esse fato que, em certos elementos, a variável predominante é a do velho paradigma e não a do novo. Todavia, isso não implica o fato de não haver um direcionamento ao novo, apenas restringindo-se ao velho.

Nesse sentido, fica clara a preocupação em discutir a complementaridade entre os dois paradigmas e não considerar apenas um ou outro como sendo o correto para as organizações na atualidade, alertando-se sempre que o ideal puro, de um único modelo, é utópico.

Em síntese, este capítulo está estruturado em quatro seções, além desta, introdutória. Primeiro, apresenta-se uma contextualização do desenvolvimento do paradigma dominante, que se traduz no modelo newtoniano-cartesiano, em tela a empresa cuja metáfora é a máquina. Depois, na seção 1.3, são discutidos os conceitos relacionados ao novo modelo, o holístico, momento em que também será feito um paralelo comparativo entre o velho e o novo paradigma. A seguir, proporciona-se uma discussão do comportamento organizacional com relação a esses dois paradigmas. Na última seção, são apresentadas as considerações finais à luz da importância do novo paradigma para o desenvolvimento sólido e duradouro das organizações neste mundo globalizado e dinâmico.

[2] CAPRA, F.; STEINDL-RAST, D. *Pertencendo ao universo*: explorações nas fronteiras da ciência e da espiritualidade. São Paulo: Cultrix/Amana, 1993.

[3] Ibid.

1.2 Modelo newtoniano-cartesiano: o reducionismo

A concepção do paradigma está centrada em elementos como o reducionismo e a fragmentação na interpretação de fenômenos; o determinismo exacerbado; a Ciência Objetiva e a Física Clássica; a previsibilidade, a certeza e a estabilidade causal das coisas do ambiente; o método analítico e indutivo de estudo; as cadeias lineares de causa e efeito e o conhecimento restrito ao entendimento de disciplinas isoladas. As figuras marcantes estão representadas por Copérnico, Galileu, Bacon, Descartes e Newton, sendo os três últimos, sobretudo Descartes e Newton, formadores dos baluartes desse paradigma.

O alicerce do paradigma reducionista encontra guarida na Física Clássica por meio de seus expoentes: Newton com sua teoria matemática; Descartes, em sua filosofia; e Bacon, em sua metodologia científica, considerado o pai do empirismo e contrário à ciência teórica. De acordo com os estudos dessa tríade, fenômenos complexos só poderiam ser compreendidos se reduzidos em partes, sendo o resultado final a soma das partes totais[4].

Contudo, cabe uma rápida digressão acerca do desenvolvimento da ciência para sua melhor compreensão e, para isso, deve-se retornar um pouco na história. As bases da visão de mundo e o sistema de valores que cerca a cultura da sociedade em geral foram formulados, na sua essência, nos séculos XVI e XVII, visto que antes de 1500 o paradigma dominante era outro, que não o reducionismo. Desse modo, a visão reducionista e fragmentada vem dominando a cultura vigente há mais de 300 anos, porquanto nos últimos anos vem começando a dar mostras de que já está ultrapassada para os modos e costumes da sociedade atual, ou seja, a do conhecimento[5]. Deve-se, entretanto, conceitualizar a palavra "ultrapassado". Não quer dizer que não serve mais para os dias de hoje — o entendimento não é esse. O que se quer

---

[4] CAPRA, F. *A teia da vida*: uma nova compreensão científica dos sistemas vivos. São Paulo: Cultrix/Amana-Key, 1997a.; CAPRA, F. *O ponto de mutação*: a ciência, a sociedade e a cultura emergente. São Paulo: Cultrix, 1997b; NÓBREGA, C. *Em busca da empresa quântica*: analogias entre o mundo da ciência e o mundo dos negócios. Rio de Janeiro: Ediouro, 1996; VERGARA, S. C.; BRANCO, P. D. Em busca da visão da totalidade. *Revista de Administração de Empresas*, v. 33, n. 6, p. 20-33, nov./dez. 1993.

[5] CAPRA, 1997b.

caracterizar é que muitos elementos que o compõem já não valem mais, devendo ser reconceitualizados nos moldes do paradigma holístico.

Mesmo assim, o método analítico de Descartes ainda é válido, sendo considerado a maior contribuição do gênio à ciência. A concepção de Descartes mostrou-se extremamente útil para os vários campos da ciência, tornando possível à Nasa levar o primeiro homem à Lua[6]. O método analítico não só marcou o Ocidente como tem suas raízes cravadas no paradigma newtoniano-cartesiano[7]. O encantamento de Descartes pelas máquinas influenciou fortemente a visão de mundo que ele tinha. O Quadro 1.1 apresenta as características principais do método analítico.

Quadro 1.1 MÉTODO ANALÍTICO	
• Reação ao dogmatismo e obscurantismo medieval	• Ênfase na parte
• A serviço da decomposição	• Fatos específicos, particulares
• Tendência reducionista	• Via quantitativa
• Caráter mecanicista	• Fundamentos principais: razão e emoção
• Necessidade e leis	• Determinista
• Exatidão, regularidade	• Codificação matemática
• Reprodutividade	• Visa ao controle
• Previsibilidade	• Geral
• Inclinação indutiva	• Progressividade, acumulação
• Relação causal	• Ponto de vista da causalidade
• Realidade objetiva	• Experimental
• Exclusão do sujeito (dualidade)	• Função explicativa
• Alguns mentores: Galileu, Bacon	• Descartes, Newton, Freud

Fonte: CREMA, 1991, p. 95.

---

[6] CAPRA, 1997b.

[7] CREMA, R. Abordagem holística: integração do método analítico e sintético. In: BRANDÃO, D.M.S.; CREMA, R. (Orgs.). *O novo paradigma holístico:* ciência, filosofia, arte e mística. São Paulo: Summus, 1991, p. 83-99.

A preocupação maior dos estudiosos está em que a excessiva ênfase no modelo cartesiano levou à fragmentação do modo de pensar e agir de toda uma sociedade, ocasionando até mesmo o tratamento de disciplinas do conhecimento como extremamente compartimentalizadas, levando à compreensão de que todo e qualquer fenômeno complexo poderia ser interpretado e conhecido reduzindo-o a pequenas partes. Na educação, mormente no ensino superior, o grau de fragmentação é gritante, proporcionando nas universidades grandes torres de Babel[8].

A metáfora aqui vigente é a de que tudo poderia ser entendido como se fosse uma máquina. A concepção mecanicista da natureza está intimamente associada ao determinismo existente, pois para cada fenômeno existiria uma causa e um efeito determinados, e o futuro poderia ser previsto com certeza[9]. Atualmente, existe apenas uma certeza: os acontecimentos são revestidos de profundas incertezas. Por conseguinte, acerca desse particular, o paradigma clássico já não vale mais para interpretar os fenômenos naturais do mundo moderno.

A mecânica newtoniana, com suas leis, veio coroar o arcabouço conceitual de reducionismo e fragmentação dos fenômenos de Galileu e Descartes. De maneira brilhante, Morgan[10] retrata isso em seu clássico livro *Imagens das organizações*, no qual se propôs a estudar as empresas por meio de nove metáforas, sendo uma delas justamente a máquina concebida por Newton[11].

Existem pontos fortes e pontos fracos ao interpretar as organizações como máquinas. Como ponto forte, há o fato de as organizações mecanicistas funcionarem bem somente sob condições em que as máquinas também funcionem. Por exemplo, quando existem tarefas contínuas e rotineiras a serem desempenhadas; quando o ambiente é estável; quando o produto é

---

[8] WEIL, P. O novo paradigma holístico: ondas à procura do mar. In: BRANDÃO e CREMA, 1991, p. 14-38.

[9] CAPRA, 1997b.

[10] MORGAN, G. *Imagens das organizações*. São Paulo: Atlas, 1996.

[11] As outras metáforas de Morgan (1996) são: organizações vistas como organismos, cérebros, culturas, sistemas políticos, prisões psíquicas, fluxo, transformações e instrumentos de dominação.

sempre o mesmo; e, principalmente, quando os componentes humanos da "máquina" são subservientes e se comportam como o planejado[12].

Como limitações, ainda mais evidentes nos dias atuais, pode-se citar, por exemplo, que esse tipo de organização dificulta a adaptação constante em momentos de mudança e cria um efeito desumanizante sobre os empregados, fator que está totalmente fora de cogitação na construção de empresas modernas. Com isso não se quer dizer que ainda hoje não existam tais estilos de organizações, ou que as que existem não dão certo; certamente dão, porque o indivíduo, por sua própria característica de sobrevivência e de história de vida, acaba se adaptando muito melhor a organizações desse tipo, por ser uma verdadeira máquina em busca de estabilidade, previsibilidade e certeza[13].

A sociedade contemporânea é herdeira até hoje das linhas mestras do pensamento de Descartes[14] e de Newton. A visão newtoniana de causa-efeito, de previsões de resultados antecipadamente a realizações dos fenômenos, ainda hoje funciona em muitos eventos.

É por isso que não há processo de aprendizagem e criatividade no paradigma antigo, pois o reducionismo e a fragmentação não abrem espaço para a discussão de idéias divergentes, ou seja, não existe diálogo ou, quando há, é pobre em argumentos.

Entretanto, as pessoas ainda nascem, crescem, estudam, vão para a universidade, para as empresas, sempre sob os auspícios de interpretações das partes para entender o todo. Homens e instituições são independentes entre e dentro de si, o que é um erro. Para emergir desse erro, o caminho é ser interdependente, interligado, e não elemento isolado do todo maior, porque, ao dividir o todo para interpretar suas partes, constroem-se "todos" menores, e não partes de um todo maior. Em resumo, ao dividir um elemento em partes menores para ser estudado, outros elementos estão se constituindo.

[12] MORGAN, 1996.

[13] Ibid.

[14] MARCONDES, D. *Iniciação à história da filosofia*: dos pré-socráticos a Wittgenstein. Rio de Janeiro: Zahar, 1997.

Alguns dos assuntos aqui tratados serão retomados na seção seguinte, na qual haverá um debate sobre o novo paradigma, o holístico, bem como um paralelo entre o velho e o novo paradigma.

1.3 Modelo holístico: a totalidade

O objetivo desta seção é discutir os elementos subjacentes ao paradigma holístico, sendo a polêmica a conseqüência mais precisa dos argumentos. A empresa holística, a empresa sistêmica, a empresa ecológica e a empresa quântica[15] serão objeto de análise, servindo de introdução à seção seguinte. A preocupação aqui é estabelecer um paralelo entre o grau de entendimento das coisas por intermédio do velho paradigma *versus* o novo, o holístico.

O estudo que serve como marco histórico no desenvolvimento da visão holística[16] tem acolhida no trabalho *Holism and Evolution*, do general sulafricano Ian Christian Smuts, publicado em 1926, em Londres. Nas palavras de Smuts, a evolução e o progresso caminham para a união indissolúvel entre matéria, vida e mente, pois no velho paradigma os elementos formavam conjuntos separados e fragmentados. Esta tríade pode ser entendida como corpo, emoções e mente.

Hoje a interpretação desses elementos de maneira una é fácil de ser assimilada, pois se sabe, por exemplo, que o colaborador não "roda" com dois *softwares*[17], um da vida profissional e outro da vida particular. Quando o colaborador entra na empresa, ele não retira o *software* dos problemas familiares e coloca para rodar o da empresa, esquecendo-se, assim, de todos os distúrbios que porventura está sofrendo na sua família. Igualmente, ele não retira o *software* da empresa quando termina o expediente e recoloca o

---

[15] A seguir estão os termos e seus autores. Empresa holística: Ribeiro (1996); empresa sistêmica: Katz; Kahn (1987); Senge (1994); Senge et al. (1995); Ferreira, Reis e Pereira (1997) e Park (1997); empresa ecológica: Capra (1997a e 1997b) e empresa quântica: Nóbrega (1996).

[16] Lembre que a palavra concebida por Smuts foi holismo, que, na interpretação de Crema (1989), como toda idéia precursora carece de atualização à luz das evidências suscitadas ao longo do desenvolvimento do construto, o sufixo "ismo" denota uma idéia hipertrofiada e excluidora daquilo que realmente se quer dizer com a palavra. Por isso, é necessário substituir holismo por visão holística, paradigma holístico ou abordagem holística.

[17] A própria metáfora é mecanicista.

da vida pessoal, esquecendo todos os problemas que enfrentou naquele dia de trabalho.

O ser humano é, por excelência, um ser multidimensional no entendimento e na interpretação de problemas, mas é unidimensional no agir, pois seu modelo mental, baseado em seus valores, crenças, aspectos culturais, experiências de vida, entre outros, direciona o seu modo de agir. O indivíduo é um ser total, não podendo ser reduzido a poucas dimensões[18]. No entanto, a loucura e a agitação da vida moderna fazem a sociedade e as organizações colocarem-no em segundo plano. É o fato de que o indivíduo é uno e, por conseguinte, matéria e vida, corpo, emoções e mente fazem parte de um único todo.

Por meio de tais elementos, emerge o conceito de **holismo**, que, do grego *holos*, significa todo, totalidade. É uma teoria que entende o homem como ser indivisível, que não pode ser interpretado por intermédio de uma análise separada de suas diferentes partes[19].

Esses dois paradigmas podem ser vistos como fases de desenvolvimento de um conceito amplo, em que o mecanicismo representa apenas uma fase mais primitiva do holismo. Os dois conceitos, portanto, não seriam opostos, e, sim, cada um teria o seu próprio entendimento da realidade. Sendo assim, o mecanicismo diminui à medida que o paradigma holístico se desenvolve[20].

A idéia de complementaridade baseia-se no fato de que os extremos dos paradigmas não são os ideais, haja vista que palavras como "sempre" e "nunca" (os extremos) são perigosas de serem levadas para a realidade dos fenômenos naturais ou sociais[21].

Assim, fica evidente que a abordagem holística não é nem analítica nem sintética na sua essência, mas a sinergia dos dois métodos.

---

[18] CHANLAT, J. F. (coord.). *O indivíduo na organização*: dimensões esquecidas. São Paulo: Atlas, 1992.

[19] FERREIRA, A. A.; REIS, A. C. F.; PEREIRA, M. I. *Gestão empresarial*: de Taylor aos nossos dias, evolução e tendências da moderna administração de empresas. São Paulo: Pioneira, 1997.

[20] WEIL, 1991.

[21] CREMA, 1991.

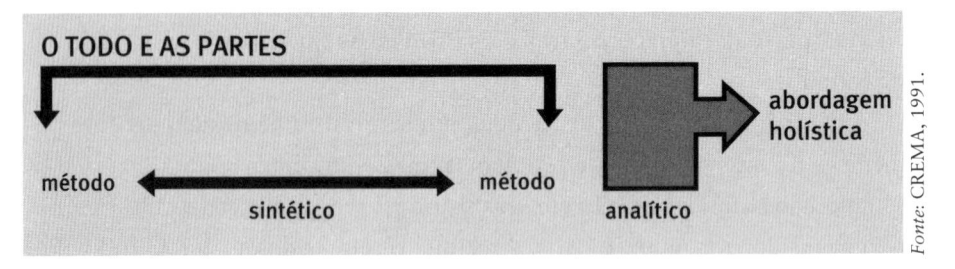

Figura 1.1 O TODO E AS PARTES

Quadro 1.2	MÉTODO SINTÉTICO
• Reação ao racionalismo positivista e analismo moderno	• Ênfase na totalidade
• A serviço da unificação	• Realidade plena, total
• Tendência ampliativa, globalista	• Via qualitativa
• Caráter organicista	• Fundamentos principais: emoção e intuição
• Liberdade e responsabilidade	• Indeterminista
• Incerteza, flexibilidade	• Codificação poético-metafórica
• Unicidade	• Visa a participação
• Imprevisibilidade	• Singular
• Inclinação dedutiva	• Instantaneidade, descontinuidade
• Relação sem causa, sincronismo	• Ponto de vista da finalidade
• Consciência, valores	• Experiencial
• Inclusão do sujeito (não-dualidade)	• Função compreensiva
• Alguns mentores: Smuts, Jung	• Frankl, Soler, Dilthey, Krishnamurti

Fonte: CREMA, 1991, p. 95

Segundo a Carta Magna da Universidade Holística Internacional, o **paradigma holístico** considera cada elemento de um campo como um evento que reflete e contém todas as dimensões do campo. É uma visão na qual o todo e cada uma das suas sinergias estão estreitamente ligados em interações constantes e paradoxais[22].

O holismo total, ou seja, o ideal ou a interpretação dos fenômenos por meio de todas as variáveis que perpassam o conceito de holismo é atualmente impossível de ser concebido devido aos limites naturais da capacidade mental humana. Isso serve apenas de alerta ao quão difícil será a ruptura da maneira de pensar e agir da sociedade. Toda e qualquer mudança, por menor que seja, já é assustadora; será ainda maior quando houver a quebra de um paradigma vigente há mais de 300 anos. Por isso mesmo, deve-se reafirmar que a mudança é profunda a ponto de quebrar um paradigma vigente há mais de 300 anos. É nesse sentido que a nova maneira de interpretar os fenômenos, a visão holística, representa uma revolução científica e epistemológica que emerge justamente como uma resposta à problemática e alienante tendência fragmentada e reducionista do antigo modo de perceber as coisas[23].

Esse alerta é compreensível quando se resgata o conceito de ambiente real *versus* ambiente percebido. O ambiente real é aquilo que de fato está acontecendo no ambiente, e o ambiente percebido é o elemento por meio do qual entendemos o ambiente real.

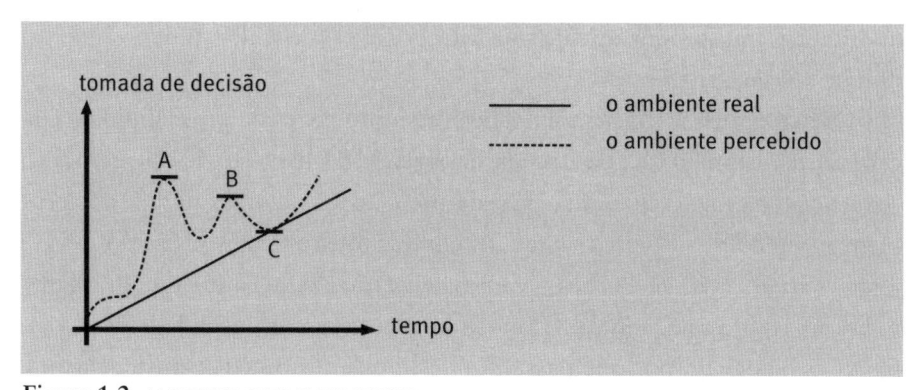

Figura 1.2 AMBIENTE REAL E PERCEBIDO

[22] CREMA, 1989, p. 72.
[23] Ibid.

O ambiente percebido é o filtro do ambiente real. Esse filtro é influenciado pelas crenças e valores, pela experiência de vida, pelo *feeling*, pelo grau de expertise de quem toma a decisão. Logo, quanto mais desenvolvidos os elementos do filtro, mais perto estará o ambiente percebido do real, e maior será o nível de sucesso no processo de tomada de decisão.

Se um indivíduo tomar uma decisão no instante A, certamente ocorrerá com ele um fracasso muito maior do que com o indivíduo que tomar a decisão em C, pois C está fazendo a leitura do ambiente real muito mais próxima de como na verdade o ambiente está se comportando.

Assim, o modelo mental da sociedade contemporânea não está totalmente em A[24], no velho paradigma reducionista, fragmentado, nem em C, no paradigma holístico. Ele está em B, ou seja, um meio-termo aproximado entre A (velho paradigma) e C (novo paradigma holístico).

O velho e o novo paradigmas, justamente por serem os extremos, possuem muitas diferenças. No entanto, importante é a interpretação da realidade segundo o que melhor convier para o momento. Em determinados momentos, podem existir mais elementos que demonstrem a existência do paradigma newtoniano-cartesiano e, em outros, que comprovem o paradigma holístico. Porém, deve-se deixar claro que o ideal é caminhar paulatinamente em direção à visão holística, que está se materializando em uma abordagem muito mais apropriada para as mudanças do mundo moderno do que a visão fragmentada.

Newton e Descartes eram defensores contumazes da previsibilidade, da certeza, da estabilidade, da ordem, da rigidez, da linearidade ou raciocínio seqüencial, da razão e objetividade, da preocupação com as partes, dos problemas entendidos isoladamente. Em contraposição e mais próximos da realidade atual, esses elementos foram reconceitualizados à luz do paradigma holístico. Agora temos imprevisibilidade, incerteza e instabilidade dos eventos, pois o período por que passa o mundo é de profundas transformações,

---

[24] Diz-se que A é o velho paradigma e C, o novo, simplesmente porque o texto defende a idéia do paradigma holístico na interpretação dos fenômenos sociais e naturais para a sociedade moderna. Sendo assim, se o viés do autor fosse newtoniano-cartesiano, com certeza iria defender a idéia de que A seria o paradigma holístico, e C o paradigma antigo, pois está mais próximo do ambiente real, o que não é o caso.

jamais vistas com tanta velocidade; é, por isso, um período de ordem para desordem, de perplexidade total.

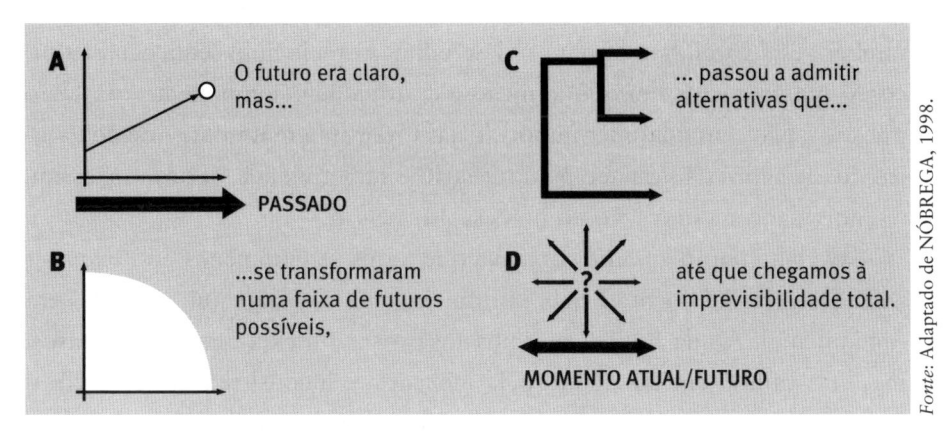

Fonte: Adaptado de NÓBREGA, 1998.

Figura 1.3 EVOLUÇÃO DO PROCESSO E INTERPRETAÇÃO DO DESENVOLVIMENTO SOCIAL: DA ORDEM PARA A PERPLEXIDADE

O que se quer mostrar é que antigamente (A), o futuro era claro, com apenas uma possibilidade objetiva de um evento, com grande chance de realmente se concretizar. Mais tarde (B), passou-se a admitir poucas alternativas, mas com um grau de previsão e precisão ainda muito elevado. A partir desse momento, houve uma evolução de interpretação, em que se passou de poucas alternativas para uma faixa de futuros possíveis (C), ou seja, o futuro dar-se-ia dentro de uma faixa delimitativa. Logo que ficou evidente o alto grau de mudanças e transformações e o princípio da descontinuidade temporal foi solidificado, o futuro apresentou uma imprevisibilidade total (D), na qual a palavra-chave é perplexidade.

Para traduzir esse momento de perplexidade, ainda na década de 1970, Toffler introduziu o conceito de "choque do futuro" para descrever a tensão e a grande desorientação sofridas pelas pessoas quando sujeitas a uma carga de mudança muito grande em um período de tempo curto. No fundo, isso explica o momento de angústia pelo qual a maioria das organizações passa hoje em dia e que, certamente, ainda vai enfrentar com os abalos das transformações[25].

[25] TOFFLER, A. *O choque do futuro*. Rio de Janeiro: Record, 1970.

Outros elementos que estão sendo substituídos em virtude da dinâmica do ambiente são o pensamento linear e o raciocínio seqüencial, baluartes do paradigma newtoniano-cartesiano. Hoje estão sendo substituídos pelo pensamento não-linear ou cíclico, haja vista que o princípio de causa e efeito também está caminhando para o descrédito. O raciocínio seqüencial é típico do mecanicismo, em que intuição e criatividade, componentes da visão holística, não têm qualquer importância. É por isso mesmo que razão e objetividade agora dão espaço para intuição e subjetividade, aflorando, assim, a criatividade e a inovação no processo de pensar.

O velho paradigma preconizava que todos os fenômenos poderiam ser entendidos isoladamente e que, portanto, a preocupação com as partes era fundamental. Ainda hoje essa forma de pensar funciona em alguns casos, mas está caindo em descrédito pela ineficácia e inconsistência na exploração dos elementos totais. Nesse momento, emerge a visão holística de que o todo é mais importante do que as partes e de que, em nenhum instante, o todo pode ser interpretado dividido em partes menores, pois cada parte formará um novo todo.

Por isso a visão holística defende que os fenômenos não podem ser isolados do seu meio para serem estudados, porquanto há uma interligação entre todos os elementos.

No paradigma reducionista fragmentado, os eventos podem ser descritos como uma máquina ou por meio do funcionamento de um relógio; já na abordagem holística, os fenômenos são descritos do ponto de vista orgânico da natureza.

Uma das metáforas organizacionais de Morgan é a organização vista como um organismo[26]. As organizações são concebidas como sistemas vivos, que existem em um ambiente amplo, do qual depende a satisfação das suas necessidades. Portanto, a teoria das organizações incorpora elementos da Biologia, a partir dos quais as distinções e as relações entre moléculas, células, organismos complexos, espécies e ecologia são feitas em paralelo com entes organizacionais, indivíduos, equipes, organizações, populações de organizações e a sua própria ecologia social.

[26] MORGAN, 1996.

Morgan destaca alguns pontos fortes e outros fracos ao entender as organizações como sistemas vivos[27]. Como ponto forte destaca-se a ênfase na compreensão das relações entre as organizações e seus ambientes. O sistema gerencial da organização pode ser melhorado por meio das necessidades da empresa, e precisa ser satisfeito para a sua sobrevivência.

Como limitações, há a problemática da leitura do ambiente percebido muito distante do real, além do fato de o corpo humano, para funcionar bem, ter de estar em sintonia (sangue, coração, pulmão, braços, pernas), fato que dificilmente ocorre na maioria das empresas.

Antes de Morgan, Capra já fazia tais considerações ao mostrar as transposições de paradigmas, esclarecendo que surgia um quadro do mundo material não como uma máquina composta de uma infinidade de objetos, mas como um todo harmonioso e orgânico cujas partes são determinadas pelas suas correlações[28].

É nesse contexto que surge o conceito de sistemas. Alguns estudiosos interpretam o campo organizacional[29] utilizando-se da metáfora dos sistemas vivos. Entretanto, é importante frisar que o conceito do paradigma holístico é algo mais amplo do que a concepção de sistema. A visão holística pode ser considerada como maneira de perceber a realidade, e a abordagem sistêmica como o primeiro nível de operacionalização dessa visão[30]. Assim, a busca de uma sabedoria sistêmica não deixa de ser a busca por uma visão holística. Destarte, um fenômeno que está sendo interpretado de maneira holística também é um sistema; no entanto, nem todo sistema é consubstanciado em uma visão holística. A Figura 1.4 apresenta a síntese esquemática da visão holística.

---

[27] MORGAN, 1996.

[28] CAPRA, 1983.

[29] KATZ, D.; KAHN R. L. *Psicologia social das organizações*. São Paulo: Atlas, 1987; SENGE, P. *A quinta disciplina*: arte, teoria e prática da organização de aprendizagem. São Paulo: Best Seller, 1994; SENGE, P. et al. *A quinta disciplina*: caderno de campo, estratégias e ferramentas para construir uma organização que aprende. Rio de Janeiro: Qualitymark, 1995; FERREIRA, REIS E PEREIRA, 1997; e PARK, K. H. *Introdução ao estudo da administração*. São Paulo: Pioneira, 1997.

[30] FERREIRA, REIS e PEREIRA, 1997.

Figura 1.4 SÍNTESE DA VISÃO HOLÍSTICA

As bases da interpretação sistêmica estão nos estudos do biólogo alemão Ludwig von Bertalanffy, que criou, em 1937, a teoria geral dos sistemas. Os elementos do conjunto e o conjunto de elementos que formam um sistema possuem três propriedades[31]:

- as propriedades ou o comportamento de cada elemento do conjunto afetam as propriedades ou o comportamento do conjunto como um todo. Por exemplo, cada órgão do corpo de um animal afeta seu desempenho global;

- as propriedades e o comportamento de cada elemento e a maneira pela qual afetam o todo dependem das propriedades e do comportamento de pelo menos um outro elemento do conjunto. Portanto, nenhuma parte tem efeito independente sobre o todo. Por exemplo, o comportamento do coração e o efeito que ele tem sobre o corpo dependem do comportamento dos pulmões;

- todos os possíveis subgrupos de elementos do conjunto possuem as duas primeiras propriedades: cada um tem um efeito não independente sobre o todo. Portanto, o todo não pode ser decomposto em subconjuntos independentes. Um sistema não pode ser dividido em subsistemas independentes. Por exemplo, todos os subsistemas do corpo de um animal — como o nervoso, o respiratório, o digestório e o motor — interagem, e cada um deles afeta o desempenho do todo.

---

[31] RUSSELL; ACKOFF, apud VAILL, P. B. *Aprendendo sempre:* estratégias para sobreviver num mundo em permanente mutação. São Paulo: Futura, 1997, p. 112.

Observando o exposto na página anterior, chegaremos à conclusão de que todos os sistemas influenciam-se mutuamente, e isso é a base da percepção holística[32]. Isso só confirma que a visão holística pode ser considerada como a forma de perceber a realidade, e a teoria sistêmica, como o primeiro nível de operacionalização dessa visão[33].

1.4 Comportamento organizacional: em busca de um comportamento mais holístico

O objetivo é discutir como o pensamento holístico é inserido no campo organizacional e quais argumentos foram mudados à luz do paradigma holístico. A análise terá por base três elementos cruciais para a transformação do paradigma reducionista em holísticos: criatividade, inovação e flexibilidade.

Até o momento, o que se tem observado é a cultura das organizações em uma visão reducionista derivada da ciência moderna, tratando o ser humano de maneira fragmentada. A criatividade e a inovação são hoje questões fundamentais para que qualquer organização cresça e se desenvolva em um ambiente de incerteza, imprevisibilidade e instabilidade. As organizações precisam ser repensadas, a fim de que sejam capazes de levar em conta, na sua totalidade, as pessoas que nela trabalham[34].

Vivemos um momento de crise da chamada pós-modernidade, em que sofremos pela perda de identidade e da consciência do próprio "eu" humano. Toda crise pede mudanças e, com certeza, aquelas que conseguirem resgatar o indivíduo integral na organização terão maior possibilidade de encaminhar de forma mais segura e criativa o desafio hoje exposto da inovação e da mudança constante.

Homens e mulheres são considerados apenas como recursos cujo rendimento deve ser satisfatório[35]. A fragmentação e a racionalização do processo

[32] FALCONI, V. A economia, a globalização e a teoria geral de sistemas. Disponível em: <http://www.Fdg.org.br/mensagens/msg9802.htm>. Acesso em: 12 dez. 1998.

[33] FERREIRA, REIS e PEREIRA, 1997.

[34] CUNHA, M. S.; PEREIRA, M. F. O ser humano como sujeito do processo de inovação tecnológica. In: SEMINÁRIO LATINO-AMERICANO DE GESTÃO TECNOLÓGICA, 1997, Havana. *Anais...* Havana, Cuba, out. 1997.

[35] CHANLAT, 1992.

de trabalho trazem em si uma irracionalidade básica, desaparecendo a valorização do sentimento, da emoção e do desejo. As pessoas que aparecem nas fichas do Departamento de Pessoal são vistas de modo frio e impessoal.

Aos administradores organizacionais cabe formular estratégias que permitam alcançar os objetivos por parte de todos aqueles que participam da organização e, além disso, mover as pessoas pelo sentido, pelo valor que reconhecem na sua contribuição à tarefa conjunta que desempenham na empresa. A racionalidade econômica terá de ser subordinada ao desenvolvimento humano dos próprios colaboradores. O mais racional é investir no desenvolvimento das pessoas que fazem parte de uma organização, considerando-as como seres integrais, únicos, criativos e flexíveis às turbulências externas do mundo complexo e dinâmico.

Como se pode observar, a organização, sob o enfoque da administração holística, é, acima de tudo, uma proposta de mudança de atitude. E mudança de atitude é o mais difícil de ser executado tanto nas pessoas como nas organizações. Assim, na organização holística, o centro e a periferia se deslocam, as funções de produção e gestão se integram, a empresa passa a ser um conjunto articulado de subsistemas interdependentes que se ajustam em tempo real, e não uma série de atividades sucessivas[36].

Segundo Ribeiro, nesse tipo de organização as funções continuam existindo, e o que desaparece é a estrutura de cargos, cada um deles um verdadeiro feudo pertencente a um chefe, que, por sua vez, é o "dono" das pessoas que com ele trabalham[37]. Não existindo cargos, desaparece a disputa por eles, e os líderes podem exercer sua tarefa principal de formadores e orientadores, sem a preocupação de estarem gerando concorrentes para disputar posições por eles ocupadas. Assim, autoridade e controle são transformados em responsabilidade e liderança. Fica claro que na empresa holística a hierarquia vertical é substituída pela horizontal, na qual função e responsabilidade são questões fundamentais, respeitando-se, assim, a individualidade de cada ser humano.

---

[36] CRAIPEAU, apud RIBEIRO, C. R. M. *A empresa holística*. Petrópolis: Vozes, 1996.
[37] RIBEIRO, 1996.

Cai por terra a idéia do especialista ou do generalista — surge o especialista-generalista, pessoa que sabe desempenhar a sua função; no entanto, não é o único responsável pelo seu setor, todos o são. O especialista-generalista é o profissional moderno das organizações do conhecimento, nas quais ele sabe tudo, ou pelo menos tem a postura de querer aprender tudo sobre a sua área — Gestão de Pessoas, por exemplo —, mas não é um apedeuta em outras áreas da organização, como finanças, vendas ou produção. Ele reconhece que não tem conhecimento suficiente nas outras áreas, mas mantém uma postura aberta ao aprendizado constante, agregando sempre que possível conhecimento em áreas díspares da sua origem.

São essas as razões que levam as empresas holísticas a incentivarem o espírito empreendedor, ou seja, estimulam a livre iniciativa tanto no processo de pensar e repensar o seu trabalho como também no processo de tomada de decisão. Nesses tipos de organização, o papel do líder adquire algumas características que podem ser entendidas por meio do papel do gerente na organização tradicional (OT), a do velho paradigma, e o papel do líder na organização de alto desempenho (OAD), a do paradigma holístico, aqui também chamadas de organizações do conhecimento (OC). Antes de detalharmos os elementos principais, faz-se necessária uma rápida digressão acerca de gerentes e líderes[38].

Sabe-se hoje que o gerenciamento exige não mais o tradicional gerente, mas sim um profissional nos moldes da modernidade. E para designar esse novo gerente, reconceitualiza-se a palavra: agora, temos o *líder*.

Assim, o processo de gerenciamento das organizações deve ser entendido não de maneira mecânica e robotizada, mas sim por meio de um conjunto de interações humanas. Nesse sentido, o fator humano consubstancia-se elemento-chave desse processo. Aqui, destaca-se a figura do gerente tradicional — com sua inabilidade e incompetência — que não mais funciona. É nesse vácuo que os atuais conceitos gerenciais substituem a rigidez funcional e hierárquica pela administração um pouco mais participativa.

---

[38] KATZENBACH e SMITH, apud BOYETT, J.; BOYETT, J. *O guia dos gurus:* os melhores conceitos e práticas de negócios. Rio de Janeiro: Campus, 1999.

Para fazer uma distinção da forma de atuação dos gerentes, as empresas podem ser divididas em dois tipos:

- **organizações tradicionais** (OT), que teoricamente já deveriam fazer parte do passado, mas, infelizmente, ainda são hoje e serão, quem sabe, também amanhã os paradigmas vigentes — nesse tipo, reina o gerente ultrapassado;
- **organizações de alto desempenho** (OAD) ou **organizações do conhecimento** (OC), que deveriam ter o estilo das empresas modernas. Nesse caso, grassa o gerente do futuro ou a figura do líder[39].

Nas organizações tradicionais, os gerentes dizem aos colaboradores exatamente como as coisas devem ser feitas e depois os vigiam para garantir o cumprimento do comando. Já nas organizações do conhecimento, os gerentes (líderes) explicam os resultados necessários e ajudam seus colaboradores a descobrirem como farão o trabalho[40].

Enquanto nas organizações tradicionais os gerentes consideram-se responsáveis por dar ordens, nas organizações do conhecimento eles se vêem como facilitadores do processo, não dão ordens e sim ajudam no sucesso dos colaboradores.

Da mesma forma, nas organizações tradicionais, os gerentes só se importam com seu próprio departamento ou função. Nas organizações do conhecimento, eles se preocupam com toda a companhia. Essa é a grande diferença do campo gerencial na atualidade. É o chamado especialista-generalista, ou seja, os gerentes devem mostrar conhecimentos e habilidades polivalentes. O gerente de Gestão de Pessoas sabe ou saberá muita coisa da área, tudo seria impossível; no entanto, estará em constante processo de atualização e aprendizado, e também tem ou terá conhecimentos de outras áreas adjacentes à sua, como marketing, finanças e todas aquelas que a empresa na qual trabalha desenvolve ou desenvolverá. Isso é muito importante, pois, em um momento de discussão sobre política estratégica para a área de

---

[39] KATZENBACH e SMITH, apud BOYETT e BOYETT, 1999.

[40] Como vimos, as distinções entre OT e OC sempre são realizadas por Katzenbach e Smith, apud Boyett e Boyett (1999).

marketing da empresa, por exemplo, ele deverá ter conhecimento suficiente para declarar sua opinião e jamais dizer:

- "ah, isso não é comigo";
- "não é problema meu";
- "não faz parte do meu trabalho";
- "não é responsabilidade minha";
- "isso não funciona na nossa empresa";
- "nós nunca fizemos isso antes";
- "você tem razão, mas...";
- "estamos bem desse jeito".

Tais frases já não valem mais. É justamente por isso que, nas organizações do conhecimento, os gerentes não são mais selecionados simplesmente pelas suas habilidades técnicas — caso das organizações tradicionais —, mas sim pelas habilidades para lidar com as pessoas. Não se está falando apenas do caso dos gerentes de RH, e sim de todo e qualquer gerente da moderna organização. Outra distinção que pode ser feita é a de que as organizações tradicionais contratam mão-de-obra, o que nas organizações do conhecimento não acontece; elas contratam "cérebro-de-obra", ou seja, não admitem um mero executor, e sim alguém para pensar, refletir, tomar decisões e aí, sim, executar.

A alta administração das organizações tradicionais apenas garante o cumprimento das regras, o que não acontece na organização do conhecimento. Aqui os gerentes estimulam a criatividade e a inovação, mesmo que isso signifique violar regras. A regra é a flexibilidade. As ações vão se ajustando de acordo com o contexto. Há um ambiente de constante estímulo à criatividade. Algumas práticas gerenciais que a estimulam saem do discurso e vão para a prática, como:

- liberdade e autonomia das pessoas;
- disponibilidade de recursos financeiros e de tempo;
- encorajamento por parte dos gerentes imediatos, bem como o apoio de toda a organização;
- as equipes são formadas segundo algumas características que estimu-

lam a criatividade, como a diversidade de perspectivas e a formação de seus integrantes, pois é fato constatado que equipes com características homogêneas destroem o processo criativo.

Os gerentes raramente conversam com seus colaboradores sobre como estão desempenhando suas funções — isto é regra nas organizações tradicionais. Nas organizações do conhecimento, há *feedback* constante até para o aprimoramento do próprio colaborador. Não há possibilidade de melhoria de desempenho se não se observar o resultado produzido.

Nas organizações tradicionais, a avaliação dos gerentes por parte dos colaboradores é elemento utópico, o que, nas organizações do conhecimento, é revestido e flexibilizado para uma utopia do possível, ou seja, há esse tipo de avaliação.

Em reuniões, o processo de comunicação nas organizações tradicionais para os gerentes e funcionários não apresenta abertura nem estímulos para perguntas. Nas organizações do conhecimento, a situação é completamente diversa: as reuniões funcionam como processo para discussão de idéias, em que se procura abrir espaço por meio das perguntas de todos sobre assuntos diversos do cotidiano do trabalho. É um verdadeiro processo de aprendizado.

Nas organizações tradicionais, os gerentes, infelizmente sozinhos, atribuem e programam tarefas, oferecem capacitações, analisam o desempenho e decidem quais os procedimentos de trabalho, tudo isso, mais uma vez para frisar bem, sem a participação dos colaboradores. Nas organizações do conhecimento, os próprios colaboradores executam todas as tarefas em conjunto, por meio do trabalho em equipe. Qualquer um pode falar com qualquer pessoa, a qualquer momento, sobre qualquer assunto.

Os gerentes das organizações tradicionais vêem sua presença como essencial para a execução do trabalho. Nas organizações do conhecimento, os gerentes são mais realistas e habilidosos. Eles vêem sua presença apenas como útil, e não como essencial, pois o bom gerente é aquele que consegue não se fazer necessário o tempo todo, pois pode se ausentar do trabalho que sua equipe continua gerando o mesmo resultado para a empresa.

Logo, sua ausência física por alguns instantes não faz diferença para o resultado final.

Por fim, outro elemento fundamental da organização holística é o tipo de relação com o seu tecido social, tanto interno como externo. No que tange aos elementos internos, palavras como integração, parceria e espírito de equipe têm de sair do discurso demagógico e ir para a prática, pois as pessoas e as organizações estão cansadas de belas palavras e discursos inflamados pregando a união, a associação e a cooperação entre todos, quando o que se vê é a competição por si só. O que se deve fazer de imediato é incorporar ao cotidiano organizacional práticas administrativas simples e participativas, que transformem o discurso romântico e bonito em ação real e concreta, com resultados claros, precisos e compartilhados à luz de uma verdadeira cooperação das e nas atividades da organização.

Logo, a leitura do organograma das organizações holísticas não é mais piramidal, e sim uma estrutura mais orgânica, como pode ser visualizado a seguir com apenas algumas áreas de uma empresa, para efeito de exemplo.

Figura 1.5 ESTRUTURA ORGÂNICA

Assim, a verdadeira administração holística vai desde as pessoas da organização (fornecedores, distribuidores, consumidores) a todos aqueles que se relacionam com a empresa. Todos devem ser mobilizados para participar do processo de mudança.

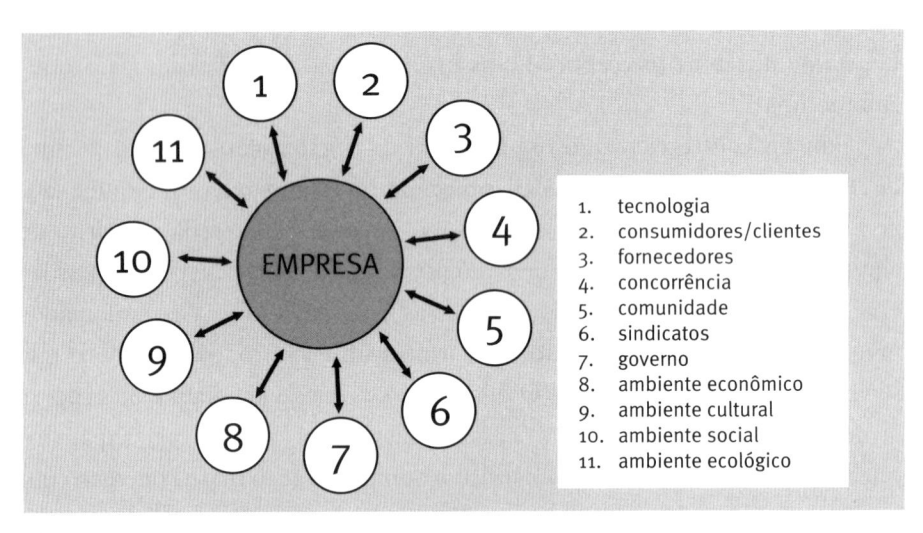

Figura 1.6 A EMPRESA E O AMBIENTE EXTERNO

Acerca dos elementos externos, o que vale é a organização em rede, em que são estabelecidas parcerias formais, ou mesmo informais, altamente confiáveis e com mútua fidelidade. O esquema da Figura 1.6 (acima) mostra como deve ocorrer essa parceria; quando a empresa interpreta o seu ambiente externo dessa forma, analisando em profundidade todos os seus elementos e estabelecendo relações de troca recíprocas, ela está sendo verdadeiramente administrada com um enfoque holístico, ou seja, abordando o todo, não só aquilo que é mais fácil de ser visualizado.

É provável que as organizações newtonianas-cartesianas, que pregavam a visão reducionista, tenham sido lentas em estabelecer o pensamento sistêmico. Isso poderia ter ocorrido, em primeiro lugar, porque o aprendizado institucional orientou o pensamento de forma não sistêmica. Em segundo, tem-se o fato de que, quando o pensamento sistêmico é apresentado por meio dos filtros do aprendizado, ele perde a maior parte de sua força e beleza[41].

Em resumo, o que tem de ficar claro é que se vive atualmente um grande desvio na condução das organizações, pois querem administrá-las em partes, como se fossem compartimentos dentro de outros compartimentos. Nas palavras de Roberto Crema: "conspiremos pela inteireza, porque tudo

---

[41] VAILL, 1997.

que é inteiro é belo, é saudável e sagrado. É tempo de construir, urgentemente, o tempo da inteireza. No entanto, é preciso um olhar inocente que possa desvendar o novo".

O Quadro 1.3 apresenta um resumo que serve para uma reflexão futura, comparando o paradigma reducionista — newtoniano-cartesiano, também conhecido como clássico ou dominante —, de um lado, com o paradigma holístico das organizações, de outro.

Quadro 1.3 PARADIGMA REDUCIONISTA *VERSUS* HOLÍSTICO	
PARADIGMA REDUCIONISTA paradigma newtoniano-cartesiano	**PARADIGMA HOLÍSTICO** paradigma holístico, ecológico, sistêmico
• Cartesiano	• Pós-cartesiano
• Mecanicista	• Não mecanicista
• Reducionista, fragmentado	• Totalidade
• Determinismo	• Voluntarismo
• Física clássica	• Física quântica
• Ciência objetiva	• Ciência epistêmica
• Previsibilidade	• Incerteza
• Certeza	• Incerteza
• Estabilidade	• Instabilidade
• Ordem	• Desordem, perplexidade
• Solidez	• Flexibilidade
• Simples	• Complexo
• Método analítico	• Método sintético
• Quantitativo	• Qualitativo
• Isolamento/ alienação/grupo	• Engajamento/ participação
• Dominação	• Participação
• Organização formal	• Organização flexível
• Hierarquia formal	• Hierarquia reconceitualizada
• Estrutura rígida	• Estrutura flexível
• Controles rígidos	• Controles flexíveis

continua

continuação

PARADIGMA REDUCIONISTA paradigma newtoniano-cartesiano	PARADIGMA HOLÍSTICO paradigma holístico, ecológico, sistêmico
• Coerção/força/domínio	• Diálogo/discussão de idéias/conflito
• Linear	• Não-linear/cíclico
• Empresa mecânica	• Empresa orgânica
• Não há aprendizagem	• Há aprendizagem
• Homogêneo/homogeneidade	• Heterogêneo/heterogeneidade
• Dimensão técnica	• Dimensão humana
• Planejamento	• Intuição
• Materialismo científico	• Holismo científico
• Abordagem científica	• Abordagem sistêmica
• Reducionista	• Holística
• Sistema fechado	• Sistema aberto
• Os fenômenos podem ser descritos como uma máquina ou por meio do funcionamento de um relógio	• Os fenômenos são descritos do ponto de vista orgânico da natureza
• Metáfora das máquinas	• Organismos vivos
• Habilidades	• Valores
• Razão/objetividade	• Intuição/subjetividade
• Raciocínio linear/seqüencial	• Raciocínio sistêmico – intuição/criatividade
• Racionalidade funcional/instrumental do cálculo	• Racionalidade substantiva do julgamento de valores
• Ética da vantagem	• Ética de valores
• Pensamento estático	• Processo/estado de fluxo
• Elementos como estruturas	• Elementos como processos
• Rotina	• Criatividade
• Partes	• Todo
• Problemas entendidos isoladamente	• Interligação
• Soma das partes dos atributos	• Atributos emergem do processo
• Separado	• Unido
• Conhecimento se restringe a uma disciplina compartimentalizada	• Há pontes entre as disciplinas/campos de conhecimento
• Conhecimento racional	• Conhecimento subjetivo

continua

continuação

PARADIGMA REDUCIONISTA paradigma newtoniano-cartesiano	PARADIGMA HOLÍSTICO paradigma holístico, ecológico, sistêmico
• Sistema monolítico	• Pluralismo
• Organograma vertical/cargo	• Organograma horizontal/conhecimento
• Independente	• Interdependente
• Cadeias lineares de causa e efeito	• Inter-relações
• Pensamento linear	• Pensamento sistêmico
• Indutivo	• Dedutivo
• Chefe	• Líder
• Competição	• Colaboração/cooperação

1.5 Considerações finais

A teleologia deste capítulo foi explicar os elementos essenciais da visão reducionista e sua transformação em uma visão holística, transportando-se sempre para o seio da gestão organizacional.

A preocupação não foi a de afirmar que a visão do passado, a reducionista, estava equivocada em seus argumentos ou que os pensadores da época, como Galileu e Newton, ou, mais especificamente, Taylor para as organizações, estavam errados. Muito pelo contrário. Todos, para o seu tempo, estavam corretos. Errado é pensar que, no mundo atual, completamente diferente e mais complexo do que o passado, tais pensamentos sobrevivam. Como a Física newtoniana-cartesiana evoluiu para a quântica, a qual Einstein nunca validou, as organizações também devem fazer a mudança da concepção reducionista e fragmentada para uma visão de totalidade, de integração. Certamente, os paradoxos que vivemos hoje nos levam a acreditar que tais perplexidades são, na verdade, um enorme processo de transição pelo qual a sociedade — mormente as organizações — está passando a fim de encontrar a situação ideal. Logo, falácia seria desconsiderar o princípio da descontinuidade temporal[42] e administrar as organizações sob a égide de um paradigma que já não vale mais por completo.

---

[42] Esse princípio diz que as organizações não vão se comportar no futuro como se comportam no presente e como se comportavam no passado. O contexto sempre está mudando, portanto as estratégias também têm de mudar.

Conforme vimos, há um quadro comparativo entre o que é o chamado velho paradigma (newtoniano-cartesiano) e o novo paradigma — o holístico. Por meio dele é que se encontram os postulados sobre os quais estão pautadas as inquirições vistas. Não se deve ter como proscritos por completo os argumentos do velho paradigma, pois muitos continuam válidos para as organizações atuais, como também não se devem distorcer da prática operacional das organizações elementos ainda especulativos do novo paradigma, pois não encontram guarida consolidada no processo de desenvolvimento científico das organizações complexas. No entanto, alguns elementos já começaram a ser testados.

O conceito de organização nos moldes do paradigma newtoniano-cartesiano jaz anacrônico, já não vale mais dentro de um conceito de imprevisibilidade, instabilidade e incerteza que vivem as organizações proveniente das turbulências do ambiente externo e, por que não dizer, também, da dinâmica interna das organizações. O que se propôs, então, foi uma discussão acerca de um conceito moderno de organização por meio do paradigma holístico, sustentado pelo tripé da modernidade: criatividade, inovação e flexibilidade.

As organizações, por serem movidas por homens e por fazerem parte, de alguma maneira, da vida deles, precisam permitir o aprendizado crítico, consciente e criativo, utilizando novas estratégias de mudança sobre uma nova base de valores[43]. Dessa forma, parece evidente ser imprescindível encontrar formas de se chegar às organizações que sejam capazes de aprender, por intermédio de um processo que inclua o pensamento sistêmico, crítico e criativo do todo holístico, para que tenham condições objetivas de responder com maior rapidez às exigências que hoje são colocadas e, ainda mais, para que consigam se antecipar, prevendo as alterações que possam ocorrer no futuro. Para que isso aconteça, há apenas uma saída: a construção de uma organização com bases holísticas.

Em suma, quer dizer que depois de séculos chegamos à conclusão de que o paradigma passado é totalmente errado? Hoje, na sua quase tota-

---

[43] CUNHA e PEREIRA, 1997.

lidade, podemos dizer que sim, o que não era verdade no passado. O erro é não querer aceitar o novo. Deve haver uma reconceitualização dos nossos modelos mentais a fim de que consigamos ver o novo, pois, se isso não acontecer, será muito difícil ultrapassar com êxito o atual momento de transição que a sociedade e as organizações estão vivendo.

Além disso, é fundamental que as organizações busquem alcançar uma compreensão do *homem parentético*[44], aquele que é autônomo e livre, que constrói espaços "socioaproximadores", que vive em "tempo de salto", que reflete a intensidade e o anseio da criatividade, da inovação e da flexibilidade. Portanto, as organizações terão de se tornar um lugar menos alienador, menos excludente e menos interesseiro. As organizações deverão reconceitualizar a palavra *trabalho*, que é relacionada com sacrifício, esforço e sofrimento, para ocupação, mais comumente associada com alegria, harmonia e satisfação[45]. Diante disso, este capítulo procurou contribuir para a discussão e reflexão de constructos teóricos acerca de uma nova concepção de organização, no mínimo um pouco mais holística e humanizada.

1.6 Você viu neste capítulo

As organizações modernas enfrentam ambientes extremamente dinâmicos, o que provoca alterações no modo de serem gerenciadas. O sucesso para esse impasse sofre uma mudança dos modelos mentais de cada indivíduo, refletindo, conseqüentemente, na estrutura pensante e dominante das empresas.

O modelo newtoniano-cartesiano, centrado no reducionismo e na fragmentação dos fenômenos, no determinismo exacerbado, na ciência objetiva e na física clássica, em previsibilidade, certeza e estabilidade casual das coisas do ambiente, entre outros, já está ultrapassado para os modos e costumes da sociedade atual, ou seja, a do conhecimento, devendo, portanto, ser reconceitualizado.

---

[44] RAMOS, 1989.

[45] Por isso, Qualidade de Vida no Trabalho — QVT é um grande paradoxo. Deveria ser QVO, ou seja, "Qualidade de Vida na Ocupação", mas isso fica para outra oportunidade.

O paradigma holístico fundamentado na totalidade defende que os fenômenos não podem ser isolados do seu reino para serem estudados, existindo, portanto, uma interligação entre todos os elementos.

A organização, sob o enfoque da administração holística, é, então, uma proposta de mudança de atitude. A racionalidade econômica terá de ser subordinada ao desenvolvimento humano dos próprios colaboradores. Cabe aos administradores formular estratégias que permitam alcançar os objetivos por parte de todos aqueles que participam da organização e investir no desenvolvimento de pessoas, considerando-as como seres integrais, únicos, criativos e flexíveis às turbulências externas do mundo complexo e dinâmico.

1.7 Estudo de caso

Visão holística

Imagine que a vida é um papel em branco. Cada momento vivido deixa uma marca nesse papel. É uma história sendo escrita. Uma biografia. Agora, imagine a possibilidade de você ler o capítulo final antes de saber toda a história. Se esse capítulo estivesse de acordo com os seus sonhos, você poderia saborear a história sem receio e sem restrições.

Mas, e se esse epílogo não fosse um espelho de seus desejos? E se você percebesse que o resultado de uma vida saiu muito diferente das aspirações do início da jornada? Se lhe dessem a chance de saber o fim da história e você pudesse escrevê-la de outro modo, para ter um outro fim, que história de vida escreveria?

A visão sistêmica ou holística nada mais é do que perceber o movimento integrado entre o ambiente, nossas decisões e nosso futuro. Escrever a própria história é utilizar com sabedoria a visão sistêmica ou holística. Em vez de estarmos focados no problema presente ou na nossa própria aflição, devemos ter uma visão do conjunto das ações que nos conduziram a esse desfecho. Assim poderemos gerar soluções eficazes. Não há como resolver um problema vivendo no mesmo ambiente mental que o gerou. É necessário rever o processo todo e determinar novas atitudes a partir da identificação da decisão que nos levou àquele resultado indesejado. Quando a atenção está voltada para uma parcela isolada da nossa vida, não conseguimos perceber o sistema dinâmico que conduz nossa existência. Assim, acabamos por esperar do governo, do mercado ou da família uma solução que só depende de nós.

Pensar em sistema e não em fases é uma maneira completa de corrigir rumos e planejar o sucesso. Temos de quebrar determinados paradigmas que nos colocam o mundo como a soma de uma infinidade de partes.

Diferente do que nos fizeram acreditar, o mundo não está separado em países, cidades, bairros e famílias. Assim, também, o tempo não é dividido em horas, minutos e segundos. E a vida não pode ser dividida em passado, presente e futuro. Tudo isso são apenas convenções que criamos para buscar compreender algo que deve simplesmente ser experimentado. O mundo, o tempo e a vida são um fluxo ininterrupto de ações, que são ao mesmo tempo causa e conseqüência.

O exercício da visão sistêmica ou holística nos permite abrir os canais para decisões adequadas — a intuição, a sensibilidade, a emoção e a razão. É no uso equilibrado de cada uma dessas habilidades que podemos eleger atitudes e ações compatíveis com nossos propósitos de vida e de carreira.

Criar o fluxo certo, lançar-se às ondas da prosperidade e da realização, viver a vida que se deseja. Tudo isso está ao alcance de quem consegue ver além da muralha limitante da própria existência. Perceber-se como membro de uma rede interligada de indivíduos é agir sistematicamente. Quem acredita que o universo gira ao seu redor perde uma infinidade de oportunidades de receber luz de outros que brilham, e de refletir essa luz.

Como no xadrez, para ser vitorioso no jogo da vida, é preciso pensar vários lances à frente e conhecer todas as jogadas feitas em outras partidas. Assim, tem-se o melhor movimento, mexe-se apenas uma peça, mas que pode mudar toda a história do jogo.

Diagnóstico da visão sistêmica ou holística
- Você percebe os atos anteriores que geram os resultados presentes?
- Você modifica comportamentos em função das conseqüências que pressente?

- Você vê a vida como um encadeamento de atitudes?
- Você programa os resultados que quer alcançar no futuro e age hoje com esse objetivo?
- Você tem visão lateral? Consegue entender o mundo ao seu redor?
- Você aceita, tolera ou evita as pessoas muito diferentes de você?

O QUE FAZEMOS	O QUE DEVEMOS FAZER
Queremos modificar o comportamento das pessoas ao nosso redor	Compreender que a única mudança deve ocorrer em nós mesmos
Ficamos insatisfeitos com nossos resultados e reclamamos da vida	Ter a percepção de que cada ato gera uma conseqüência
Sonhamos com resultados melhores no futuro, sem nada modificar no presente	Eleger os hábitos que melhor nos conduzam para onde queremos chegar

Como fazer

A visão sistêmica ou holística requer um exercício de percepção. Para melhorar a capacidade de compreender o encadeamento de atos/conseqüências, é necessário treinar nossa observação. A auto-observação é ainda mais efetiva considerando que afeta profundamente a forma como gerenciamos nossa própria vida. Siga os passos:

- encontre no passado o momento exato e a atitude que você teve que proporcionaram determinados resultados que você está vivendo. O fundamental é descobrir qual foi a decisão ou omissão que gerou determinadas conseqüências;
- analise seu grau de responsabilidade por esses atos e reflita sobre conseqüências diferentes caso tivesse tomado outras decisões;
- partindo do momento presente, imagine conseqüências futuras a partir de diversas decisões presentes. Eleja aquela que lhe trará o resultado mais desejável.

DICA

Uma dica para refletir sobre visão sistêmica ou holística é assistir ao filme *A pele do desejo*. Além da sensibilidade do roteiro e da direção e atuação competentes, o filme traz um questionamento básico sobre as oportunidades perdidas e a economia inútil da felicidade. Esse é um filme para se ver sozinho ou acompanhado de uma pessoa, no máximo. Não é para grupos de amigos porque necessita de certa introspecção; exige uma intimidade com a própria história, que os grupos podem desvirtuar ou constranger. É uma história de amor, mas é também muito mais que isso. Trata-se de uma história de decisões que desencadeiam uma série de conseqüências quase previsíveis, porém nem sempre desejadas. A pergunta que resta é: e se fosse diferente? Essa é também a nossa pergunta, só que com um enfoque proativo: e se eu quiser que seja diferente a partir de agora? Quem tem a resposta é você.

Fonte: Adaptado de MAGALHÃES, Dulce. *Visão sistêmica*.

questões do estudo de caso

1 De acordo com o texto acima, por que o paradigma holístico pode incrementar a eficiência do processo decisório?

2 A partir das idéias apresentadas neste capítulo e no texto acima, discuta a relação entre a vigência do paradigma newtoniano-cartesiano e a resistência a mudanças tão sintomáticas das organizações econômicas.

1.8 Questões

1 Descreva o comportamento organizacional na perspectiva do paradigma holístico.

2 Por que devemos discutir a complementaridade entre os paradigmas reducionista e holístico?

3 Discuta a importância da responsabilidade social e ecológica nas organizações administradas com visão holística.

4 Faça a distinção e comente a forma de atuação dos gerentes nas organizações tradicionais e nas organizações de alto desempenho.

5 Comente os seguintes paradoxos: certeza/incerteza; simples/complexo; dominação/participação; raciocínio linear/raciocínio sistêmico; racionalidade funcional/racionalidade substantiva.

REFERÊNCIAS

BOYETT, J.; BOYETT, J. *O guia dos gurus:* os melhores conceitos e práticas de negócios. Rio de Janeiro: Campus, 1999.

BOWDITCH, J. L.; BUONO, A. F. *Elementos do comportamento organizacional.* São Paulo: Pioneira, 1992.

CAPRA, F. *O tao da física.* São Paulo: Cultrix, 1983.

_____. *A teia da vida:* uma nova compreensão científica dos sistemas vivos. São Paulo: Cultrix/Amana-Key, 1997a.

_____. *O ponto de mutação:* a ciência, a sociedade e a cultura emergente. São Paulo: Cultrix, 1997b.

_____; STEINDL-RAST, D. *Pertencendo ao universo:* explorações nas fronteiras da ciência e da espiritualidade. São Paulo: Cultrix/Amana, 1993.

CHANLAT, J. F. (coord.). *O indivíduo na organização:* dimensões esquecidas. São Paulo: Atlas, 1992.

CREMA, R. *Introdução à visão holística:* breve relato de viagem do velho ao novo paradigma. São Paulo: Summus, 1989.

_____. Abordagem holística: integração do método analítico e sintético. In: BRANDÃO, D.M.S.; CREMA, R. (Orgs.). *O novo paradigma holístico:* ciência, filosofia, arte e mística. São Paulo: Summus, 1991, p. 83-99.

CUNHA, M. S.; PEREIRA, M. F. O ser humano como sujeito do processo de inovação tecnológica. In: SEMINÁRIO LATINO-AMERICANO DE GESTÃO TECNOLÓGICA, 1997, Havana. *Anais...* Havana, Cuba, out. 1997.

FALCONI, V. A economia, a globalização e a teoria geral de sistemas. Disponível em: <http://www.Fdg.org.br/mensagens/msg9802.htm>. Acesso em: 12 dez. 1998.

FERREIRA, A. A.; REIS, A. C. F.; PEREIRA, M. I. *Gestão empresarial:* de Taylor aos nossos dias, evolução e tendências da moderna administração de empresas. São Paulo: Pioneira, 1997.

KATZ, D.; KAHN R. L. *Psicologia social das organizações.* São Paulo: Atlas, 1987.

KUHN, T. S. *The structure of scientific revolutions*. Chicago: University of Chicago Press, 1970.

MARCONDES, D. *Iniciação à história da filosofia*: dos pré-socráticos a Wittgenstein. Rio de Janeiro: Zahar, 1997.

MORGAN, G. *Imagens das organizações*. São Paulo: Atlas, 1996.

NÓBREGA, C. *Em busca da empresa quântica*: analogias entre o mundo da ciência e o mundo dos negócios. Rio de Janeiro: Ediouro, 1996.

_____. *A necessidade de uma nova lógica*. New Schemata [s.l.], n. 1, p 1-8, out./ nov., 1998.

PARK, K. H. *Introdução ao estudo da administração*. São Paulo: Pioneira, 1997.

RAMOS, A. G. *A nova ciência das organizações*: uma reconceitualização da riqueza das nações. Rio de Janeiro: Fundação Getulio Vargas, 1989.

RIBEIRO, C. R. M. *A empresa holística*. Petrópolis: Vozes, 1996.

SENGE, P. *A quinta disciplina*: arte, teoria e prática da organização de aprendizagem. São Paulo: Best Seller, 1994.

_____ et al. *A quinta disciplina*: caderno de campo, estratégias e ferramentas para construir uma organização que aprende. Rio de Janeiro: Qualitymark, 1995.

TOFFLER, A. *O choque do futuro*. Rio de Janeiro: Record, 1970.

VAILL, P. B. *Aprendendo sempre*: estratégias para sobreviver num mundo em permanente mutação. São Paulo: Futura, 1997.

VERGARA, S. C.; BRANCO, P. D. Em busca da visão da totalidade. *Revista de Administração de Empresas*, v. 33, n. 6, p. 20-33, nov./dez. 1993.

WEIL, P. O novo paradigma holístico: ondas à procura do mar. In: BRANDÃO, D. M. S.; CREMA, R. (Orgs.). *O novo paradigma holístico*: ciência, filosofia, arte e mística. São Paulo: Summus, 1991, p. 14-38.

CAPÍTULO 2

A cultura organizacional e seus fundamentos frente à gestão do conhecimento

Fábio Andreas Richter

*"O homem é o
que ele acredita."*
Anton Tchecov

2.1 Introdução

O tema cultura organizacional é uma questão recorrente no estudo do ambiente organizacional. Por tratar do comportamento humano nas organizações, acaba servindo como um fundamento explicativo das ações coletivas ou mesmo individuais que lá ocorrem.

Por sua vez, a gestão do conhecimento na organização envolve principalmente o trabalhar o relacionamento humano com seus vários elementos intangíveis. Tal dinâmica tem como principal elemento fomentador a cultura organizacional.

Dessa forma, procuramos apresentar os vários elementos presentes na cultura organizacional, conceituando-a como uma interpretação que o ser humano tem da realidade na organização. Dentre os elementos apresentados, são enfatizados os fatores psicológicos envolvidos tendo em vista sua importância no conceito de cultura utilizado.

Na seção final, destacamos as características de uma cultura favorável à gestão do conhecimento e duas abordagens que podem ser utilizadas para trabalhar a questão cultural.

2.2 A cultura organizacional como interpretação da realidade

O conceito de cultura organizacional passou, a partir da década de 1980, por uma progressiva estruturação. Atualmente, sua conceituação pode ser dividida em duas vertentes, a *mecanicista* e a *holográfica*[1], que serão analisadas a seguir.

A abordagem *mecanicista* entende a cultura organizacional como composta por uma série de elementos distintos, como crenças, histórias, mitos, heróis, tabus, normas e rituais. Dessa forma, estabelece a idéia de que a cultura pode ser manipulada e controlada por meio da ação sobre essas variáveis. Embora seja possível exercer certa influência, ela está longe de proporcionar um resultado certo e definitivo. A ausência de resultados duradouros decorre do fato de os elementos destacados na abordagem mecanicista serem antes de tudo a manifestação externa de questões mais profundas relacionadas à percepção das pessoas, e não à cultura em si mesma.

A abordagem *holográfica* vê a cultura organizacional como um reflexo da forma pela qual a organização é interpretada pelos seus integrantes. Dessa maneira, assim como uma holografia apresenta as características do todo do qual faz parte, mesmo em tamanho menor, a cultura organizacional caracteriza-se como uma representação comum da realidade, a qual é compartilhada pelos membros da organização até nas menores unidades que a constituem.

Visualizar a cultura como uma forma de representação da realidade enfatiza a maneira pela qual as pessoas entendem a organização. Tal entendimento se originaria do relacionamento das pessoas durante o cotidiano do ambiente de trabalho, ou mesmo da influência de agentes externos à organização.

Um exemplo de influências externas seria a cultura da sociedade na qual a organização está inserida. Um exemplo marcante está nas diferenças entre empresas ocidentais e orientais, em especial as japonesas. No Brasil, é possível perceber o peso da cultura da sociedade sobre a organização em nossas repetidas tentativas de copiar o gerenciamento pela qualidade total (TQC) japonês. Para que semelhante sistemática obtenha o mesmo sucesso que teve em seu local de origem, os membros de organizações brasileiras deveriam assumir um importante componente cultural japonês: a substi-

---

[1] MORGAN, 1996.

tuição do ego individual do trabalhador pelo *ethos*[2] da organização, com o desaparecimento de sua individualidade[3]. A realização dessa substituição e as práticas que a possibilitam são aspectos marcantes da sociedade japonesa. O indivíduo assume um papel de superconformidade com a organização, o que o torna literalmente um instrumento desta. Sem a incorporação dos princípios e das formas de interpretação da realidade determinados pela organização, muitas das práticas adotadas no gerenciamento pela qualidade total tornam-se ineficazes. As tentativas brasileiras de incorporação do modelo da qualidade total acabaram esbarrando em componentes culturais do País, que são contrários àqueles que ocorrem no Japão. Apresenta-se uma série de características nacionais que interferem no ambiente organizacional: o "jeitinho", uma estratégia para suavizar as formas impessoais que regem as relações pessoais; a relação paternalista que as pessoas têm com o poder (o processo decisório); a ambigüidade com relação a estruturas burocráticas, tradições, normas e leis, às quais ora se aplica o jeitinho, ora se cumpre; a dependência — que as pessoas se colocam — de suas organizações e de seus dirigentes; e a preferência por processos sociais consensuais em uma aversão ao conflito e ao enfrentamento explícito[4]. Tais elementos da cultura brasileira acabam sendo fatais para os princípios neotayloristas presentes na gestão da qualidade total.

Outros aspectos da cultura organizacional podem ser identificados na própria rotina da organização, no significado dado para cada ato realizado. O fundamento do agir, assim como as atitudes, seriam calcados na interpretação que a pessoa faz do ambiente organizacional. Tal representação pode ser, por exemplo, de um local no qual exista liberdade, confiança, informalidade, relacionamentos francos e abertos. Contrariamente, pode existir a representação de um ambiente repressor, com hipocrisia, desconfiança

[2] Segundo Srour, é o "caráter cultural de uma coletividade" (1998, p. 114).

[3] RIBAS, C. C. A criatividade no ambiente produtivo. In: PALESTRA NO CURSO DE PÓS-GRADUAÇÃO EM ADMINISTRAÇÃO, 1998, Florianópolis. Trabalho apresentado durante o evento. Florianópolis: Universidade Federal de Santa Catarina, 1998.

[4] AIDAR, M. M. et al. *Mudança organizacional:* aprofundando temas atuais em administração de empresas. São Paulo: Atlas, 1995.

e formalismo, no qual os colegas são vistos como adversários ou aliados em uma espécie de guerra permanente pelo sucesso em seus objetivos.

Com base nas diferentes interpretações, surgem crenças, histórias, mitos, heróis, tabus, normas e rituais. O referencial presente no ambiente organizacional pode ser não só assimilado pela integração ao grupo, em um processo de socialização, como ser continuamente construído individualmente e incorporado ao ambiente organizacional. Sendo assim, a cultura não é estática, mas sim algo permanentemente estruturado e reestruturado.

Igualmente, são resultantes da forma de interpretação da realidade: a estrutura organizacional, as regras, as políticas, os objetivos, as missões e as descrições de cargos. Todos esses itens são influenciados pela forma como o coletivo humano interpreta a organização[5].

Schein também aponta na direção da interpretação[6]. A cultura seria, assim, formada pelo conjunto de pressupostos básicos que um grupo inventou, descobriu ou desenvolveu ao aprender a lidar com os problemas de adaptação externa e de integração interna, e que funcionaram bem o suficiente, sendo, por isso, perpetuados pelo grupo.

Tendo como base a definição holográfica da cultura organizacional, há uma expansão dos aspectos a serem estudados. Podemos incluir os elementos da abordagem mecanicista, mas sempre conscientes de que, para um entendimento efetivo da cultura da organização, tais elementos devem ser mesclados com aspectos espontâneos e recorrentes do cotidiano da estrutura organizacional e da coordenação de suas operações, bem como por elementos da cultura social nacional e regional. Concentrar-se somente em aspectos mais peculiares e originais do ambiente organizacional pode desviar a atenção e falsear os aspectos fundamentais de sua cultura.

Encarando a cultura organizacional como uma interpretação coletiva da realidade, podemos subsidiar formas de trabalhar a gestão do conhecimento na organização.

[5] MORGAN, 1996.

[6] SCHEIN, E. *Organizational culture and leadership*. São Francisco: Jossey Bass, 1992.

2.3 A cultura organizacional na gestão do conhecimento

A gestão do conhecimento despontou recentemente como uma nova sistemática de trabalho no ambiente organizacional. A importância atribuída à gestão do conhecimento é tanta que, até 1998, 28% das empresas norte-americanas já a haviam adotado, aumentando para 96% em quatro anos[7].

O conceito de gerenciamento do conhecimento foi discutido por 73% dos gerentes e executivos pesquisados pela revista *Information Strategy Online* e por responsáveis pela implantação da gestão do conhecimento em empresas européias como uma coleção de processos que governa a criação, disseminação e utilização do conhecimento para atingir plenamente os objetivos da organização[8]. Ou seja, trata-se fundamentalmente de uma forma de alavancar a eficácia organizacional que se utiliza de elementos presentes no comportamento individual/grupal, nas tecnologias de informação e nos elementos estruturais da organização. Nesse contexto, a cultura organizacional seria uma superestrutura que, incorporada ao coletivo humano da organização, possibilitaria a existência de posturas necessárias à geração, ao uso e ao compartilhamento do conhecimento.

Algumas características presentes na cultura que possibilitariam a gestão do conhecimento são apontadas por Schein[9]:

- a crença nas possibilidades da organização de gerenciar o ambiente no qual está inserida. Tal pressuposto serve como diretriz a atitudes que visem a criar e a implementar soluções para os imperativos do ambiente externo, as quais exigem novos conhecimentos;
- ter como pressuposto o fato de as pessoas serem capazes de entender e modificar o ambiente pela sua atuação. A atitude esperada dos membros da organização seria a de fazer frente às questões que se apresentarem, de agirem procurando eliminar a resignação;

---

[7] DELPHI GROUP, apud SAYON, M. Empresas aderem à gestão do conhecimento. *Gazeta Mercantil*, São Paulo, 17 nov. 1998. Caderno de Tecnologia da Informação, p. 8.

[8] TEIXEIRA FILHO, J. Conhecimento, tecnologia e organização: evolução, conflitos e perspectiva. *Boletim técnico do Senac*, Rio de Janeiro, v. 24, n. 2, p. 16, maio/ago. 1998.

[9] SCHEIN, 1992.

- a postura de que as questões que se apresentam na organização não podem ser abordadas unicamente de acordo com padrões previamente estabelecidos. Tais questões necessitam ser trabalhadas de acordo com suas peculiaridades. Embora isso pareça óbvio, freqüentemente as organizações se lançam de forma não crítica à solução de seus problemas, utilizando fórmulas já "consagradas", mas equivocadas. A abordagem para essas situações deve ser construída e contextualizada pelo uso intensivo do conhecimento;
- a crença de que as pessoas podem ser inseridas em um processo de crescimento tanto pessoal como grupal;
- a idéia de que as atividades grupais podem gerar e implementar soluções para os imperativos que forem apresentados à organização;
- a preocupação com os desdobramentos futuros da organização;
- o pressuposto de que as trocas de informações devem ser completas e confiáveis;
- a percepção de que a criação, a tolerância e o respeito de variadas subculturas organizacionais possibilitariam gerar soluções aos mais diversos problemas;
- ter como necessária a permanente análise dos múltiplos fatores que compõem as questões que se apresentam às organizações, assumindo a necessidade de se pensar o inter-relacionamento desses fatores. Tal postura acarretaria a superação da idéia de que somente a atuação sobre uma variável em uma questão possibilitaria o seu domínio. Existe a necessidade de se considerar um universo maior e suas inter-relações.

O conjunto de características expostas assinala os aspectos coletivos de uma cultura para a gestão do conhecimento. Procuraremos a seguir considerar o fundo psíquico que envolve a questão da cultura, tendo a compreensão de que existe uma forte ligação entre ele, a cultura organizacional e a possibilidade de trabalhar a cultura para uma gestão do conhecimento.

2.4 Gestão do conhecimento e cultura organizacional: seus aspectos psíquicos

Tendo como base a idéia de que a cultura organizacional é uma forma de interpretação da realidade organizacional que se transforma em uma "fôrma" ou molde para lidar com as questões organizacionais, iremos assinalar alguns elementos oriundos de uma abordagem psíquica que estão inseridos na relação da cultura com a gestão do conhecimento[10].

O conhecimento tácito encontra-se diretamente relacionado com a cultura organizacional[11]. Isso se dá pelo fato de essa modalidade de conhecimento ser composta em grande parte pelos elementos presentes na psique do indivíduo. Eles fazem parte de sua noção de como interpretar a realidade, pois essa interpretação é necessária à construção da ação. O agir, por sua vez, também necessita muitas vezes da participação do conhecimento explícito. Sendo assim, a construção do conhecimento pleno, tácito mas explícito, envolve diretamente os aspectos essenciais da cultura organizacional presentes na psique dos membros da organização[12].

Morgan considera a organização como uma espécie de prisão psíquica, na qual a cultura é formada por diversos mecanismos que servem a propósitos conscientes e inconscientes de seus integrantes[13]. Dessa forma, para o entendimento da cultura, é necessário considerar o fundo psicológico envolvido.

Considerando os elementos psíquicos presentes na organização, torna-se possível compreender o fundamento de grande parte da cultura organizacional e, conseqüentemente, como trabalhá-la. A seguir serão expostas observações de Morgan que ressaltam as diversas abordagens psicanalíticas e sua relação com esquemas interpretativos nas organizações[14].

[10] FLEURY, M. T. L. Aprendendo a mudar: aprendendo a aprender. *Revista de Administração*, São Paulo, v. 30, n. 3, p. 5-11, jul./set. 1995.

[11] NONAKA, I.; TAKEUCHI, H. *Criação de conhecimento na empresa*. Rio de Janeiro: Campus, 1997.

[12] Ibid.

[13] MORGAN, 1996.

[14] Ibid.

A psicanálise freudiana aponta o papel da sexualidade reprimida na construção psíquica da organização. Segundo Freud, as características da vida adulta seriam resultantes da forma como a pessoa, quando criança, conseguia conciliar as necessidades de sua sexualidade com as forças externas de controle e repreensão. Assim, o inconsciente incorporaria esses mecanismos, os quais acabariam se manifestando na maneira de interpretar a realidade e, conseqüentemente, na construção da cultura.

Por sua vez, as correntes neofreudianas apontam outros elementos intervenientes no psiquismo organizacional, como a idéia da família patriarcal, em que os papéis masculinos seriam transpostos para a organização. A própria hierarquia seria justificada nisso, na qual os integrantes incorporariam uma visão de dependência do superior hierárquico tal qual os filhos têm dos pais. Com base nos imperativos patriarcais, as posturas interpretadas como ideais seriam de firmeza, coragem, heroísmo, determinismo e senso de dever, guiadas por uma auto-admiração narcisista.

A questão da morte e da imortalidade igualmente gera esquemas interpretativos na medida em que as organizações são vistas como uma forma de o ser humano se perpetuar, indo além da morte. A defesa de crenças básicas infundidas no ambiente organizacional justificaria até mesmo a pessoa se sacrificar, de maneira consciente, para dar continuidade àquelas crenças e à organização. A pessoa acredita estar, dessa forma, se imortalizando na essência da organização, citando um exemplo recente e familiar, o da gestão da qualidade total (TQC), que preconiza como principal objetivo organizacional a "sobrevivência" da organização[15].

Defendem os neofreudianos que a ansiedade desempenha igualmente um papel nas construções psíquicas organizacionais, na medida em que já a partir do nascimento as pessoas formam mecanismos de controle da ansiedade. Na mais tenra idade, o ser humano forma seu ego lutando contra forças destrutivas presentes nas situações da vida. Durante esses enfrentamentos, são criados mecanismos que acabam sendo inseridos no inconsciente.

---

[15] CAMPOS, 1994.

Grande parte desses mecanismos acaba intervindo na formação da cultura organizacional.

As relações objetais, ou com objetos, destacam na psicanálise o papel dos chamados objetos intermediários, elementos que ajudariam a criar uma zona de intermediação entre a identidade do indivíduo e o exterior. Tal zona tanto pode ser um objeto físico como um papel simbólico, ou um arranjo organizacional na forma de uma postura, atitude, princípio ou valor. O papel desse objeto é personificar aquilo que as pessoas acham ser, dando uma estabilidade à sua existência. Na cultura organizacional, assume a forma de histórias, heróis e dos arranjos organizacionais.

Das teorias freudianas e neofreudianas convém salientar os mecanismos utilizados pelo ser humano na sua luta contra seus impulsos primários. Tais mecanismos, apontados no Quadro 2.1, são fortemente intervenientes na formação da cultura organizacional.

Quadro 2.1	ALGUNS MECANISMOS UTILIZADOS PELO HOMEM
Repressão	Empurrar impulsos não desejados e idéias para o inconsciente.
Negação	Recusa em admitir um fato, sentimento ou lembrança que evoque um impulso.
Deslocamento	Remessa dos impulsos ligados a uma pessoa ou situação para outro alvo mais seguro.
Fixação	Adesão rígida a uma atitude em particular ou comportamento.
Projeção	Atribuição dos próprios impulsos ou sentimentos a outras pessoas.
Introjeção	Internalização de aspectos do mundo exterior no psiquismo de uma pessoa.
Racionalização	Criação de elaborados esquemas de justificação para disfarçar motivos e intenções subjacentes.

Fonte: HAMPDEN-TURNER, apud MORGAN, 1996, p. 212.

continua

continuação

Formação de reação	Conversão de uma atitude ou sentimento em sua forma oposta.
Regressão	Adoção de padrões de comportamento considerados satisfatórios na infância, a fim de reduzir o atual nível de solicitação do ego.
Sublimação	Canalização de impulsos primários para formas sociais mais aceitáveis.
Idealização	Valorização dos aspectos positivos de uma situação para se proteger dos negativos.
Desintegração	Fragmentação dos diferentes elementos da experiência, freqüentemente a fim de proteger o bom do mau.

Um aspecto controvertido na construção psíquica da cultura organizacional diz respeito ao trabalho de Carl Jung. No entanto, Morgan salienta a importância de sua obra ao trabalhar a questão do inconsciente coletivo[16]. Essa entidade coletiva, da qual a psique humana faria parte, vai além de limites do espaço e do tempo, abrangendo a própria natureza. Surge, assim, uma visão holística, em que a psique faria parte de um todo, que seria composto por uma energia psíquica, da mesma forma que a matéria é composta, segundo Einstein, de energia física. Tal energia estaria sujeita a transformações por meio de atividades conscientes e inconscientes.

O fundamental no trabalho de Jung é a sua conceituação de arquétipos. Eles podem ser colocados como modelos que servem de orientação aos pensamentos, dando, assim, ordem ao mundo. São estruturas de pensamento e experiências incorporadas à psique humana. Esses arquétipos seriam a ligação entre a pessoa e o inconsciente coletivo. Os arquétipos são determinantes nos relacionamentos entre o indivíduo e o meio que o cerca e fornecem formas para compreendermos os elementos conscientes e inconscientes da psique humana. Os arquétipos fornecem, igualmente, um ponto de referência às pessoas, possibilitando a elas situarem sua existência e sua identidade no tempo e no espaço.

[16] MORGAN, 1996.

A teoria junguiana, ao abordar em sua análise a questão do arquétipo, expõe um elemento que diz respeito igualmente à cultura organizacional e à gestão do conhecimento. Para a cultura, isso é essencial, pois, ao tratar de um modelo, tem papel determinante na formação do conceito que o indivíduo tem da realidade organizacional e, por estar inserido no inconsciente coletivo, o arquétipo caracteriza-se como um elemento socialmente compartilhado no âmbito da organização. Para a gestão do conhecimento, isso se enquadra naquilo que Senge denominou modelos mentais[17].

A essência da construção da cultura organizacional parece estar localizada no próprio domínio psíquico dos integrantes da organização. Sendo assim, identificar suas peculiaridades fundamentais fornece elementos que podem alavancar igualmente formas de trabalhar o cerne da gestão do conhecimento. O domínio psíquico seria o aspecto central da postura ou interpretação que os membros da organização têm com relação ao conhecimento.

2.5 Trabalhando a cultura organizacional visando à gestão do conhecimento

Partindo do entendimento da cultura como um elemento que se origina na estrutura interpretativa presente no ser humano, e vislumbrando os elementos psicológicos intervenientes no indivíduo, assinalamos algumas formas de trabalhar a questão cultural visando à gestão do conhecimento.

As mudanças culturais podem acontecer de duas maneiras: *revolucionariamente*, incorporando esquemas interpretativos antagônicos aos anteriores, gerando uma reestruturação completa do agir organizacional; e *gradualmente*, maneira na qual são incorporados valores que complementam os já existentes[18]. A forma revolucionária é traumática, arriscada e potencialmente destrutiva, como pode ser observado nos casos de reengenharia de empresas. Já a forma gradual prevê uma evolução gradativa que possibilita a adaptação às novas formas de visualizar o ambiente organizacional.

[17] SENGE, P. *A quinta disciplina*: arte, teoria e prática da organização de aprendizagem. São Paulo: Best Seller, 1990.
[18] FLEURY, 1995.

Existem basicamente duas formas de trabalhar a questão cultural nas organizações: uma externa aos indivíduos, por meio do estilo gerencial; e outra interna, trabalhando os modelos mentais das pessoas.

A influência do estilo gerencial sobre a cultura pode parecer uma pretensão, considerando a cultura como um elemento abstrato tão introjetado na organização. Todavia, trata-se de um elemento com conseqüências bem visíveis, sendo por isso passível de identificação, por meio da análise do cotidiano organizacional e do fundamento psíquico de seus membros, com o conseqüente trabalho por agentes conscientes. Esse trabalho pode ser levado a cabo pela liderança da organização. Algumas das formas que o líder utiliza para lidar com a questão cultural são[19]:

- contratar e manter subordinados com perfil igual ao seu ou ao desejado;
- doutrinar e socializar os subordinados, segundo seu modo de pensar e agir;
- sinalizar em seu próprio comportamento um modelo de papel funcional que estimula e guia os subordinados em direção a determinado esquema interpretativo.

Tendo ainda como base a atuação do líder, podem ser redefinidos processos e rotinas organizacionais que acabam servindo de apoio à mudança rumo a uma cultura que propicie uma efetiva gestão do conhecimento. Embora se trate de um processo notadamente autoritário, seu uso pode levar a resultados concretos com relação a mudanças incrementais na cultura organizacional.

Já o trabalhar modelos mentais envolve a perspectiva interior dos membros da organização. Senge entende os modelos mentais como as formas pelas quais vemos e interpretamos o mundo e que influenciam nosso agir[20]. Essa conceituação nos leva a uma relação direta com a psique dos membros da organização.

[19] SHEIN, 1992.
[20] SENGE, 1990.

Para trabalhar os componentes psicológicos, torna-se necessário considerar os instrumentos utilizados pelo ser humano em sua luta contra os impulsos primários, como mostrado no Quadro 2.1. A partir daí, pode-se utilizar a sistemática proposta por Senge, que envolve resgatar os modelos mentais por meio da comunicação ou do diálogo, com a posterior exposição dos modelos e seu exame[21]. Tal exteriorização ou publicitação dos modelos mentais propicia a conscientização, individual e grupal, e posterior elaboração de estratégias de mudança.

As duas abordagens expostas de trabalho da cultura organizacional envolvem a estratégia de mudança gradual. Fornecem, dessa maneira, a possibilidade de trabalhar essa mudança de forma menos traumática e, conseqüentemente, mais segura. A preocupação com essas características se justifica, pois a gestão do conhecimento envolve ações fundamentalmente cooperativas, as quais necessitam de confiança, empatia e solidariedade entre as pessoas que dela participam.

2.6 Considerações finais

Apesar da multiplicidade de fatores envolvidos, a questão da cultura organizacional configura-se como um importante elemento na busca da gestão do conhecimento. Sua importância decorre do fato de, como uma superestrutura organizacional, possibilitar, mediante a criação de um senso comum, um agir favorável à gestão do conhecimento dentro da organização.

As possibilidades de mudança da cultura, apesar de difíceis, são possíveis e tornam-se mais efetivas ao serem considerados os mecanismos psicológicos envolvidos. Trabalhar tais mecanismos torna-se decisivo para a realização de uma gestão adequada e efetiva do conhecimento. O papel da liderança organizacional, manifestado pelo estilo gerencial, torna-se fundamental na execução dessa questão. Além disso, existe a atuação sobre os modelos mentais dos membros da organização, os quais, sendo exteriorizados, permitem a elaboração de estratégias para sua mudança.

---

[21] Ibid.

Finalmente, a questão da mudança da cultura organizacional não pode deixar de visualizar o seu objetivo, que é o de transformar o modelo interpretativo dos integrantes da organização em um elemento de promoção e suporte dos imperativos da gestão do conhecimento. Somente por meio da criação da *superestrutura cultural* é que a gestão do conhecimento obterá um elemento que possibilite a sua continuidade e conseqüente efetivação.

2.7 Você viu neste capítulo

O conceito de cultura organizacional pode ser dividido em duas vertentes: a mecanicista e a holográfica. A abordagem mecanicista entende a cultura organizacional sendo composta de uma série de tópicos distintos, como crenças, histórias, mitos, heróis, tabus, normas e rituais. A abordagem holográfica vê a cultura organizacional como um reflexo da forma pela qual a organização é interpretada pelos seus integrantes. Dessa forma, a cultura organizacional caracteriza-se como uma representação comum da realidade, a qual é compartilhada pelos membros da organização até nas menores unidades que a constituem.

Aspectos da cultura organizacional podem ser identificados na própria rotina da organização, no significado dado para cada ato realizado. O fundamento do agir, assim como as atitudes, seriam calcados na interpretação que a pessoa faz do ambiente organizacional. Com base nas diferentes interpretações surgem as crenças, histórias, mitos, heróis, tabus, normas e rituais. A cultura organizacional seria uma forma de interpretação da realidade organizacional.

A gestão do conhecimento despontou recentemente como uma nova sistemática de trabalho no ambiente organizacional. Características presentes na cultura que possibilitariam a gestão do conhecimento estão relacionadas a determinadas crenças, pressupostos, posturas, atividades que se fundamentam por uma postura proativa, aberta, abrangente e atuante.

O conhecimento tácito é de grande importância para a cultura organizacional, pelo fato de essa modalidade de conhecimento ser composta em grande parte pelos elementos presentes na psique do indivíduo. A organização seria uma espécie de prisão psíquica, em que a cultura é formada por diversos mecanismos que servem a propósitos conscientes e inconscientes de seus integrantes.

Para o entendimento da cultura, é necessário considerar o fundo psicológico envolvido, o qual é analisado por meio de diversas abordagens psicanalíticas freudianas, neofreudianas e junguianas, relacionadas com esquemas interpretativos nas organizações.

As mudanças culturais podem acontecer de duas maneiras: revolucionariamente, incorporando esquemas interpretativos antagônicos aos anteriores, gerando uma reestruturação completa do agir organizacional, e gradualmente, quando são incorporados valores que complementam os já existentes, transformando-os.

Existem basicamente duas formas de trabalhar a questão cultural nas organizações. Uma, externa aos indivíduos, por meio do estilo gerencial que utiliza poder e arbitrariedade para realizar as mudanças. Outra, interna, trabalhando os modelos mentais presentes na psique das pessoas, levando-as a mudar seus esquemas interpretativos.

2.8 Estudo de caso

A CULTURA ORGANIZACIONAL: O MODELO GENERAL MOTORS DO BRASIL
A General Motors do Brasil caracteriza-se pela manutenção de uma cultura organizacional que remonta à época de sua fundação, há 75 anos. Na verdade, desde o início, a empresa tratou de conhecer o seu chão para adequar métodos e diretrizes norte-americanos ao jeito brasileiro de ser.

O modelo da *família* GM ou dos *teams* de trabalho, por exemplo, eram boas soluções norte-americanas para a convivência social e as relações de trabalho. "Ajustadas ao espírito brasileiro, aqui também deram bons frutos na consolidação das relações com a comunidade e no desenvolvimento do trabalho em equipe. Nesse esforço de adaptação, até alguns excessos foram cometidos, como um certo paternalismo inicial nas relações entre a empresa e seus empregados — compreensível, de resto, no contexto socioeconômico e cultural do país nas primeiras décadas do século[22]."

[22] GENERAL MOTORS DO BRASIL – 70 ANOS DE HISTÓRIA. São Paulo: Prêmio, 1995.

A cultura organizacional da GM do Brasil pode até ser analisada sob o enfoque da mitologização, já que a mitologia se manifesta ostensivamente dentro (e fora) dos limites da organização, proporcionando ao seu quadro funcional identidade e personalidade próprias.

As empresas cumprem um papel social, apesar de aparentarem serem entidades frias, insensíveis e impessoais. Entretanto, quando os colaboradores têm uma compreensão clara da mitologia da empresa, podem entender melhor quais devem ser as suas próprias prioridades e o que podem esperar dela[23]. Na GM do Brasil, a mitologia socialmente responsável tem dado certo.

Alguns programas implementados — na forma de premiações — são uma clara e insofismável demonstração dessa afirmativa:

Relógio de ouro: ao completar 25 anos de trabalho na empresa, todo colaborador é agraciado com um relógio de ouro, como forma de reconhecimento pela dedicação, prêmio que lhe é entregue pelo presidente da corporação.

Bóton de ouro: entregue em cerimônia comandada pelo presidente da empresa a todo colaborador que completar 30 anos de serviços prestados à corporação.

President's Council Honors: distinção estabelecida em 1995 pelo Conselho da Presidência da General Motors Corporation para homenagear, individualmente ou em grupo, empregados que se destacaram por suas realizações e que contribuíram para o desenvolvimento da companhia e o sucesso dos objetivos estabelecidos. Essa iniciativa faz parte da estratégia global da GM para incentivar mudanças positivas.

Certos signos indicam situações diferenciadas:
- os ocupantes dos três níveis hierárquicos superiores vestem-se de modo convencional (social ou passeio) e não ostentam qualquer crachá de identificação;

---

[23] RANDAZZO, S. *A criação de mitos na publicidade*. Rio de Janeiro: Rocco, 1997. p. 236-8.

- os supervisores vestem uniformes padronizados — cor exclusiva —, sem identificação;
- os coordenadores vestem uniformes padronizados (iguais aos dos supervisores) e ostentam no peito, do lado esquerdo, uma identificação com a sigla CT;
- os operários são identificados, de acordo com a seção à qual prestam serviço, pela cor da gola (colarinho) do seu uniforme padronizado (calça e camisa azul):

  azul: produção;

  amarelo: controle de produção/materiais;

  verde: ferramentaria;

  vermelho: manutenção;

  marrom: manutenção de ferramentaria.

A exceção fica por conta dos que trabalham na seção de modelagem, que vestem uniforme na cor branca, com gola verde. Tais signos destinam-se a estabelecer, conscientemente, uma relação proxêmica entre os diversos níveis hierárquicos da estrutura organizacional. Não obstante, quando necessário, e para o bom andamento da cadeia produtiva, essa relação é rompida pelos Coordenadores de Times de Trabalho (CT), já que lhes é permitido o acesso direto a qualquer ocupante de nível hierárquico superior.

Por outro lado, a empresa adota um modelo comunicacional próprio para o relacionamento com os operários: uma espécie de boletim, conhecido como *7 laudas*, cujo recheio informacional é composto por avisos, alterações, comunicações etc., e que é afixado nos *quadros de avisos* especificamente preparados para essa finalidade e existentes em todos os setores. No tocante às recompensas e remunerações dos operários, cada cor de gola corresponde a um padrão de ganho, valor que, além de ser classificado por códigos[24], sofre

---

[24] A prática de classificar as estruturas salariais dos empregados por códigos e números (graus), creio eu, deve ser a tônica predominante nas demais empresas congêneres e de mesma origem. A Ford, por exemplo, adota um sistema de números (5 a 10) em que cada número corresponde ao grau no qual se enquadra o empregado, condizente com o cargo ocupado na organização. Isso para os operários (horistas). Os burocratas (mensalistas) são remunerados com base em um esquema de códigos (letras A a L), em que cada letra corres-

alterações, em decorrência da função desempenhada. Igualmente, os exames médicos periódicos também variam em cada caso. O *clima* organizacional entre o operariado é, geralmente, ameno, não havendo ocorrências de conflitos, diferentemente do que ocorre com os colaboradores burocratas.

Outros signos denotam relações de poder e de influência. As relações de poder explicitam uma dupla relação: dominação/sujeição e mando/obediência. Por outro lado, o domínio do raciocínio e da persuasão racional é o terreno palpável da influência. Tais relações, no caso da General Motors do Brasil, também se manifestam visivelmente: colaboradores burocratas (mensalistas) podem utilizar o restaurante destinado aos operários (horistas), porém o inverso jamais poderá ocorrer. O quesito restaurante é a prova incontestável de uma ideologia dominante.

Fonte: Baseado em SANTOS, João Bosco dos. Comunicação apresentada ao GT de Comunicação e Organização da Sociedade Brasileira de Estudos Interdisciplinares – Intercom. In: CONGRESSO BRASILEIRO DE CIÊNCIAS DA COMUNICAÇÃO, 2 a 6 setembro 2000, Manaus. Textos de trabalhos apresentados durante o evento. Manaus: Universidade do Amazonas, 2000. Disponível em: <http://www.portal-rp.com.br/biblioteca/textos/rrpp_cases_011.htm>. Acesso em: 30 abr. 2001.

questões do estudo de caso

1 No caso da General Motors do Brasil, existe certa influência da cultura norte-americana nas práticas organizacionais. Que outros casos podem ser citados de empresas que possuem grande influência de uma cultura regional no seu ambiente organizacional?

2 Na General Motors do Brasil, é intenso o uso de símbolos com significados específicos para o coletivo organizacional. Quais os aspectos positivos e negativos do uso desses símbolos para o desenvolvimento das pessoas no seu trabalho?

ponde a uma faixa salarial condizente com a função ocupada. Além disso, existem, em cada uma dessas faixas, seis *steps*, que são intervalos de tempo a serem cumpridos pelos ocupantes dos cargos, para fins de aumento de remuneração.

3 De que maneira a simbologia presente no cotidiano organizacional pode ser utilizada para favorecer a geração, o compartilhamento e o uso do conhecimento entre as pessoas no seu contexto de trabalho?

4 Quando existir a necessidade da realização de mudanças organizacionais, de que forma os símbolos podem ser utilizados, conjuntamente com outras técnicas, para construir a consciência coletiva necessária à aceitação e adoção das mudanças?

2.9 Questões

1 Quais são as principais características das abordagens conceituais de cultura organizacional?

2 De que forma a adoção do ponto de vista de uma das diferentes abordagens da cultura organizacional pode influenciar uma análise do ambiente interno de uma empresa?

3 Como as características das culturas regionais de um povo podem auxiliar ou dificultar os processos de uma organização?

4 Quais as principais características da cultura organizacional que favorecem a gestão do conhecimento?

5 Por que o conhecimento tácito encontra-se diretamente relacionado com a cultura organizacional?

6 De que forma as abordagens psicanalíticas de comportamentos organizacionais podem auxiliar no entendimento da cultura de uma organização?

7 Quais as práticas que poderiam ser aplicadas caso fosse adotada uma estratégia de mudança cultural revolucionária? Quais seus limites e riscos?

8 Por que uma estratégia de mudança gradual da cultura organizacional é mais indicada na gestão do conhecimento?

REFERÊNCIAS

AIDAR, M. M. et al. *Mudança organizacional*: aprofundando temas atuais em administração de empresas. São Paulo: Atlas, 1995.

CHIAVENATO, I. *Administração*: teoria, processo e prática. São Paulo: McGraw-Hill, 1987.

FLEURY, M. T. L. Aprendendo a mudar: aprendendo a aprender. *Revista de Administração*, São Paulo, v. 30, n. 3, p. 5-11, jul./set. 1995.

NONAKA, I.; TAKEUCHI, H. *Criação de conhecimento na empresa*. Rio de Janeiro:Campus, 1997.

RANDAZZO, S. *A criação de mitos na publicidade*. Rio de Janeiro: Rocco, 1997.p. 236-8.

RIBAS, C. C. A criatividade no ambiente produtivo. In: PALESTRA NO CURSO DE PÓS-GRADUAÇÃO EM ADMINISTRAÇÃO, 1998, Florianópolis. Trabalho apresentado durante o evento. Florianópolis: Universidade Federal de Santa Catarina, 1998.

SAYON, M. Empresas aderem à gestão do conhecimento. *Gazeta Mercantil*, São Paulo, 17 nov. 1998. Caderno de Tecnologia da Informação, p. 8.

SCHEIN, E. *Organizational culture and leadership*. São Francisco: Jossey Bass, 1992.

SENGE, P. *A quinta disciplina*: arte, teoria e prática da organização de aprendizagem. São Paulo: Best Seller, 1990.

SROUR, R. H. *Poder, cultura e ética nas organizações*. Rio de Janeiro: Campus, 1998.

TEIXEIRA FILHO, J. Conhecimento, tecnologia e organização: evolução, conflitos e perspectiva. *Boletim técnico do Senac*, Rio de Janeiro, v. 24, n. 2, maio/ago. 1998.

CAPÍTULO 3

Estilo gerencial nas organizações da era do conhecimento

Cláudia Romani e Márcia Cristina Schiavi Dazzi

"O mais alto líder mal é conhecido pelos homens. Depois vem o líder que eles conhecem e amam. Depois, o líder que temem. Depois, aquele a quem desprezam. O líder que confia pouco não merecerá crédito. Quando as ações são realizadas sem discursos inúteis o povo diz, 'Nós fizemos isso sozinhos'."

Lao Tsu

3.1 Introdução

O desenvolvimento dos meios de produção tem apresentado naturezas diversas na forma de estruturação e gerenciamento do trabalho humano. Se no princípio os artesãos geriam seus meios de subsistência e, portanto, possuíam autonomia nas suas decisões, com a Revolução Industrial o panorama exigiu métodos diferentes de organização do trabalho. Surgiram as organizações permeadas de hierarquias, com um padrão rígido de divisão do trabalho, que desempenharam importante papel na construção organizacional de sua época. No entanto, com a evolução da sociedade para a era do conhecimento, há muitas questões a respeito de como lidar com esse novo momento, principalmente no que se refere ao seu ativo mais importante: o conhecimento humano.

As atividades de gerir e liderar pessoas na organização vêm se aprimorando mediante as necessidades de cada momento e do contexto organizacional. Os primórdios da administração delinearam uma liderança com base no comando e no controle, na autoridade e na subordinação. Aos poucos, essa concepção foi sendo questionada e substituída por uma visão mais comportamental, pela qual as pessoas deveriam ser motivadas de outras formas além da remuneração. A organização contemporânea, que vem enfrentando uma série de mudanças, passa também a questionar os valores assumidos em busca de uma realidade mais condizente com seus anseios. Diante desse fato, a questão pertinente é refletir sobre o estilo gerencial que mais se adapta às organizações da era do conhecimento.

3.2 Buscando a compreensão dos termos

Para melhor compreender o tema estilo gerencial[1], é importante ressaltar que existem várias terminologias e conceitos para o homem que atua nas organizações.

Alguns autores referem-se ao homem como administrador, outros como gestor, outros como líder, outros como chefe. No caso específico, chamaremos o homem que administra uma organização da era do conhecimento de líder, ressaltando que existem vários estilos gerenciais.

Dentre os vários conceitos de liderança, o de Kanter é bastante utilizado, por sintetizar as diversas concepções das características dos líderes. Para ela, o **líder** deve ter um olho para a mudança e mão firme para assegurar a visão e reafirmar que a mudança pode ser conduzida. Sua voz deve articular a vontade do grupo, moldando-a para fins construtivos. Sua personalidade deve também ter força para inspirar os liderados, fazendo com que os outros se sintam com autonomia para aumentar e empregar as próprias capacidades[2]. Os líderes, por meio de seus estilos próprios de atuação, característicos de sua personalidade, seus valores e suas concepções, são os agentes de mudança, os condutores do processo e os motivadores do grupo.

---

[1] Os termos estilo gerencial e estilo de liderança são considerados sinônimos por parte das autoras, pois é dessa forma que são encontrados na literatura. Quando se fala em estilo gerencial, o foco da discussão baseia-se no nível estratégico da organização (líder), e não no nível tático (gerencial). De qualquer forma, cabe registrar que nos estudos de Kets de Vries (1997), o autor apresenta algumas diferenças entre líderes e gerentes, argumentando que os líderes estão mais interessados no futuro, enquanto os gerentes se apegam ao presente. Segundo o autor, os líderes estão preparados para lidar com as mudanças, e os gerentes, mais preocupados com a estabilidade da organização.

[2] KANTER, R. M. Líderes de classe mundial: o poder da parceria. In: HESSELBEIN, F. (Org.). *O líder do futuro*. São Paulo: Futura, 1996, p. 108.

Os líderes variam quanto a três características: *valores, estilos gerenciais* e *prioridades*[3]. Dentre essas, enfocaremos os diversos estilos gerenciais dos líderes.

Com base nos conceitos apresentados, pode-se inferir que o estilo gerencial é uma característica própria e determinada pela personalidade e formação do líder. Em outras palavras, são os tipos de comportamento adotados pelo líder em relação aos seus colaboradores, isto é, a maneira como o líder orienta sua conduta. É importante ressaltar que a flexibilidade é essencial, e que os líderes devem variar seu estilo de acordo com as características da organização.

3.2.1 OS LÍDERES E SEUS ESTILOS GERENCIAIS

Selecionamos alguns estudos que buscam a compreensão e o entendimento dos diversos estilos gerenciais para delimitarmos os possíveis estilos adotados pelos líderes. O primeiro deles, realizado por While e Lippitt, correspondeu a uma pesquisa sobre o impacto da liderança em meninos orientados para determinadas tarefas[4]. O resultado destacou três tipos de liderança: autocrática, democrática e liberal (*laissez-faire*). Transpondo para a realidade organizacional e para o contexto deste estudo, esses tipos de liderança podem ser caracterizados como o estilo gerencial adotado pelo líder em suas atitudes.

O **líder autocrático** é o único responsável pela fixação das diretrizes, sem qualquer participação do grupo. Determina as providências e as técnicas para a execução das atividades, assim como quem irá realizá-las e com quem. É dominador e utiliza-se de elogios e críticas pessoais a cada envolvido no processo.

O **líder democrático** caracteriza-se pela interação com o seu grupo, buscando por meio de discussões as definições das diretrizes de trabalho.

---

[3] BECKHARD, R. Sobre líderes do futuro. In: HESSELBEIN, 1996.

[4] WHILE, R.; LIPPITT, R. Comportamento do líder e reação dos membros em três climas sociais. In: CARTWRIGHT, D.; ZANDER, A. (Org.). *Dinâmica de grupo*: pesquisa e teoria. São Paulo: EPU, 1975. v. 2.

O grupo determina ainda quais são as providências e as técnicas a serem realizadas, assim como a divisão de suas atividades. Todas essas etapas são acompanhadas pelo líder, que como tal passa a ser um integrante do grupo, apesar de não executar as atividades estabelecidas. É objetivo, e seus elogios e críticas são dirigidos aos fatos.

O **líder liberal** caracteriza-se pela total ausência nos debates do grupo, deixando todas as decisões a cargo deste, sem uma interferência efetiva, nem como integrante. Todas as etapas são desempenhadas pelo grupo, que na maioria das vezes tem de se autogerir. A isenção do líder não lhe dá permissão para tecer críticas ou elogios aos acontecimentos, somente comentários desconexos, quando questionado pelo grupo.

O segundo estudo é o que Likert realizou sobre liderança e que teve como objetivo definir os estilos gerenciais mais apropriados ao contexto organizacional[5]. Tomando por base inúmeras pesquisas, definiu um conjunto de características organizacionais para atuação de diferentes estilos gerenciais: *autoritário rígido, autoritário benevolente, participativo deliberativo* e *participativo grupal*.

O **autoritário rígido** caracteriza-se por um estilo gerencial impositivo e forte, altamente controlador, com ênfase em punições e recompensas ocasionais, com pouca comunicação; no ambiente há bastante desconfiança e insatisfação por parte dos colaboradores, que são considerados subordinados.

O **autoritário benevolente** é conhecido como o dominador paternalista, com pouca interação humana, decisões descentralizadas, mas baseadas em prescrições e rotinas preestabelecidas.

Tanto o autoritário rígido como o autoritário benevolente são estilos gerenciais característicos da teoria clássica e aceitos pelo modelo operacional de homem. Retomando algumas características já apresentadas, pode-se caracterizar o estilo gerencial clássico como autoritário, centralizado no executivo principal, que possui o poder de decidir pela melhor opção para a organização e para os colaboradores, lógico, fruto da racionalidade técnica e mensurado pelos resultados práticos obtidos pela empresa.

---

[5] LIKERT, R. *A organização humana*. São Paulo: Atlas, 1975.

O **participativo deliberativo** apresenta grau de confiança elevado, com algumas recompensas; permite que certas decisões sejam tomadas na base da organização, com a orientação de um superior.

Esse estilo gerencial parece ser o mais apropriado para a teoria das relações humanas e para o modelo reativo de homem, caracterizando-se por uma concepção racional e lógica do processo, influenciada mais pelos aspectos motivacionais dos seres humanos do que pela contribuição que possam oferecer à organização e com políticas voltadas aos aspectos do ambiente externo, mesmo que de forma adaptativa.

Por fim, o **participativo grupal** conduz um estilo gerencial em que prevalece a participação do grupo. Democrático por excelência, existe a confiança total nos colaboradores e todos participam para a realização dos objetivos da organização.

Assim, o estudo da liderança negligenciou por muito tempo a dinâmica da organização, principalmente o fato de as empresas terem necessidades e problemas distintos em diferentes estágios de seu ciclo de vida[6]. O grande erro é tentar tratar o tema liderança isolado do contexto em que está inserido. Muitas vezes, o estilo gerencial necessita se transformar por causa dos problemas que a organização está enfrentando.

Há quatro desafios que os líderes têm de enfrentar: criar, construir, manter e mudar, independentemente do estágio de desenvolvimento em que se encontram as organizações[7]. Por **criar** entende-se a energia propulsora da mudança dentro da organização, enfrentando sucessivos fracassos, mas mantendo a capacidade de animador para com seus colaboradores. **Construir** implica determinar a cultura da organização, seus valores, crenças e premissas. **Manter** significa a capacidade de crescer junto com a organização, isto é, ter condições de reavaliar-se e perceber a necessidade de desenvolver novas formas de liderança diante de novos contextos. E a capacidade de **mudar** determina a necessidade de um líder agente de mudança, que, além de adquirir novos conceitos e habilidades, deve ter o discernimento do que não é mais

---

[6] SCHEIN, E. H. Liderança e cultura organizacional. In: HESSELBEIN, 1996.
[7] Ibid.

interessante para a organização e induzir um processo de desaprendizagem, gerindo as ansiedades e esclarecendo o porquê das mudanças aos demais.

O terceiro estudo foi realizado por Hersey e Blanchard[8], no qual constataram um consenso de que a liderança é o processo de influenciar as atividades de um indivíduo ou de um grupo para a consecução de um objetivo em uma dada situação. Dessa forma, os autores estabelecem o processo de liderança como uma função do líder, do liderado e de variáveis situacionais.

Segundo esses autores, o líder desenvolve seu estilo no decorrer do tempo, por meio de suas experiências, educação e capacitação. Apoiados nos estudos de Tannenbaum e Schimidt, os autores apontam quatro fatores que influenciam o estilo de liderança: os sistemas de valores; a confiança nos seus colaboradores; as inclinações para a liderança; e, por fim, o sentimento de segurança em situações incertas.

Além desses influenciadores, os autores destacam a importância da capacidade de diagnóstico que os líderes devem possuir, e que é expressa na capacidade de reconhecer o ambiente: "os líderes não serão eficazes se não souberem adaptar seu estilo de liderança às exigências do ambiente"[9].

Na definição dos estilos gerenciais, os autores adotam a linha da liderança situacional, na qual o estilo que um líder deve adotar depende do nível de maturidade das pessoas que deseja influenciar. Por maturidade, definem "a capacidade e a disposição das pessoas de assumir a responsabilidade de dirigir seu próprio comportamento"[10] , relacionado a determinadas atividades que devem ser realizadas. Com o cruzamento das variáveis selecionadas pelos autores é possível identificar quatro estilos: determinar, persuadir, compartilhar e delegar.

O estilo **determinar** é compatível com as pessoas que não possuem nem capacidade, nem desejam assumir responsabilidades. É um estilo diretivo, no qual o líder define as funções e especifica o que as pessoas devem fazer, como, quando e onde devem executar as ações. É um estilo de liderança

---

[8] HERSEY, P.; BLANCHARD, K. *Psicologia para administradores*: a teoria e as técnicas da liderança situacional. São Paulo: Pedagógica e Universitária, 1986.

[9] Ibid, 1986, p. 185.

[10] Ibid, p. 187.

autoritário, orientado por resultados e com um sistema de controle altamente estruturado, requerendo um comando diretivo do líder e, muitas vezes, a utilização do poder coercitivo.

O estilo **persuadir** é adaptável às pessoas que não possuem capacidade, mas estão dispostas a assumir responsabilidades, isto é, possuem confiança, faltando-lhes alguns requisitos técnicos. Alia o estilo diretivo ao apoio como forma de reforçar a disposição e o entusiasmo das pessoas. Neste caso, o líder fica responsável pela direção, aliando explicações e comunicações bilaterais para convencer seus colaboradores a adotarem determinados comportamentos. Assim, o sistema de controle se amplia mais, mas continua efetivo, usando-se mais o poder de recompensa como forma de influência dos comportamentos.

Os estilos **determinar** e **persuadir** são mais compatíveis com as pessoas racional-econômicas, aquelas que são fundamentalmente motivadas por incentivos econômicos. Pelo lado dos colaboradores, caracterizam-se como seres passivos que necessitam ser manipulados, motivados e controlados pela organização; ou, ainda, seres cujos sentimentos precisam ser neutralizados e comandados.

O estilo **compartilhar** encontra pessoas com capacidade, mas sem disposição para assumir responsabilidades. Diante desse contexto, o líder deve adotar uma comunicação bilateral e escuta ativa, no sentido de apoiar os liderados a usar a capacidade que já possuem. É um estilo participativo, de apoio e não diretivo, no qual líder e liderado participam juntos da tomada de decisão. O sistema de controle tende a se ampliar ainda mais que no caso do estilo persuadir, buscando muito mais a integração, utilizando-se do poder de referência como influenciador no comportamento.

No estilo **compartilhar,** os seres humanos são basicamente motivados pelas necessidades sociais, respondendo mais a incentivos relacionados a relações sociais do que incentivos ou controles da organização. Há uma necessidade de o líder preocupar-se também com o lado emocional dos seus colaboradores.

O estilo **delegar** é apropriado para as pessoas que têm capacidade e disposição para assumir responsabilidades. Embora a responsabilidade de identificar o problema seja ainda do líder, a responsabilidade de executar os planos cabe aos liderados maduros, que, por sua vez, desenvolvem o projeto e decidem como, quando e onde fazer. Sendo psicologicamente maduros, dispensariam uma comunicação bilateral acima do normal ou de apoio. O poder de informação e competência parece ser mais adequado a este tipo de estilo, no qual o sistema de controle é menos estruturado e pouco centrado no controle do líder.

Por sua vez, o estilo **delegar** seria mais apropriado para as pessoas auto-realizadoras, que buscam sentido e realização no seu trabalho, pois suas outras necessidades estão razoavelmente bem atendidas. Neste caso, as pessoas, devido à sua auto-realização e maturidade, estão dispostas a integrar seus próprios objetivos aos da organização. Com essas pessoas, os líderes devem se preocupar mais em enriquecer suas atividades, apresentando-lhes desafios, além de buscar habilidades de facilitadores e catalisadores em vez de motivadores e controladores.

Os administradores devem analisar as exigências do ambiente e adaptar o estilo de liderança a elas, desenvolvendo meios para mudar algumas ou todas as variáveis situacionais[11]. Para adotar alguma mudança no grupo de trabalho, os líderes devem possuir habilidades, conhecimento e capacitação em duas áreas: diagnóstico das necessidades de mudança, observando o processo em que estão inseridos e implantação, ou seja, efetivar as questões levantadas durante a primeira fase.

O quarto estudo, proposto por Adizes, destaca quatro tipos de estilos gerenciais. São eles: **produtor**, que enfatiza o modo de fazer as coisas; **empreendedor**, que enfatiza a criatividade, mas apresenta idéias mal-acabadas e entra em conflito com os demais, quando esses começam a questionar os detalhes de sua idéia; **integrador**, que enfatiza a união entre as pessoas; e **administrador**, que enfatiza a forma como é realizada determinada ação e atém-se à realidade[12].

[11] HERSEY e BLANCHARD, 1986.

[12] ADIZES, apud SMIDERLE, A.; RESENDE, G. *Liderança de equipes: como organizar e dirigir equipes de funcionários*. Pato Branco, 1999. 15 f. Trabalho acadêmico (Especialização) — Universidade de Pato Branco.

O estudo realizado por Melo[13], por sua vez, construiu e validou um instrumento para avaliar estilos de liderança. O autor identificou três diferentes estilos: relacionamento, situacional e tarefa.

O estilo **relacionamento** é composto por itens que representam comportamentos de líderes cujas relações de trabalho são caracterizadas pela confiança mútua, amizade, valorização da individualidade, calor humano, respeito pelas idéias dos liderados e interesse por seus sentimentos. O líder valoriza as relações interpessoais no trabalho.

O estilo **situacional** inclui itens que contemplam a habilidade do gerente em identificar e se adaptar à realidade em que se encontra, com flexibilidade para mudar de estilo de acordo com as exigências do meio e, ainda, as de seus liderados.

O estilo **tarefa** destaca a habilidade do líder para definir e estruturar o seu papel e o dos liderados, com a preocupação central na realização dos aspectos técnicos, nos padrões, nos métodos e procedimentos de trabalho, com foco no cumprimento das metas.

O Quadro 3.1, na página seguinte, apresenta uma síntese das tipologias utilizadas no capítulo, permitindo verificar as diferenças e as semelhanças nos três estudos.

Um quinto estudo realizado por Nonaka e Takeuchi[14] não se refere especificamente a estilos gerenciais, mas a processos gerenciais que determinaram o ambiente propício para o desenvolvimento do processo de criação do conhecimento organizacional, capazes de facilitar e de promover esse desenvolvimento.

Segundo os autores, existem dois modelos dominantes de processo gerencial: o modelo *top-down* (de cima para baixo) e o modelo *bottom-up* (de baixo para cima). Decorrente da ineficiência desses modelos para a dinâmica da criação do conhecimento, os autores propõem o modelo *middle-up-down*

---

[13] MELO, Eleuni Antonio de Andrade. *Comprometimento organizacional, estilos gerenciais e poder organizacional: um estudo relacional*. Brasília, 2001. Dissertação (Mestrado em Psicologia Social e do Trabalho) — Universidade de Brasília.

[14] NONAKA, I.; TAKEUCHI, H. *Criação de conhecimento na empresa*: como as empresas japonesas geram a dinâmica da inovação. Rio de Janeiro: Campus, 1997.

Quadro 3.1	SÍNTESE DOS ESTILOS GERENCIAIS		
	Estilos gerenciais	**Características**	**Participação do grupo**
While e Lippitt	Autocrático	Domina o processo e impõe diretrizes aos colaboradores	Inexistente
	Democrático	Discute o processo e participa como integrante do grupo	Interação
	Liberal	Não interfere no processo, delegando autogestão ao grupo	Determinante
Likert	Autoritário rígido	Imposição, controle, punitivo, pouca comunicação	Desconfiança e insatisfação
	Autoritário benevolente	Dominador, paternalista, delegação de tarefas por meio de normas	Pouca interação
	Participativo deliberativo	Fortalece o ambiente, delega tarefas controladas por um superior	Interação média
	Participativo grupal	Democrático, confiante e determinado	Efetiva
Hersey e Blanchard	Determinar	Autoritário, orientado para a tarefa e controlador, diretivo e coercitivo	Apática e imatura
	Persuadir	Diretivo mas apoiador, busca o envolvimento da equipe, poder de recompensa	Ainda imatura, mas mais participativa
	Compartilhar	É um estilo participativo, de apoio e não diretivo, comunicativo	Interação na tomada de decisão
	Delegar	Participativo, não diretivo, desafiador, comunicativo	Madura e altamente participativa

Fonte: Adaptado de WHILE; LIPPITT, 1975; LIKERT, 1975; HERSEY e BLANCHARD, 1986; ADIZES, apud SMIDERLE e RESENDE, 1999 e MELO, 2001.

continua

continuação

	Estilos gerenciais	Características	Participação do grupo
Adizes	Produtor	Ênfase na produção	
	Empreendedor	Criativo, idealizador	Conflitos
	Integrador	Reúne pessoas	
	Administrador	Questionador	
Melo	Relacionamento	Valorização das relações interpessoais	
	Situacional	Adaptação ao ambiente e suas necessidades administrativas	
	Tarefa	Focado no resultado técnico do trabalho realizado	

(do meio para cima e para baixo), que serve como um facilitador para o processo de criação de conhecimento.

O modelo *top-down* baseia-se no modelo hierárquico clássico, no qual a criação do conhecimento ocorre dentro dos limites da perspectiva de processamento de informações e a responsabilidade pelo processo é distribuída entre os níveis da hierarquia. Dessa forma, a alta gerência torna-se responsável pela criação dos conceitos básicos, enquanto os gerentes de nível médio decidem os meios a serem utilizados e os colaboradores de linha de frente implementam essas decisões, tornando-se, assim, uma ação rotineira. Como conseqüência, a organização como um todo executa um grande volume de trabalho e informações.

A premissa implícita neste modelo é de que somente a alta gerência tem capacidade e possibilidades de criação de conhecimento. Esse conhecimento existe para ser processado ou implementado; portanto, é apenas um meio, e não um fim. Diante desse contexto, os demais colaboradores da empresa ficam limitados ao processamento das informações, não havendo condições para que assumam responsabilidade no processo de criação do conhecimento.

O modelo *bottom-up*, por sua vez, pode ser visto como uma crítica radical ao modelo anterior, realizada principalmente pelos humanistas. Em oposição à hierarquia e à divisão rígida do trabalho, ocorre a autonomia. O conhecimento neste contexto é criado pela base. A alta gerência torna-se um patrocinador de colaboradores empreendedores da linha de frente, que trabalham de forma independente e isolada, diminuindo a interação entre os grupos.

Segundo Nonaka[15], a falta de interação intensiva de grupos dificulta a criação e disseminação do conhecimento que advém, em grande parte, das habilidades individuais dos integrantes da empresa, que somente podem ser externalizados e compartilhados mediante rodadas sucessivas de diálogos diretos. A criação de algo novo vai contra a mentalidade de controle da visão tradicional de administração, pois, para que o conhecimento possa emergir naturalmente, é preciso dar liberdade aos colaboradores, e não controlá-los.

O modelo então sugerido é o *middle-up-down*. Neste caso, os gerentes de nível médio, que são freqüentemente líderes de uma equipe, passam a ser o centro da gestão do conhecimento, proporcionando interação entre os níveis organizacionais e convertendo-a em conhecimento (apesar do total descrédito dado a esse nível gerencial nos últimos anos, principalmente nas organizações ocidentais, que viam os gerentes mais como geradores de custo do que propiciadores da dinâmica organizacional). Para os autores, este tipo de gerente é caracterizado por pessoas que "servem como nó estratégico que liga a alta gerência aos gerentes de linha de frente"[16]. Eles atuam como ponte entre os ideais visionários do topo e as realidades quase sempre caóticas enfrentadas pelos colaboradores da linha de frente.

Diante da tipologia do processo gerencial, destacam-se algumas características que determinam o estilo de liderança em cada um dos

---

[15] NONAKA, I. Criação do conhecimento na empresa. In: STARKEY, K. (Org.) *Como as organizações aprendem*. São Paulo: Futura, 1997.

[16] NONAKA e TAKEUCHI, 1997, p. 146.

modelos. No modelo *top-down*, a alta gerência tem o papel de criador de conceitos, seguindo, principalmente, a hierarquia e a divisão de trabalho da organização. Assim, a comunicação entre os níveis organizacionais dá-se por meio de ordens ou instruções, evitando-se ao máximo um ambiente de caos. O ponto fraco é uma alta dependência do conhecimento gerado pela alta gerência.

No modelo *bottom-up*, a alta gerência passa a ser uma patrocinadora, delegando a criação do conhecimento aos indivíduos da linha de frente, inventores e empreendedores, de forma consideravelmente autônoma. A estrutura organizacional e as redes de comunicação deixam de lado a hierarquia da organização, passando a privilegiar as equipes de projeto, as redes informais de comunicação e o princípio da auto-organização, evidenciando, com isso, o caos como premissa básica.

O papel da alta gerência no modelo *middle-up-down* é o de catalisador. A participação e importância neste caso se devem ao gerente de nível médio, que passa a ocupar uma posição de líder de equipe e articulador dos conhecimentos da organização. Agregando hierarquia e trabalho em equipe, a organização busca, mediante o diálogo e o uso de metáforas, a geração e a disseminação do conhecimento.

Surge, assim, a seguinte questão: qual deve ser, então, o estilo gerencial dos líderes nas organizações da era do conhecimento? A resposta está sendo desenhada junto com o modelo da nova organização; contudo, muitas inferências podem ser feitas em busca de respostas a essa questão. Esse é o propósito da discussão a seguir, que, com base em estudos realizados na área, aponta indícios de como deve ser o estilo gerencial do líder da era do conhecimento.

3.3 Estilo gerencial na era do conhecimento

As organizações da era do conhecimento enfrentam um desafio diante de um período de turbulência, proveniente de um ambiente altamente dinâmico. Diante das mudanças nas organizações, as questões sobre como liderar esse ambiente se modificam. Não há mais como manter uma relação de comando, controle e subordinação, com a qual se requer um comprometimento maior das pessoas e a capacidade de transferir seus conhecimentos sem o constante medo de compartilhá-lo.

Se na visão tradicional os líderes eram vistos como pessoas que tomavam as decisões fundamentais e que energizavam as equipes para alcançar os objetivos das organizações, com visão individualista e não sistêmica, em que os mitos de liderança estão ligados à imagem de um capitão que lidera uma tropa, na visão moderna de gestão, os líderes devem assumir outras responsabilidades e outro estilo gerencial[17].

Mais do que isso, a era do conhecimento e do capital humano requer um novo pensamento quanto à área de liderança e de talento de liderança[18]. "Precisamos ingressar em uma era na qual a liderança seja um recurso organizacional, não uma característica individual de uns poucos indivíduos isolados no topo da organização"[19]. Dessa forma, as pessoas precisam se autogerenciar, pois são elas que conhecem melhor o projeto em que estão trabalhando e podem alternar-se em coordenadores e seguidores em conformidade com os trabalhos que se iniciam.

Nesse contexto, os estilos autoritário rígido ou benevolente não suprem mais as necessidades da organização. As pessoas devem ser envolvidas no processo; devem sentir-se parte dele e, principalmente, responsáveis por ele. Para tanto, o estilo gerencial que parece mais apropriado às organizações do conhecimento, dentro da classificação apresentada, é o participativo grupal, pela sua capacidade e astúcia em coordenar o grupo, engajando-o.

Se o novo modelo de gestão solicita um estilo gerencial mais participativo e menos autoritário, a dúvida que surge é: quais as principais características, ou melhor, quais mudanças devem ocorrer no perfil de liderança que possibilitem o afloramento do estilo participativo?

Antes de enfrentar mudanças impostas pelo ambiente inovador, o líder deve mudar sua maneira de atuação, tendo de desaprender determinadas

[17] SENGE, P. O novo trabalho do líder. In: STARKEY, 1997.

[18] LAWLER III, E. A era do capital humano finalmente chegou. In: BENNIS, W.; SPREITZER, G.; CUMMINGS, T. *O futuro da liderança*. São Paulo: Futura, 2001.

[19] Ibid, p. 37.

atitudes que vinha desenvolvendo. Deve ter consciência de sua posição, da responsabilidade e das respostas que surgirão com essa nova proposta de trabalho. Deverá aprender a ouvir; orquestrar as iniciativas e o engajamento coletivo; comprometer-se com o processo, sem imposições; dar consistência à teoria em ação e à teoria em uso, ou seja, ser exemplo de seu discurso, ser verdadeiro, ter paixão pelos valores, visão e propósitos da organização. Enfim, necessita aceitar o desafio de mudar para que possa criar um ambiente no qual as pessoas também queiram mudar.

Algumas características são fundamentais para o líder do conhecimento: a capacidade de expressar uma visão do conhecimento; a capacidade de comunicar essa visão, bem como a cultura da empresa na qual se baseia; a capacidade de justificar a qualidade do conhecimento criado com base em critérios ou padrões organizacionais; o talento fantástico para selecionar o líder certo para o projeto; a disposição para criar o caos dentro da equipe de projeto; a capacidade de interação com os integrantes da equipe de forma prática, solicitando seu compromisso; e a capacidade de dirigir e gerenciar todo o processo de criação do conhecimento organizacional[20].

Dessa forma, o novo estilo gerencial abandona o comando, o controle e o perfil de herói carismático, passando a atuar como projetista, professor e regente do grupo que o conduziu àquela posição, sendo responsável por fortalecer e ajudar as pessoas a expandir suas capacidades de entender complexidades, esclarecer visões e aperfeiçoar modelos mentais compartilhados, tornando-se responsáveis pela aprendizagem do grupo[21].

No papel de **projetista**, ele desenha as idéias básicas e os valores essenciais da organização, como a definição das políticas, estratégias e estruturas e a criação de processos de aprendizagem efetivos. No papel de **professor**, auxilia os integrantes da organização a adquirirem visões mais precisas, mais ricas e a perceber oportunidades de ação em relação à realidade, utilizando técnicas que permitam às pessoas explicitarem seus modelos mentais. Na qualidade de **regente**, o aspecto principal é a atitude, isto é, quanto seu entu-

---

[20] NONAKA, 1997.
[21] SENGE, 1997.

siasmo, aliado ao conhecimento, impacta as outras pessoas na conquista da missão maior da organização.

Para que o líder desempenhe tais papéis, é fundamental que desenvolva novas habilidades, como a capacidade de alcançar a maestria pessoal, construir uma visão compartilhada, trazer à tona modelos mentais vigentes e incentivar padrões mais sistêmicos de pensamento. **Visão compartilhada** refere-se à existência de objetivos comuns entre as pessoas, atuando de forma agregadora; **modelos mentais** dizem respeito à maneira que as pessoas utilizam para entender e explicar a realidade; e **pensamento sistêmico** envolve habilidades fundamentais, tais como: enxergar inter-relações e processos, distinguir a complexidade de detalhes da complexidade dinâmica, evitar soluções sintomáticas utilizando-se de organizações colaterais, a fim de que as soluções sejam encontradas em ambiente participativo e dinâmico.

O líder deverá primar pela visão, coragem e humildade para aprender e crescer continuamente. Esse aprendizado consiste em ouvir, observar tendências, perceber e antecipar as necessidades do mercado, avaliar sucessos e erros do passado e absorver as lições que a consciência e os princípios ensinam. Em vez de resistirem à mudança, os líderes voltados para o aprendizado irão abraçá-la[22].

Existem algumas diferenças entre o líder na visão tradicional e o líder da era do conhecimento que mostram o distanciamento existente entre eles e sua postura diante das circunstâncias enfrentadas no dia-a-dia[23]. O Quadro 3.2, na página ao lado, sintetiza essas diferenças, enfatizando a postura proativa, indispensável ao líder da era do conhecimento, e a postura reativa, característica do líder tradicional.

O líder que tem a responsabilidade de gerenciar o conhecimento com seus colaboradores precisa saber quais são os conhecimentos imprescindíveis para o negócio, os altamente desejáveis e aqueles que fazem cada processo ou atividade ser desenvolvido com excelência, que, segundo ele, pode

---

[22] COVEY, S. R. Três funções do líder no novo paradigma. In: HESSELBEIN, 1996, p. 159.
[23] SMIRDELE e RESENDE, 1999.

Quadro 3.2	O LÍDER TRADICIONAL *VERSUS* O LÍDER DA ERA DO CONHECIMENTO
Líder tradicional	**Líder da era do conhecimento**
Apóia-se em regras, normas e procedimentos	Apóia-se nas pessoas, suas capacitações e habilidades
Rotina é uma batalha constante a ser vencida	Rotina é o reinício de novas oportunidades
Distingue suas ações das dos colaboradores, tendo cada um o seu papel	Distingue suas ações pela competência
Comunica o suficiente para manter as coisas funcionando	Debate, pesquisa
Vê, acompanha e controla tudo	Vê, acompanha e controla o que é mais importante
Cultura específica de uma tarefa	Cultura ampla, visando entender e criar alternativas
Delega o que fazer	Delega como fazer
Motivado pelo poder e pelo dinheiro	Motivado pelo desafio da auto-realização
Poder baseado no cargo	Poder baseado na competência
Trabalho é simples troca econômica	Trabalho é um processo de enriquecimento cultural, além de uma troca econômica
Visão de especialista	Visão ampla de generalista

Fonte: SMIRDELE e RESENDE, 1999.

oferecer vantagem competitiva[24]. O papel do líder nessa condição é criar o ambiente propício para que isso ocorra.

As organizações que querem implantar essa nova filosofia precisam contar com um líder que inspire confiança em seus colaboradores, a fim de desenvolver a autoconfiança nas pessoas, exercendo continuamente o pensamento estratégico e desenvolvendo uma visão sistêmica para que possa construir e compartilhar uma visão de futuro[25]. O líder deve também ser empreendedor, ousado (assumir riscos calculados), ter capacidade de mobilização, reconhecer o êxito dos outros, estimular habilidades dos colaboradores, ser inovador, criativo, comunicativo e saber romper paradigmas, estimulando a participação e desenvolvendo novos talentos, utilizando-se de uma visão sistêmica e trabalhando com uma estrutura flexível. Além dessas características, o líder deve ser um viabilizador de resultados, estimulando e criando um ambiente participativo para compartilhamento do conhecimento.

Há uma grande transformação dos líderes, que, além de formuladores da estratégia da empresa, são, cada vez mais, facilitadores da emergência de um propósito institucional compartilhado[26]. Considerando diversas controvérsias, há condições de se fazer indicações em relação aos conhecimentos e às habilidades desejáveis para a atuação dos líderes, tais como: necessidade de grande habilidade de relacionamento interpessoal e negocial; demanda por conhecimentos atualizados em tecnologia da informação e seus impactos sobre os negócios; capacidade técnica e instrumental de pesquisar e manipular informações e necessidade de saber lidar com a inovação. Além disso, os líderes devem ter visão ampla dos aspectos econômicos e sociais e estar preparados para interagir, monitorar e influir no clima organizacional. E é importante que, além da visão ampla, o líder tenha conhecimento sobre si mesmo, conseguindo entender seus processos emocionais e cognitivos a

---

[24] PIEMONTE, apud ALVARES, H. Gestão do "C" aponta para a nova era. *Gestão Plus*, São Paulo, v. 1, n. 3, p. 38-39, jul./ago. 1998.

[25] SENGE, 1997 e LEVITT, apud FERREIRA, O. M. *Gestores para um novo tempo*. Florianópolis, 1998. 20 transparências: color.

[26] TEIXEIRA FILHO, J. O executivo na entrada do século XXI: algumas reflexões no olho do furacão. Disponível em: <www.informal.com.br>. Acesso em: 17 abr. 2001.

fim de que possa estabelecer uma relação saudável e proveitosa com seus clientes, parceiros e colaboradores.

Pode-se perceber, ao analisar o estilo gerencial condizente com as organizações do conhecimento, que há necessidade de uma série de características que conduza a um ambiente participativo. O líder deverá saber romper com o padrão de dominação do modelo passado e resgatar e inspirar a confiança das pessoas por meio do desenvolvimento das competências de cada um e do envolvimento mútuo entre o grupo. Deve, ainda, desenvolver um processo contínuo de aprendizagem que possibilite a geração e o compartilhamento do conhecimento; ser capaz de ouvir os seus colaboradores; ser comunicativo, habilidoso, mobilizador, inovador e criativo; e ter a capacidade de analisar os processos de forma holística. Para tanto, é preciso propiciar um ambiente favorável ao diálogo, à liberdade de criação e expressão, respeitando as diferenças entre as pessoas.

Alguns estudos denominam esse novo perfil de líder como *coach*. Neste sentido, entendem que o papel do líder é o de desenvolver as pessoas por meio de uma série de intervenções planejadas com o intuito de ajudar os colaboradores a serem mais produtivos. A atividade de *coach* envolve trabalhar com expectativas, comportamento e resultados[27]. Esses elementos são responsáveis pelo desempenho de seus colaboradores, seja ele bom ou ruim. Nessa concepção, as expectativas são responsáveis pelos comportamentos, que irão produzir os resultados que desejam alcançar. Por fim, os resultados definem o comportamento futuro dos liderados. O trabalho do *coach* é definir expectativas, monitorar os comportamentos e reagir aos resultados.

Os gestores que obtêm sucesso como *coach* auxiliam os seus liderados a desenvolver as habilidades e os talentos que necessitam para apoiar o objetivo global: não só a missão do gerente, mas também a da organização[28]. O desenvolvimento das habilidades como *coach* é recompensado pela diminuição da saída de colaboradores, pelo aumento da moral destes e pelo

[27] HEASTON, R. Why managers fail as coaches. *Professional Builder,* Newton, v. 68, p. 59-61, jan. 2003.

[28] SAXBY, D. Winning the game: The difference between managers and coaches. *Rural telecommunications*, Washington, v. 21, p. 62-64, nov./dez. 2002.

incremento do atendimento das expectativas dos clientes. O autor relaciona algumas questões a que os líderes devem atentar para desenvolver-se como *coach*: compreender os estilos de aprendizagem das pessoas que lidera; compreender os valores e respeitar a diferença de convicções entre as pessoas da equipe; investir no diálogo com o grupo; saber ouvir; encorajar e elogiar seus liderados; reconhecer as melhorias ocorridas nas pessoas, independentemente de serem pequenas ou grandes. Um bom *coach* tem tato para treinar, desenvolver e encorajar outras pessoas, fortalecer os seus talentos e habilidades e manter a equipe sempre envolvida.

Todas essas características dos líderes somente serão aceitas na organização se a cultura organizacional estiver voltada para a aprendizagem contínua, em que haja o envolvimento de todos. Assim, o ambiente e os colaboradores são elementos essenciais na implantação dessa nova filosofia gerencial.

3.4 O ambiente e os colaboradores da gestão do conhecimento

O estilo gerencial do líder é formado por características próprias de comportamento e atuação junto com os seus colaboradores e a organização em que se encontra. No entanto, essa postura, ao interagir na organização, influencia e é influenciada pela cultura da organização, pela reação de seus colaboradores e pelas demandas do momento e de desenvolvimento em que está a organização. Dessa forma, o estilo gerencial do líder influencia diretamente a cultura da organização, determinando a importância de sua atualização constante para que possa estar à frente das mudanças. Ele deve ser um pouco "camaleão", adaptar-se à situação atual, "aprender a aprender", ou mesmo desaprender algumas regras que até então vinha utilizando.

O ambiente das organizações do conhecimento deve propiciar tanto o desenvolvimento do líder como a aceitação e o comprometimento dos colaboradores. As dificuldades que um líder participativo grupal tem de enfrentar para se desenvolver em um ambiente de desconfiança e medo podem impossibilitar o processo, revertendo-o para um estilo mais autoritário. Para tanto, é imprescindível que o ambiente permita e assegure condições facilitadoras do processo.

As organizações devem gerar comunidades empresariais, nas quais as pessoas se sintam integrantes, seguras e protegidas, empolgadas com a missão e com os valores[29]. Como integrantes dessas comunidades, as pessoas estariam menos envolvidas com a defesa de seu território e mais empenhadas com toda a organização, pois entendem que, ao fazer isso, indiretamente estão cuidando de si mesmas.

Os ambientes pautados no comando e no controle não conseguem obter o comprometimento das pessoas, pois estas estão condicionadas à obediência[30]. As pessoas somente estarão abertas para se envolverem em condições que primem pela confiança, pela curiosidade autêntica e pela responsabilidade compartilhada.

Essas características refletem a necessidade de as organizações do conhecimento propiciarem um ambiente de criatividade e que leve à geração e ao compartilhamento do conhecimento, em que mudar, inovar e renovar são as condições básicas para a continuidade, para o desenvolvimento da organização e as preocupações do administrador dos dias de hoje[31].

Se por um lado o líder e o ambiente devem ser geradores de condições propiciadoras do desenvolvimento das organizações do conhecimento, por outro, cabe questionar a postura a ser adotada pelos colaboradores.

Os colaboradores das organizações do conhecimento devem estar cientes de que não serão mais comandados, e sim orquestrados. Esse fato não implica receber ordens, e sim atividades nas quais eles próprios poderão decidir qual a melhor maneira de atingir os objetivos propostos. Se por um lado parece o paraíso, por outro o grau de autonomia e responsabilidade de cada pessoa aumenta consideravelmente, implicando uma estrutura pessoal capaz de atender a esses requisitos. É muito mais fácil ser comandado, passar a responsabilidade do erro adiante e viver contestando o ambiente do que assumi-lo e ter o dever de responder pelo grupo do qual participa.

---

[29] PINCHOT, G. Criando organizações com muitos líderes. In: HESSELBEIN, 1996.
[30] SENGE, 1996.
[31] PINCHOT, 1996 e SENGE, 1996.

Segundo Cavalcanti[32], o nível de maturidade dos liderados determinará o estilo de atuação adotado pelo líder. Portanto, é imprescindível que o líder esteja atento a este fator, que pode apresentar equipes de diversos tipos como: os despreparados e não desejosos de assumir responsabilidades; os sem habilidades de realizar atividades, mas motivados para atender aos pedidos do líder; os capazes de realizar atividades mas sem motivação para atender ao líder; e, por fim, os capazes de realizar atividades e motivados para atender o líder. Se adequar o estilo às características dos liderados, o líder acabará gerando aprendizagem individual e organizacional para a empresa em que trabalham, elevando o nível de maturidade de sua equipe.

No entanto, nem os líderes nem as organizações podem forçar as pessoas a terem mais autonomia e envolvimento a ponto de se tornarem inovadoras ou corajosas, ou escolherem cursos de ação desconhecidos ou desconfortáveis[33]. As pessoas devem dar autonomia a si mesmas, pois somente elas podem escolher uma nova direção a tomar ou, ainda, arriscar a reputação de suas carreiras e vidas para embrenhar-se em uma nova visão. Toda mudança é uma mudança de si mesmo.

As verdadeiras mudanças nas organizações somente serão propiciadas pela motivação e pela autoliderança tanto dos líderes como dos colaboradores. Somente o empenho e a união do grupo podem produzir mudanças profundas, em vez de ordens aceitas e inquestionáveis.

As pessoas sempre presumiram que as organizações cuidariam delas e entram em choque ao perceberem que não estão preparadas para uma nova realidade, na qual cada um passa a administrar sua própria carreira[34]. Essa realidade determina que as pessoas desenvolvam suas habilidades e tenham o perfeito domínio delas, adotando um espírito de urgência e aprendizado constante. Todos os colaboradores passam a se autoliderar. Além

[32] CAVALCANTI, Vera Lúcia et al. *Liderança e motivação*. Rio de Janeiro: FGV, 2005.
[33] LEIDER, R. J. A suprema tarefa da liderança: a autoliderança. In: HESSELBEIN, 1996, p. 194.
[34] Ibid.

disso, eles terão de se revezar na liderança dos demais, quando perceberem que precisam exercer influência para realizar a sua visão[35].

Vários fatores devem ser trabalhados nas pessoas para que desenvolvam a capacidade de autoliderança. Leider aponta algumas dicas para desfrutar essa condição: deixar claros seus valores no relacionamento entre colegas; fazer as suas escolhas e estar preparado para tal; ser verdadeiro consigo mesmo; rever modelos mentais; decidir como avaliar-se; sair da zona de conforto e buscar um processo contínuo de aprendizagem; assumir alguns riscos; aprender a ouvir e rever muitas de suas posições; ser agente de mudança e não condicionado ao ambiente; não pensar só no trabalho, reservar algum tempo para si mesmo; dar significado ao seu trabalho e à sua vida e ser corajoso e íntegro[36].

Corroborando essas idéias, o estudo de Gomes sobre as empresas de ponta do próximo milênio ressalta cinco características que considera primordiais para quem quer ser destaque: ser saudável do ponto de vista físico, mental e ecológico; ser um cidadão, o que significa ter responsabilidade com a empresa, com as pessoas que trabalham nela e com a comunidade; ser curioso, conviver e incentivar a diversidade cultural e não ter medo da inovação; ser um guerreiro, ir à luta, negociar objetivos desafiadores; ser bem-humorado, ou seja, ser um agente empreendedor capaz de traduzir informações em benefício dos negócios[37].

Os colaboradores das organizações inseridos nesse novo ambiente passarão por uma mudança comportamental e cultural, em que não é suficiente a organização e o líder mudarem; é imprescindível que as pessoas envolvidas também mudem. Terão de abrir a retaguarda e se predisporem a se envolver, a confiar, a participar daquilo que até então somente executavam. Terão de deixar aflorar seu espírito de equipe, sua criatividade, estarem dispostas a aprender e muitas vezes a desaprender certas coisas. Enfim, terão de saber como compartilhar o conhecimento que possuem e aprender com os demais,

---

[35] PINCHOT, 1996.
[36] LEIDER, 1996.
[37] GOMES, M. T. Prepare-se para o futuro. *Você S.A.*, v. 1, n. 5, p. 36-45, nov. 1998.

fazendo com que a organização evolua como um todo, tornando-se capaz de atingir seus objetivos mais rapidamente.

3.5 Considerações finais

O período que atravessamos é de questionamento e reformulação dos pressupostos que determinaram o alicerce da teoria administrativa e, em conseqüência, o desenvolvimento das organizações. Muitas transformações estão ocorrendo, determinadas ora pelas imposições do mercado, ora pela necessidade de reorganizar o ambiente interno das organizações, sugerindo novas formas de administrar. A era do conhecimento mostra que muitos motivadores de sucesso da era industrial se esgotaram e necessitam de uma reavaliação, principalmente no que se refere à utilização dos recursos da organização.

O conhecimento humano emana como principal fonte de vantagem competitiva para as organizações. Esse fato conduz a uma série de mudanças organizacionais que possibilitem a criação e o compartilhamento do conhecimento por meio da adequação do ambiente e, principalmente, pela mudança de comportamento do líder e dos colaboradores.

O líder das organizações do conhecimento deve adotar um estilo gerencial capaz de viabilizar esse processo de transformação e permitir o desenvolvimento da organização. A era do conhecimento requer um estilo gerencial que propicie o comprometimento das pessoas, o espírito criativo, a confiança e a responsabilidade compartilhada, indispensável para a gestão do conhecimento.

O líder e os colaboradores da era do conhecimento terão de reformular alguns dos conceitos a que eram submetidos, desaprendendo parte do que acreditavam e com o que se acostumaram para possibilitar o desenvolvimento de outra realidade, com crenças, valores e normas diferentes. O líder deve ser o articulador responsável pela mudança. É ele que deve mostrar e ajudar as pessoas a perceberem as novas oportunidades de ação, conquistando-as e engajando-as de forma determinante no processo de mudança, possibilitando, assim, o compartilhamento do conhecimento, a expansão das visões pessoais, a reavaliação dos modelos mentais, a realização do processo de aprendizagem organizacional e o desenvolvimento do pensamento sistêmico.

Para gerar essas transformações, o líder não pode manter-se em um estilo gerencial baseado no comando e no controle; deve buscar, em sua personalidade e competência, novas formas de relacionamento e condução, tanto dos colaboradores quanto da ação administrativa.

Por outro lado, os colaboradores da era do conhecimento devem dar uma resposta positiva às mudanças provocadas pelo líder e pelo ambiente. Devem estar aptos a desempenhar um papel mais efetivo na organização, responsabilizando-se pela autonomia que lhes será dada e pelo grupo que compõem e comprometendo-se com a organização.

Por fim, vale ressaltar que, para se chegar às organizações do conhecimento, é necessário muito esforço e determinação, principalmente devido ao fato de as pessoas terem sido condicionadas a um modelo por um longo período e terem de romper com muitos dos pressupostos que até então aceitavam como verdadeiros e irrefutáveis. Pode não parecer, mas as mudanças que devem ocorrer nas organizações são tão intensas que necessitam de um tempo para amadurecer, a fim de não se tornarem mais uma tentativa frustrada.

3.6 Você viu neste capítulo

A gestão das organizações vem sofrendo alterações e adequações ao longo do desenvolvimento da teoria organizacional, evidenciadas na prática administrativa. A organização e a gestão do trabalho passam por profundas transformações tanto em decorrência das tecnologias quanto em função das novas técnicas, métodos e filosofias utilizados.

Percebe-se que a liderança baseada no comando e no controle, na autoridade e na subordinação, aos poucos foi sendo questionada e substituída por uma visão mais comportamental. Em uma nova era, a do conhecimento, em que o capital intelectual vem sendo cada vez mais valorizado, as organizações apresentam novos questionamentos sobre qual estilo gerencial seria mais adequado para gerir as organizações.

Por estilo gerencial entendem-se os tipos de comportamento adotados pelo líder em relação aos seus colaboradores, isto é, a maneira como o líder orienta sua conduta. Este capítulo analisa a evolução do conceito de homem e a teoria organizacional, assim como a percepção sobre a gestão das organizações e as características dos seus líderes. Apresenta também as tipologias utilizadas na caracterização dos estilos gerenciais.

Com base nesses elementos, o capítulo apresenta considerações sobre o perfil do gestor na era do conhecimento, tendo em vista as habilidades requeridas nesse novo contexto. O capítulo se propõe, ainda, a analisar algumas características dos colaboradores diante da adoção do estilo gerencial adequado à era do conhecimento, buscando, com isso, relacionar a necessidade de sinergia entre o comportamento do gestor e o do colaborador nas organizações.

3.7 Estudo de caso

O ESTILO GERENCIAL ADEQUADO À XEROX

Em 1991, o presidente e diretor executivo da Xerox, Paul Allaire, reconheceu a necessidade de mudar a estratégia e a estrutura empresarial da companhia. A Xerox precisava converter sua linha de produtos mecânicos em produtos digitais e dar aos clientes a capacidade de fazer tudo, desde a copiagem-padrão até a sofisticada editoração eletrônica, em uma única máquina. Para dar conta dessa transição, Allaire decidiu mudar a estrutura da Xerox, organizada em torno de áreas funcionais, como as de marketing e engenharia, por exemplo, para uma estrutura organizada em torno de equipes de negócios ágeis e autônomas. Essa mudança exigiria, além disso, um tipo diferente de gerente. A reorganização, ocorrida em 1992, representou um importante impulso na carreira de Ursula Burns.

Burns entrara para a Xerox em 1984. Engenheira, seu primeiro trabalho na Xerox foi na área de planejamento. Sua mente ágil e suas fortes habilidades de comunicação chamaram a atenção dos superiores, e ela passou a ter suas responsabilidades aumentadas. Em 1988, foi promovida a gerente de engenharia de sistemas na equipe de projeto da copiadora 5100. Em 1990, tornou-se assistente executiva de Allaire. E, depois da reorganização de 1992, foi promovida a vice-presidente e gerente-geral do setor de máquinas de fac-símile e copiadoras coloridas.

O estilo de Burns se ajustou bem às exigências da Xerox. A empresa precisava de líderes que promovessem a iniciativa pessoal, dessem poder de decisão para os subordinados colaboradores e obtivessem mais resultados com menos recursos. Burns é esse tipo de líder. Foi descrita como dotada de "uma habilidade para trabalhar em todas as direções dentro da organização" e de "coragem para mudar as coisas que precisam ser mudadas... Ela tem um grande senso de urgência".

Em seu novo cargo, Burns imediatamente tomou algumas decisões duras e impopulares para virar pelo avesso a área de fac-símiles, que durante anos vinha perdendo dinheiro. E seus esforços foram compensados. Depois de apenas um ano, ela havia tornado a área lucrativa e aumentado as vendas em 20%.

Fonte: Baseado em The making of a new-age manager. *Working woman*, dez. 1994, p. 18-27. In: ROBBINS, S. P. *Administração*: mudanças e perspectivas. São Paulo: Saraiva, 2001, p. 81.

questões do estudo de caso

1 Em sua opinião, a qual dos estilos de liderança discutidos neste capítulo pertence Ursula Burns?

2 A Xerox, que antes era estruturada em áreas funcionais, criou uma estrutura de equipes de negócios. Que mudanças no estilo de liderança devem ocorrer quando uma organização migra de uma estrutura baseada em funções para uma estrutura baseada em processos de trabalho? (Para melhor responder a essa questão, ver Capítulo 4).

3.8 Questões

1 O que é estilo gerencial?

2 Quais aspectos diferenciam os tipos de estilo gerencial segundo as abordagens apresentadas?

3 Você acredita que exista um estilo gerencial correto? Argumente a sua resposta.

4 Existem diferenças entre o estilo gerencial das organizações da era industrial e o da era do conhecimento? Quais são?

5 Outros fatores, além do próprio estilo gerencial, influenciam a interação líder-colaborador. Quais são esses fatores? E qual é o papel do colaborador nesse processo?

REFERÊNCIAS

ÁLVARES, H. Gestão do "C" aponta para a nova era. *Gestão Plus*, São Paulo, v. 1, n. 3, p. 38-39, jul./ago. 1998.

BECKHARD, R. Sobre líderes do futuro. In: HESSELBEIN, F. (Org.). *O líder do futuro*. São Paulo: Futura, 1996.

CAVALCANTI, V. L. et al. *Liderança e motivação*. Rio de Janeiro: FGV, 2005.

COVEY, S. R. Três funções do líder no novo paradigma. In: HESSELBEIN, F. (Org.). *O líder do futuro*. São Paulo: Futura, 1996.

FERREIRA, O. M. *Gestores para um novo tempo*. Florianópolis, 1998. 20 transparências: color.

GOMES, M. T. Prepare-se para o futuro. *Você S.A.*, v. 1, n. 5, p. 36-45, nov. 1998.

HEASTON, R. Why managers fail as coaches. *Professional Builder*, Newton, v. 68, p. 59-61, jan. 2003.

HERSEY, P.; BLANCHARD, K. *Psicologia para administradores*: a teoria e as técnicas da liderança situacional. São Paulo: Pedagógica e Universitária, 1986.

KANTER, R. M. Líderes de classe mundial: o poder da parceria. In: HESSELBEIN, F. (Org.). *O líder do futuro*. São Paulo: Futura, 1996.

KETS DE VRIES, M. F. R. *Liderança na empresa*: como o comportamento dos líderes afeta a cultura interna. Trad. Reynaldo Cavalheiro Marcondes, Anna Christina de Mattos Marcondes. São Paulo: Atlas, 1997, p. 25-29.

LAWLER III, E. A era do capital humano finalmente chegou. In: BENNIS, W.; SPREITZER, G.; CUMMINGS, T. *O futuro da liderança*. São Paulo: Futura, 2001, p. 28-39.

LEIDER, R. J. A suprema tarefa da liderança: a autoliderança. In: HESSELBEIN, F. (Org.). *O líder do futuro*. São Paulo: Futura, 1996.

LIKERT, R. *A organização humana*. São Paulo: Atlas, 1975.

MELO, E. A. de A. *Comprometimento organizacional, estilos gerenciais e poder organizacional*: um estudo relacional. Brasília, 2001. Dissertação (Mestrado em Psicologia Social e do Trabalho) — Universidade de Brasília.

NONAKA, I. Criação do conhecimento na empresa. In: STARKEY, K. (Org.) *Como as organizações aprendem*. São Paulo: Futura, 1997.

_____; TAKEUCHI, H. *Criação de conhecimento na empresa*: como as empresas japonesas geram a dinâmica da inovação. Rio de Janeiro: Campus, 1997.

PINCHOT, G. Criando organizações com muitos líderes. In: HESSELBEIN, F. (Org.). *O líder do futuro*. São Paulo: Futura, 1996.

SAXBY, D. Winning the game: The difference between managers and coaches. *Rural telecommunications*, Washington, v. 21, p. 62-64, nov./dez. 2002.

SCHEIN, E. H. Liderança e cultura organizacional. In: HESSELBEIN, F. (Org.). *O líder do futuro*. São Paulo: Futura, 1996.

SENGE, P. O novo trabalho do líder. In: STARKEY, K. (Org.). *Como as organizações aprendem*. São Paulo: Futura, 1997.

_____. Conduzindo organizações voltadas para o aprendizado: o destemido, o poderoso e o invisível. In: HESSELBEIN, F. (Org.). *O líder do futuro*. São Paulo: Futura, 1996.

SMIDERLE, A.; RESENDE, G. *Liderança de equipes: como organizar e dirigir equipes de funcionários*. Pato Branco, 1999. 15 f. Trabalho acadêmico (Especialização) — Universidade de Pato Branco.

TEIXEIRA FILHO, J. O executivo na entrada do século XXI: algumas reflexões no olho do furacão. Disponível em: <www. informal.com. br>. Acesso em: 17 abr. 2001.

WHILE, R.; LIPPITT, R. Comportamento do líder e reação dos membros em três climas sociais. In: CARTWRIGHT, D.; ZANDER, A. (Org.). *Dinâmica de grupo*: pesquisa e teoria. São Paulo: EPU, 1975. v. 2.

CAPÍTULO 4

Estrutura: o desenho e o espírito das organizações

Ana Luísa Mülbert, Clarissa Carneiro Mussi
e Maria Terezinha Angeloni

> *"Historicamente, o objetivo das estruturas organizacionais era institucionalizar a estabilidade. Na empresa do futuro, o objetivo do desenho será institucionalizar as mudanças."*
>
> **Nadler e Tushman**

4.1 Introdução

As estruturas organizacionais têm sido objeto de estudo de um grande número de pesquisadores no decorrer da construção da teoria da Administração. Cada uma das fases evolutivas apresentou estruturas compatíveis com a realidade organizacional e ambiental da época. Contudo, as estruturas tradicionais já não mais respondem adequadamente aos desafios organizacionais da atualidade. Por suas características, essas estruturas enfatizam o controle ao mesmo tempo que inibem a criatividade e a iniciativa. Com base nos desafios atuais, aceita-se também a crítica de que essas estruturas serviram a um ambiente organizacional de natureza predominantemente estática, favorecendo, assim, a passividade e a acomodação. Tais estruturas foram projetadas para desempenhar tarefas rotineiras e produzir bens e serviços bem definidos, e não para resolver problemas dinâmicos e complexos e gerar inovação e conhecimento[1].

As idéias antigas são cada vez mais intensamente reavaliadas e substituídas. A lógica subjacente às estruturas tradicionais é questionada, crian-

[1] KILMANN, R. H. Desenhando organizações colaterais. In: STARKEY, K. *Como as organizações aprendem*. São Paulo: Futura, 1997.

do-se novas estruturas que permitam lidar com a turbulência causada pelas flutuações do mercado, pelos avanços tecnológicos e pelas condições sociais inconstantes[2]. As organizações contemporâneas estão inseridas em um ambiente global, progressivamente dinâmico, caracterizado pela era da informação e do conhecimento. Em um ambiente externo altamente competitivo, é importante que as organizações estejam estruturadas de forma a incentivar seus colaboradores a participarem ativamente do processo gerencial.

Os modelos de alta centralização restringem os canais de comunicação e reduzem as informações disponíveis. O envolvimento dos colaboradores no processo gerencial requer uma estrutura organizacional descentralizada, que permita maior participação e, conseqüentemente, maior geração de idéias e criação do conhecimento. As novas estruturas organizacionais devem ter como intuito proporcionar um ambiente favorável à criatividade, fortalecendo a geração de idéias inovadoras.

Autores como Nonaka, Takeuchi, Galbraith e Kilmann propuseram novas formas de estruturar as organizações em busca da criatividade e da inovação, agregando novos elementos estruturais complementares à estrutura tradicional organizada em torno de unidades funcionais. Ao mesmo tempo, outros autores, como Davenport e Hammer, levantaram a questão da reestruturação das organizações, focalizando seus processos e colocando em segundo plano as unidades funcionais; e Tachizawa e Scaico abordam a importância dos processos interorganizacionais. O objetivo deste capítulo é descrever e analisar os principais modelos de estrutura organizacional, propostos pelos referidos autores, bem como evidenciar a importância da configuração estrutural no desempenho organizacional.

4.2 Estrutura organizacional:
fonte de controle ou de geração de idéias

Não há dúvidas de que a estrutura organizacional exerce impacto sobre o trabalho dos indivíduos. Como integrante da organização, o indivíduo está

---

[2] EKMAN, apud MELLANDER, K. *O poder da aprendizagem*: potencializando o fator humano nas organizações. São Paulo: Cultrix, 1993, p. 13.

submetido a uma estrutura que influencia seu comportamento e sua interação no contexto organizacional. As características individuais interagem com as características estruturais das organizações para produzir os acontecimentos dentro dela[3]. A estrutura organizacional representa as relações existentes entre os indivíduos que a constituem, envolvendo a sua distribuição em posições caracterizadas por diferentes tarefas (divisão do trabalho), normas e regulamentos e níveis de autoridade e responsabilidade.

O grau de formalização (controle sobre o indivíduo) é o aspecto estrutural que mais afeta o modo como os integrantes da organização agem, influenciando diretamente os processos organizacionais de comunicação e inovação[4]. A formalização extrema acaba por desviar os indivíduos de seus objetivos centrais. Neste caso, o mais importante passa a ser a eficiência em cumprir regras, pois esse é o critério pelo qual serão avaliados. A percepção da falta de autonomia inibe toda e qualquer iniciativa, dificultando a adaptação das organizações a mudanças de qualquer espécie.

No entanto, uma organização não se desenvolveria sem a existência de alguma formalização. Não é possível ter organizações totalmente flexíveis e democráticas, nas quais "cada um faz o que quer" em busca do resultado final e do bem-estar de todos[5]. As estruturas são necessárias; a questão está em como estão configuradas. A relação entre indivíduos e organizações pode ser uma força criativa, libertadora, alienante ou destrutiva.

A incerteza do ambiente atual é incompatível com estruturas cristalizadas, alicerçadas no comando e no controle, e excessivamente formais. Essas estruturas são voltadas apenas para as atividades específicas da organização, eficazes em condições estáveis. Além disso, os cada vez mais numerosos trabalhadores do conhecimento não se submetem aos métodos de comando e controle do passado[6]. Tornou-se necessária a adoção de uma postura

---

[3] HALL, R. H. *Organizações*: estrutura e processos. 3. ed. Rio de Janeiro: Prentice-Hall do Brasil, 1984, p. 38.

[4] Ibid.

[5] PERROW, C. B. *Análise organizacional*: um enfoque sociológico. São Paulo: Atlas, 1976, p. 73.

[6] DRUCKER, P. *Administrando para o futuro*. São Paulo: Pioneira, 1992, p. 218.

voltada ao dinamismo do contexto atual, a fim de proporcionar a geração de idéias e de inovação.

Seja qual for a configuração da estrutura organizacional, ela não deve ser um fim em si própria, mas um mecanismo facilitador que propicie às organizações a realização econômica e efetiva das suas metas e objetivos, assim como o bem-estar e a capacidade de expressão de seus integrantes[7]. A estrutura organizacional deve permitir não apenas a execução das várias estratégias da organização, como também estar em harmonia com os indivíduos que nesta trabalham.

4.3 As estruturas organizacionais tradicionais: fonte de controle

Durante grande parte do século XX, a estrutura organizacional oscilou entre dois tipos básicos: a burocracia e a força-tarefa. Tarefas operacionais rotineiras e especializadas, divisões funcionais, múltiplos níveis hierárquicos, alta normatividade e comunicação formalizada são parâmetros que muitos autores apontam como expressivos da burocracia[8].

A estrutura burocrática é adequada a condições estáveis e à realização eficiente dos trabalhos de rotina, haja vista que enfatiza o controle e a previsibilidade de funções específicas. Em situações que exigem inovação e rápida adaptação às mudanças, tal estrutura torna-se ineficaz. O controle burocrático acaba por suprimir a iniciativa individual, que deixa de ser reconhecida e valorizada. Os limites rígidos entre níveis e funções organizacionais dificultam o relacionamento e o compartilhamento de conhecimento interpessoal. A burocracia desencoraja os colaboradores a usar a inteligência e a sociabilidade inatas para gerir a sua própria área dentro da organização[9]. Elaborada

---

[7] WICKESBERG, A. K. *Administração organizada*. 2. ed. São Paulo: Brasiliense, 1973.

[8] MINTZBERG, H. *Estrutura e dinâmica das organizações*. Lisboa: Publicações Dom Quixote, 1995; NONAKA I.; TAKEUCHI H. *Criação de conhecimento na empresa*: como as empresas japonesas geram a dinâmica da inovação. Rio de Janeiro: Campus, 1997; ASHKENAS, R. A roupa nova da organização. In: HESSELBEIN, F. et al. *A organização do futuro*: como preparar hoje as empresas de amanhã. São Paulo: Futura, 1997; PINCHOT, G.; PINCHOT, E. *O poder das pessoas*. Rio de Janeiro: Campus, 1994.

[9] PINCHOT e PINCHOT, 1994.

para abordar os pontos fracos da burocracia, a força-tarefa busca ser mais flexível, adaptável, dinâmica e participativa. Seu propósito é reunir representantes de inúmeras unidades diferentes com habilidades essenciais a uma dada tarefa, projeto ou missão. A equipe formada tem um líder e as pessoas trabalham dentro de um prazo determinado para atingir a meta desejada. Depois que o projeto está concluído, o grupo é desfeito, e seus integrantes podem participar de outras missões[10]. Em vista da sua natureza, a força-tarefa é eficaz para enfrentar mudanças rápidas, pois oferece um mecanismo de flexibilidade organizacional às novas situações, exigências e oportunidades[11]. No entanto, a força-tarefa também tem seus limites. Quando formada por muitas forças-tarefa diferentes em pequena escala, a organização torna-se incapaz de estabelecer e alcançar suas metas[12]. Além disso, sua natureza temporária dificulta a transferência e a disseminação do conhecimento criado nas equipes, de forma ampla e contínua, a todos os outros integrantes da organização.

Muitas outras adaptações da força-tarefa também foram propostas, resultando em novos modelos que buscam estruturas mais horizontalizadas, flexíveis, dinâmicas e participativas. Esses modelos pressupõem a existência de uma dicotomia entre burocracia e força-tarefa. Entretanto, essa dicotomia é falsa, pois quando se trata de geração de idéias e de criação do conhecimento, nenhuma dessas estruturas isoladamente é adequada. É preciso haver uma combinação ou uma síntese de ambas[13].

4.4 As estruturas organizacionais mistas: fonte de geração de idéias

Algumas propostas de estruturas organizacionais mistas, que têm como foco facilitar a criação e a disseminação do conhecimento nas organizações, são encontradas na literatura. Dentre elas, a organização inovadora de Gal-

---

[10] NONAKA e TAKEUCHI, 1997.
[11] WICKESBERG, 1973, p. 82.
[12] NONAKA e TAKEUCHI, 1997, p. 187.
[13] Ibid.

braith, a organização colateral de Kilmann e a organização em hipertexto de Nonaka e Takeuchi[14].

4.4.1 Organização inovadora

Galbraith apresenta uma proposta de estrutura organizacional adequada à organização inovadora, que favorece não apenas a criação do conhecimento (invenção e criatividade), mas também a inovação (aplicação de uma nova idéia)[15]. Essa estrutura, representada na Figura 4.1, abaixo, pressupõe a coexistência de duas estruturas nas organizações, uma operacional e outra inovadora. Enquanto à estrutura operacional cabe implementar as idéias, à estrutura inovadora cabe concebê-las. Para a integração dessas duas estruturas, é necessário desenvolver um processo de transferência das idéias da estrutura inovadora para a estrutura operacional.

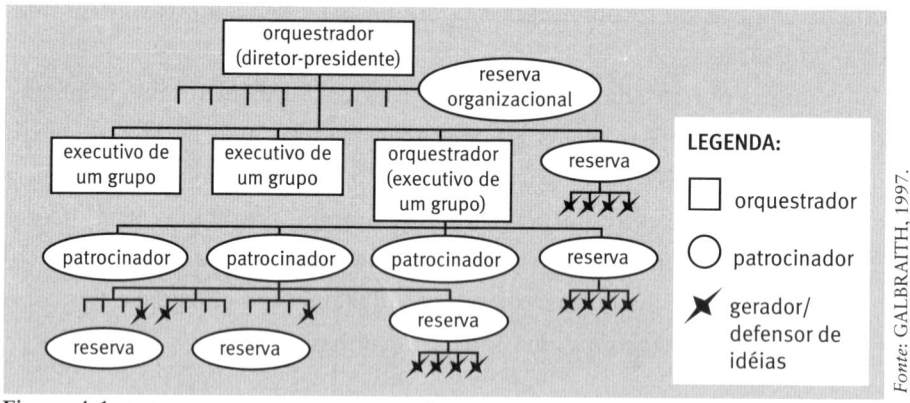

Figura 4.1 ORGANOGRAMA PARA A INOVAÇÃO

Na estrutura da organização inovadora, identifica-se a combinação do esforço de pessoas com diferentes papéis. O gerador ou defensor da idéia normalmente é uma pessoa de nível hierárquico não elevado. Toda idéia necessita de alguém para desempenhar o papel subseqüente, o de patrocinador. Uma das funções do patrocinador é emprestar sua autoridade e

---

[14] GALBRAITH, J. R. Projetando a organização inovadora. In: STARKEY, K. *Como as organizações aprendem*. São Paulo: Futura, 1997; KILMANN, 1997; NONAKA e TAKEUCHI, 1997.

[15] GALBRAITH, 1997.

recursos para que a idéia gerada possa ser levada adiante. Normalmente, os patrocinadores são gerentes de nível médio que podem participar tanto da estrutura inovadora quanto da operacional. Outro papel existente na estrutura proposta é o do orquestrador, que, em geral, encontra-se na alta gerência. Considerando que o gerenciamento de idéias é um processo político e que as idéias nunca são neutras, o orquestrador deve contrabalançar o poder para dar às novas idéias a oportunidade de serem testadas. O orquestrador deve proteger os geradores de idéias, promover oportunidade de testá-las e incentivar, ainda mais, aqueles cujas idéias se revelem eficazes[16]. Quando se concebe um organograma com esses papéis — gerador de idéias, patrocinador, orquestrador —, está em ação a estrutura inovadora.

Essa estrutura inovadora considera que as atividades cotidianas tendem a destruir as novas idéias, por isso o seu teste deve estar liberado dos controles hierárquicos da organização operacional. Quanto mais liberto da organização operacional estiver o processo de geração de novas idéias, maior a probabilidade de surgimento da inovação. Para isso, pode-se criar reservas, que são unidades organizacionais dedicadas à geração de novas idéias para futuros negócios. Os orquestradores, patrocinadores e geradores de idéias trabalham nessas reservas. Os orquestradores e os patrocinadores desempenham papéis simultâneos na organização inovadora e na operacional. Os geradores de idéias trabalham somente na organização inovadora e, quando terminam seu trabalho, retornam à organização operacional.

Para inovar de forma consistente, é preciso promover a transição das idéias da estrutura inovadora para a operacional de modo a garantir sua integração. Essa transição deve ser gerenciada pelo orquestrador, que coordena o trabalho de geração e de testes de novas idéias e sua posterior implementação na organização operacional.

4.4.2 ORGANIZAÇÕES COLATERAIS

Uma alternativa para as organizações atuais é a implantação de uma estrutura mista, que mescle o desenho tradicional (operacional) com uma estrutura

---

[16] GALBRAITH, 1997, p. 197.

colateral voltada para a resolução de problemas não rotineiros, complexos e que exigem criatividade e inovação. As organizações tradicionais não podem ser naturalmente inovadoras porque foram projetadas para desempenhar atividades cotidianas, e a resolução de problemas complexos e dinâmicos não se enquadra nessa categoria de atividades[17]. Para superar os obstáculos à inovação, é necessário que a empresa disponha de um desenho intencionalmente voltado para essa função. Deve existir uma estrutura diferenciada e específica à resolução de problemas complexos, de modo a não obrigar a organização a tratar de tais problemas dentro do desenho operacional cotidiano, que é conhecida como **organização colateral**[18] (Figura 4.2).

O **desenho operacional cotidiano** é aquele que lida com problemas de autoridade e produção, enquanto um desenho paralelo concentra-se em problemas menos definidos, mais sistêmicos e de maior duração (longo prazo)[19]. Uma estrutura menos formal e mais fluida que a estrutura tradicional permite aos indivíduos nela inseridos o desenvolvimento de soluções ao mesmo tempo criativas e viáveis. Nessa proposta, as pessoas que compõem a estrutura colateral são provenientes de diferentes departamentos formais da estrutura operacional, o que torna disponível dentro de cada grupo colateral uma vasta gama de qualificações e informações.

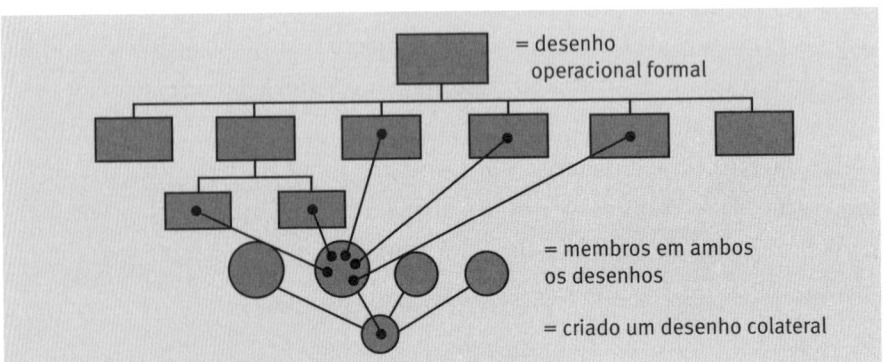

Fonte: KILMANN, 1997.

Figura 4.2 A ESTRUTURA DA ORGANIZAÇÃO COLATERAL

[17] GALBRAITH, 1997; KILMANN, 1997.
[18] ZAND, apud KILMANN, 1997.
[19] Ibid, p. 220.

As estruturas operacional e colateral não coexistem de modo independente, estão em constante interação. A base da proposta de estrutura colateral de organizações é de um ciclo contínuo de (i) sentir o problema (a partir da estrutura operacional), (ii) defini-lo, (iii) conceber soluções (no desenho colateral) e (iv) implementá-las (voltando-se ao desenho operacional)[20]. Isso é facilitado porque os mesmos indivíduos que participam da estrutura operacional fazem parte da estrutura colateral. No desenho colateral, os colaboradores trabalham de duas a dez horas por semana em problemas complexos, dedicando o restante de seu tempo ao desenho operacional.

Deve-se distinguir, contudo, a estrutura colateral dos demais arranjos estruturais mistos ou sobrepostos, como força-tarefa, comitês, times de projetos. Nessas estruturas, o foco está direcionado para a solução de problemas bem definidos, do tipo "autoridade-produção", e não à geração de novas idéias e à inovação. A organização colateral tem alguma semelhança com a matricial no sentido de envolver dupla chefia. Mas há duas exceções essenciais:

- as pessoas que gerenciam os grupos no desenho colateral são também gerentes no desenho operacional;
- o desenho colateral concentra-se na definição e na solução de problemas pouco definidos, complexos e de longo prazo, não em problemas do tipo autoridade-produção.

4.4.3 ORGANIZAÇÃO EM HIPERTEXTO

A **organização em hipertexto** permite a exploração, a criação, a acumulação e a transferência do conhecimento de forma eficaz, contínua e repetitiva[21]. O foco principal desse modelo está em criar condições favoráveis para gerar a inovação, que se dá por meio de um processo dinâmico de criação do conhecimento organizacional.

---

[20] KILMANN, 1997, p. 220.

[21] Nonaka e Takeuchi (1997) estabeleceram esse conceito seguindo a mesma linha de pensamento de Galbraith e Kilmann (1997).

O pressuposto básico desse modelo é de que a criação do conhecimento humano ocorre por meio da interação social entre o conhecimento tácito e o explícito[22]. Essa interação recebe o nome de **conversão do conhecimento,** que pode se dar de quatro modos: pela socialização, pela externalização, pela combinação e pela internalização. A **socialização** corresponde à conversão de conhecimento tácito em novos conhecimentos tácitos; ocorre principalmente por meio do compartilhamento de experiências. A **externalização** ocorre quando o conhecimento tácito se torna explícito, expresso na forma de metáforas, analogias, conceitos, hipóteses ou modelos. É a chave para a criação de conhecimento, pois cria conceitos novos e explícitos a partir do conhecimento tácito. A **combinação** é o resultado da classificação, do acréscimo, da categorização e da combinação de conjuntos de conhecimentos explícitos entre si. Conhecimentos combinados e reconfigurados podem gerar novos conhecimentos. A **internalização** corresponde à incorporação do conhecimento explícito pelo indivíduo, tornando-o tácito; está intimamente relacionada com o "aprender fazendo".

A estrutura em hipertexto busca criar condições para que os quatro modos de conversão de conhecimento ocorram. Para isso, uma organização geradora de conhecimento deve ter uma estrutura não hierárquica e auto-organizada, que funcione em conjunto com sua estrutura hierárquica formal[23]. Essa proposta nada mais é do que a fusão entre os tipos de estrutura burocrática e a força-tarefa, colhendo benefícios de ambas. A estrutura burocrática implementa, explora e acumula com eficiência o novo conhecimento por meio da internalização e da combinação, enquanto força-tarefa contribui para a geração do novo conhecimento por meio da socialização e da externalização. Dessa forma, a organização em hipertexto une a eficiência e a estabilidade da burocracia à eficácia e ao dinamismo da força-tarefa.

[22] **Conhecimento explícito** é aquele que pode ser expresso na linguagem formal e documentado; é de fácil transmissão. O **conhecimento tácito** é pessoal, baseia-se na experiência e, por isso, é difícil de ser formulado, documentado e transmitido.

[23] NONAKA e TAKEUCHI, 1997, p. 192.

Uma organização em hipertexto é constituída de três contextos ou níveis interconectados: o *sistema de negócios*, a *equipe de projeto* e a *base de conhecimento* (Figura 4.3, abaixo). O **sistema de negócios** representa o nível em que são realizadas as tarefas rotineiras da organização, caracterizado por uma estrutura burocrática, formal e hierárquica. O nível **equipe de projeto** representa a reunião de pessoas oriundas de diferentes unidades para compor equipes engajadas em atividades criadoras de conhecimento. As pessoas dessas equipes estão envolvidas exclusivamente com o projeto a que foram designadas, sendo desvinculadas, enquanto durar o projeto, do nível sistema de negócios. O conhecimento gerado nos níveis sistema de negócios e equipe de projetos é reclassificado, recontextualizado e registrado no nível **base de conhecimento**. Esse nível não existe como uma entidade organizacional real; está incorporado à visão da empresa, à cultura e à tecnologia.

Observa-se que o nível sistema de negócios corresponde à estrutura burocrática tradicional, o nível equipe de projeto corresponde à estrutura de força-tarefa e o nível base de conhecimento tem por função registrar e disseminar para toda a organização o conhecimento gerado pelos outros dois níveis, estabelecendo uma conexão entre eles. A estrutura em hipertexto prevê a coexistência em uma única organização de três contextos diferentes, nos quais os indivíduos estão constantemente alternando, para atender

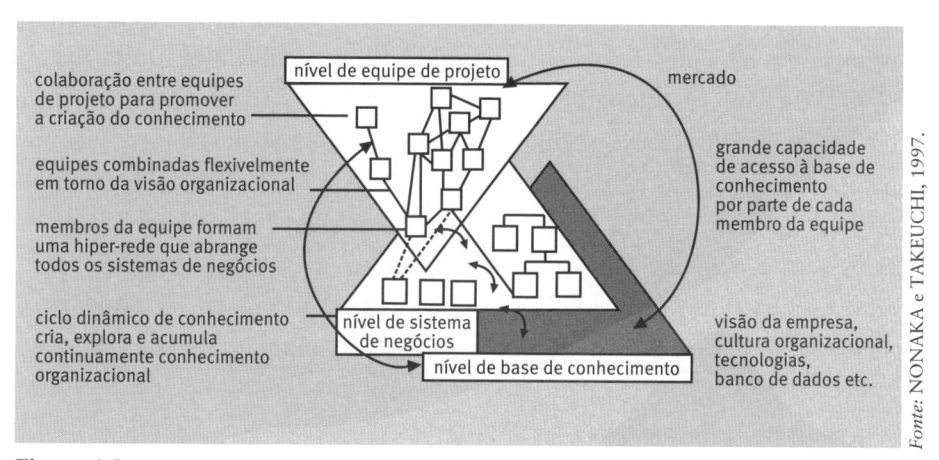

colaboração entre equipes de projeto para promover a criação do conhecimento

equipes combinadas flexivelmente em torno da visão organizacional

membros da equipe formam uma hiper-rede que abrange todos os sistemas de negócios

ciclo dinâmico de conhecimento cria, explora e acumula continuamente conhecimento organizacional

nível de equipe de projeto

mercado

grande capacidade de acesso à base de conhecimento por parte de cada membro da equipe

nível de sistema de negócios

nível de base de conhecimento

visão da empresa, cultura organizacional, tecnologias, banco de dados etc.

Fonte: NONAKA e TAKEUCHI, 1997.

Figura 4.3 ESTRUTURA EM HIPERTEXTO

às exigências dinâmicas de novas situações. A capacidade de alternar de forma rápida e flexível diferentes contextos de conhecimento determina a capacidade organizacional de criação do conhecimento[24]. Essa facilidade de alternar contextos é um benefício proporcionado pela configuração da estrutura em hipertexto.

4.5 As contribuições dos modelos analisados

Nos três modelos apresentados, verifica-se a preocupação com o desenho de estruturas organizacionais menos burocratizadas e mais flexíveis, de modo a torná-las mais dinâmicas e eficazes para responder aos desafios organizacionais da atualidade. No entanto, os modelos preservam uma parte da estrutura nos padrões tradicionais, mantendo as relações hierárquicas e a divisão funcional. A manutenção de tal estrutura justifica-se pela sua eficiência em lidar com atividades operacionais e rotineiras, que fazem parte do cotidiano das organizações. A proposta comum dos três modelos analisados está em torno da criação de estruturas paralelas que convivam com as tradicionais, uma vez que estas não são apropriadas para a inovação. Cabe às estruturas paralelas desenvolver atividades relacionadas à geração de novos conhecimentos e à resolução de problemas não rotineiros, que exigem criatividade.

As estruturas paralelas são compostas por equipes de indivíduos que participam da própria estrutura tradicional. Os modelos ressaltam a importância de essas equipes serem interfuncionais, ou seja, formadas por pessoas provenientes de diferentes unidades funcionais da estrutura operacional. Esta interfuncionalidade possibilita que em cada equipe reúnam-se diferentes qualificações, habilidades e informações. Pode-se observar que há uma distinção entre os modelos no que diz respeito à permanência simultânea dos indivíduos nas duas estruturas. No modelo de Nonaka e Takeuchi, as pessoas envolvidas em determinado projeto na estrutura paralela retornarão à estrutura tradicional apenas no momento em que o projeto for finalizado[25]. No modelo de Kilmann, as pessoas permanecem determinado

---

[24] NONAKA e TAKEUCHI, 1997, p. 197.
[25] NONAKA e TAKEUCHI, 1997.

período por semana na estrutura paralela, dedicando o restante do tempo à estrutura tradicional[26]. No modelo de Galbraith, algumas pessoas atuam nas duas estruturas simultaneamente, enquanto outras, como os geradores de idéias, permanecem na estrutura paralela até finalizarem o seu trabalho, retornando então à estrutura operacional[27].

Nos três modelos apresentados há uma forte preocupação com a integração entre as duas estruturas — tradicional e paralela. Essa preocupação surge na medida em que se busca não apenas a criação do conhecimento, como também a inovação (aplicação de uma nova idéia). Para garantir a integração entre as duas estruturas, ressalta-se a necessidade de um processo de transferência das idéias geradas e das atividades desenvolvidas na estrutura paralela para a estrutura tradicional. A proposta é que as duas estruturas estejam em constante interação. Enquanto a estrutura paralela contribui para a criação do novo conhecimento, a tradicional implementa, acumula e explora esse conhecimento. Pode-se perceber que tal interação é facilitada porque os indivíduos que compõem a estrutura paralela são também provenientes da estrutura tradicional. O modelo de Nonaka e Takeuchi distingue-se dos demais quando se preocupa com o armazenamento do conhecimento, gerado a partir da interação entre as duas estruturas em uma *base de conhecimento*[28]. Essa base está disponível a todos os integrantes da organização, tendo como função registrar e disseminar o conhecimento existente nas duas estruturas, maximizando a interação entre elas.

Nos modelos até aqui apresentados, existe a preservação da estrutura tradicional hierárquica e das unidades funcionais. Neles, não estão evidenciados os processos organizacionais que passam por essas unidades. Considerando a importância dos processos no contexto organizacional, propõe-se a seguir uma análise das estruturas organizacionais que enfocam tais processos.

[26] KILMANN, 1997.
[27] GALBRAITH, 1997.
[28] NONAKA e TAKEUCHI, 1997.

4.6 A estrutura e os processos organizacionais

Nos últimos dois séculos, as estruturas das organizações tiveram seu foco voltado para tarefas, baseando-se fundamentalmente em departamentos funcionais que visavam a realização de tarefas fragmentadas. Nessa abordagem, os produtos e serviços movimentam-se seqüencialmente pelas funções empresariais (engenharia, marketing, produção, vendas), sendo o intercâmbio entre estas, na maioria das vezes, descoordenado, lento e, conseqüentemente, oneroso. Além disso, essa fragmentação torna difícil para os integrantes da organização a compreensão de como as tarefas individuais combinam-se para criar um resultado. Essa compreensão é essencial, pois, apenas quando reunidas, as tarefas geram resultados e valor ao cliente[29]. Nesse contexto, destaca-se a importância da visão do todo, e não apenas das partes. Na busca por essa visão, surge o conceito de processo, um grupo de tarefas relacionadas que, juntas, geram resultados de valor para o cliente. Os processos, embora já existindo nas organizações, não eram percebidos. A ênfase sempre esteve nas tarefas, e não nos processos, que, apesar de sempre terem existido, tinham seu estado fragmentado, invisível, sem nome e sem gerência[30].

Em substituição a essa visão fragmentada, deve-se buscar um novo modelo organizacional, no qual os processos desempenham um papel fundamental[31]. Os processos não podem ser relegados à periferia da organização: precisam estar em seu centro; precisam influenciar a estrutura e os sistemas, mudar os padrões de comportamento e as atitudes das pessoas[32]. O foco nos processos envolve mudanças não apenas de ordem estrutural, como também humana e tecnológica. Cabe aqui discutir as questões referentes às mudanças estruturais.

A organização orientada a processos interfuncionais está baseada em uma visão de estrutura mais horizontalizada, que não enfatiza a estrutura

---

[29] HAMMER, M. *Além da reengenharia*. Rio de Janeiro: Campus, 1997; DAVENPORT, T. H. *Reengenharia de processos*. Rio de Janeiro: Campus, 1994.

[30] HAMMER, 1997, p. 9.

[31] HAMMER, 1997; DAVENPORT, 1994.

[32] HAMMER, 1997, p. 11.

tradicional hierárquica e funcional. As interfaces entre as unidades funcionais são melhoradas ou até mesmo eliminadas de maneira que a informação seja compartilhada ampla e livremente. A estrutura orientada a processos é diferente das estruturas mais hierárquicas e verticais. Enquanto a estrutura hierárquica é, tipicamente, uma visão fragmentada e estanque das responsabilidades e das relações de subordinação, a estrutura de processo é uma visão mais dinâmica da forma pela qual a organização produz valor[33].

Uma mudança estrutural na orientação por processos envolve a formação de equipes interfuncionais. O processo de desenvolvimento de um novo produto, por exemplo, incluiria representantes das diferentes funções envolvidas. Nesse contexto, não há mais sentido para a existência dos organogramas tradicionais, que podem ser substituídos pelo diagrama de negócios, ilustrado na Figura 4.4[34].

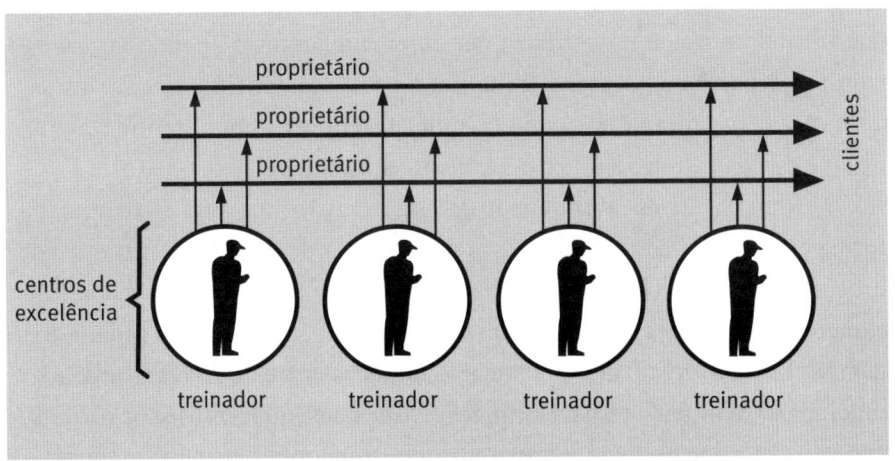

Figura 4.4 DIAGRAMA DE NEGÓCIOS — MODELO DE REFERÊNCIA ORGANIZACIONAL

Essa nova estrutura desmembra a estrutura tradicional em duas partes: as equipes de processos, nas quais o trabalho é realizado, e os centros de excelência, nos quais as habilidades são ampliadas e as pessoas desenvolvidas. Os centros de excelência reúnem pessoas com habilidades ou profissões semelhantes, e diferem dos departamentos tradicionais na medida em que o

[33] DAVENPORT, 1994, p. 4-7.
[34] HAMMER, 1997.

trabalho deixa de ser ali realizado e passa a sê-lo nas equipes de processo. As equipes de processo reúnem pessoas de diferentes centros de excelência, associadas entre si pela busca de um objetivo comum de criar valor na organização (executar um processo). Assim, um indivíduo faz parte de um único centro de excelência (de acordo com sua profissão e habilidades) e de várias equipes de processo. Cada equipe de processo é orientada por um proprietário do processo e também por treinadores, responsáveis pela capacitação, desenvolvimento e aconselhamento dos indivíduos constituintes dos centros de excelência.

Uma conseqüência direta da organização orientada a processos é o foco pelo qual esta passa a ser estruturada. As funções continuam a existir, mas agora em segundo plano. Quando os processos passam para o primeiro plano, as estruturas tradicionais perdem sua força e autoridade. O foco nos processos significa a rejeição da compartimentalização e a dissolução das fronteiras funcionais[35]. Há uma clara intenção de abandonar as estruturas departamentais tradicionais e substituí-las por uma nova, apesar de todas as organizações estudadas por Davenport terem mantido algum tipo de estrutura funcional paralelamente à estrutura de processos[36].

O diferencial na abordagem da organização por processos está na forma como o trabalho é feito. Essa nova forma de trabalhar, em torno de processos, deixa de lado o modelo tradicional em que cada unidade funcional cumpria a sua tarefa, totalmente desvinculada e descoordenada das demais. Passa a existir um inter-relacionamento entre as diversas unidades funcionais, mas não a sua eliminação. Em conseqüência disso, torna-se necessária a adoção de uma estrutura organizacional flexível e adaptada à configuração dos processos.

A visão do todo proposta pela orientação a processos é conseqüência de uma mudança de valores e percepções sobre a realidade organizacional. Essa mudança traz a necessidade de ver a estrutura não por meio de lentes simplistas, mas considerando as amplas dimensões que ela abrange.

[35] HAMMER, 1997, p. 149.
[36] DAVENPORT, 1994.

Indo um pouco mais além, sugere-se[37] que a definição dos processos deve extrapolar o ambiente interno das organizações, incorporando as entidades externas que interagem com a organização como clientes, fornecedores, concorrentes e governo, entre outras. Os processos passam a ser interorganizacionais.

Como exemplo da definição de processos interorganizacionais, pode ser citado o caso Toyota[38]. A Toyota desenvolveu uma série de processos interorganizacionais que facilitam a transferência de conhecimentos tácitos e explícitos para sua rede de fornecedores.

A empresa tem três processos-chave para a transferência de conhecimento aos fornecedores: o estímulo à associação de fornecedores, a criação de grupos de consultoria e a formação de equipes de aprendizado voluntário.

O processo "estímulo à associação de fornecedores" tinha por objetivo inicial transformar a associação em um fórum regular, no qual a Toyota compartilhasse informações e obtivesse *feedback* de seus fornecedores.

O processo "criação de grupos de consultoria" vem de meados dos anos 1960, quando a Toyota do Japão começou a usar consultores especializados para prestar assistência a seus fornecedores. Criou a Consultoria em Gestão de Operações da Empresa — OMCD, com o objetivo de adquirir, armazenar e difundir conhecimentos valiosos sobre a produção. A OMCD é formada por seis altos executivos e cerca de 50 consultores. A Toyota coloca esses especialistas internos para trabalhar nos fornecedores, às vezes por meses a fio, para ajudar essas empresas a resolver problemas durante a implementação do Sistema Toyota de Produção — STP.

A "formação de equipes de aprendizado voluntário" teve início em 1977, quando a OMCD reuniu mais de 50 de seus fornecedores-chave no Japão em grupos voluntários de estudo (chamados *jiushuken*) para que trabalhassem juntos a fim de melhorar a produtividade e a qualidade.

---

[37] TACHIZAWA, T; SCAICO, O. *Organização flexível*: qualidade na gestão por processos. São Paulo: Atlas, 1997.

[38] DYER, J. H.; HATCH, N. W. A Toyota e as redes de aprendizado. *HSM Management*, Barueri, v. 6, ano 8, n. 47, p. 164-170, nov./dez. 2005.

O *jiushuken* é um mecanismo moderno de compartilhamento do conhecimento. Seus integrantes aprendem em equipe, explorando novas idéias e outras aplicações do STP. Na etapa seguinte, a equipe transfere todas as lições que valham a pena para a Toyota e sua rede de fornecedores.

As estruturas bem-sucedidas e os relacionamentos de colaboração entre os três processos de compartilhamento não surgiram do nada. A maior intenção da empresa era, primeiramente, criar ligações tênues e não ameaçadoras que pudessem mais tarde se transformar em relações sólidas e confiáveis. Com a evolução dessas estruturas e o amadurecimento dos relacionamentos, os processos transformaram-se em veículos da identidade compartilhada para os fornecedores Toyota.

Verifica-se, dessa forma, a evolução das formas de estruturas organizacionais para a criação e a disseminação do conhecimento. O caso Toyota mostra que gerenciar empresas por processos, mesmo rompendo as fronteiras da organização, não é uma ação recente nas organizações.

Os modelos de estrutura organizacional propostos anteriormente, adaptados a organizações orientadas para o conhecimento, precisam ser analisados, e não simplesmente copiados, pois a estrutura deve estar alinhada à cultura da organização. Além disso, as estruturas organizacionais existentes não precisam ser necessariamente alteradas. A gestão do conhecimento e seus processos devem ser incorporados à estrutura e à cultura organizacional no médio prazo. A Basf, por exemplo, constituiu um núcleo de gestão do conhecimento em sua divisão de pesquisa e desenvolvimento cujo objetivo é avaliar os benefícios da gestão do conhecimento para a empresa e identificar campos de ação e estratégias[39].

Estruturas paralelas baseadas em interesses ou assuntos específicos, como centros de competências ou arenas de aprendizagem, também podem ser eficazes no estímulo à criação do conhecimento e à inovação. Os colaboradores da Arthur Andersen, por exemplo, organizam-se em

---

[39] PROBST, G.; RAUB, S.; ROMHARDT, K. *Gestão do conhecimento*: os elementos construtivos do sucesso. Porto Alegre: Bookman, 2002.

centros de competência. No Boston Consulting Group há os chamados grupos de práticas globais. Os colaboradores da McKinsey de todo o mundo, além de seu trabalho rotineiro em projeto, participam de encontros regulares para compartilhar experiências em funções ou segmentos industriais específicos[40]. Esses tipos de estruturas paralelas, embora com denominações distintas, não substituem a estrutura organizacional da empresa e têm em comum o objetivo de desenvolver e compartilhar o conhecimento.

4.7 Estrutura: o espírito da organização

Diversas propostas de estruturas organizacionais foram levantadas no decorrer da evolução da teoria administrativa, mas é importante atentar ao fato de que as organizações de hoje estão inseridas em um mundo repleto de transformações. De uma forma muito ampla, as transformações dizem respeito a mudanças na forma de viver, de pensar, de se comunicar e de prosperar. São fenômenos relacionados com a sociedade virtual, a mudança de atitude empresarial, a comunicação instantânea, o mundo sem fronteiras, a nova era do lazer e a forma mutável do trabalho, a revolução no processo de aprendizagem, a flexibilização da produção etc.[41]

Esses fatos têm levado muitas organizações a buscar novas formas de se estruturarem; no entanto, observa-se que muitas dessas iniciativas têm fracassado. Entretanto, a mudança fundamental das organizações ainda é uma ilusão[42]. Muitas fingem vestir-se na última moda, embora suas atitudes básicas ainda sejam convencionais.

Vários esforços de mudança não têm êxito pelo desconforto dos altos executivos em livrar-se do velho traje organizacional e vestir, de fato, um novo[43]. Muitos deles prezam por sua própria iniciativa e liberdade, mas são os primeiros a estabelecer rotinas e controle[44].

---

[40] Ibid.

[41] Uma plêiade de autores descreve essas mudanças, como Osborne e Gaebler (1993), Naisbitt (1994), Drucker (1972), Handy (1995), Negroponte (1995) e Rifkin (1995).

[42] ASHKENAS, 1994.

[43] Ibid., p. 121.

[44] PERROW, 1976.

Pelo que tudo indica, a inovação e a mudança são obtidas quando há princípios e valores que sustentam sua implementação. Desejos superficiais e externos não têm força transformadora suficiente para garantir sua adoção. Parece que os princípios e os valores sobre os quais as organizações se baseiam são elementos fundamentais para determinar sua configuração estrutural e, assim, sustentar ações que alavanquem a mudança e permitam a construção de uma organização inovadora.

As estruturas organizacionais moldam o comportamento dos indivíduos. Elas são resultantes da consolidação de experiências organizacionais que, à medida que se desenvolvem, são convertidas em normas, regras, princípios, valores e crenças organizacionais[45]. Assim, pode-se dizer que as estruturas organizacionais são legítimos representantes dos princípios e valores das empresas.

A visão mecanicista de organização é insuficiente para lidar com a realidade dinâmica que se apresenta hoje. Nesse sentido, é importante que as organizações sejam vistas como organismos vivos, em constante troca com o ambiente externo e em processo contínuo de transformação interna. Ainda na metáfora orgânica, pode-se supor que esse organismo seja dotado de um "espírito" que o oriente, que lhe dê sentido, que seja o guia de suas ações. A estrutura reflete esse espírito norteador das ações organizacionais.

Parte da essência organizacional parece estar diretamente relacionada à sua composição estrutural. E se a estrutura reflete o espírito, é possível pensar que a reformulação da estrutura organizacional se dará quando houver também a mudança do espírito, quando houver a reformulação dos valores e dos princípios que a sustentam.

4.8 Considerações finais

A configuração estrutural de uma organização é bastante reveladora. Entre outras coisas, a estrutura revela como a organização lida com a inovação, como trata eventos não planejados e como realiza as tarefas cotidianas. As estruturas vão muito além da disposição física dos indivíduos na organização;

---

[45] HALL, 1984.

são elementos que determinam a dinâmica do seu funcionamento. A busca por novas estruturas revela a necessidade que muitas organizações têm de modificar sua forma de trabalhar, de alterar seu modo de funcionamento.

Em todos os modelos de estruturas analisados neste capítulo, pode-se observar a existência de elementos comuns. Dentre eles, destacam-se:

- a busca por estruturas mais horizontalizadas, flexíveis e adaptativas, com o objetivo de tornar as organizações eficazes diante da incerteza;
- a ênfase no trabalho de equipes interfuncionais e interorganizacionais;
- o fluxo da informação e do conhecimento como elemento-chave para a vantagem competitiva;
- a busca por uma estrutura que proporcione aos indivíduos uma visão mais ampla da organização; e
- a valorização do desenvolvimento contínuo das competências e habilidades dos indivíduos.

Nesse contexto, o desafio atual das organizações não é fazer o seu trabalho mais rapidamente, mas fazê-lo de uma nova forma. No que diz respeito às estruturas organizacionais, a busca refere-se a encontrar novos modelos que permitam que o trabalho operacional e cotidiano seja realizado ao mesmo tempo que o trabalho criativo, gerador da inovação. Esses modelos visam a suprir as deficiências das estruturas tradicionais e a conferir novas características que permitam à organização atender às exigências de uma economia caracterizada pela alta competitividade.

4.9 Você viu neste capítulo

A forma como uma organização está estruturada exerce considerável influência nas atitudes, comportamentos e interações dos indivíduos no contexto organizacional. As estruturas organizacionais tradicionais necessitam ser repensadas, considerando o teor dinâmico do ambiente atual em que as organizações estão inseridas. Essas estruturas contribuíram para o desempenho organizacional em um ambiente de natureza predominantemente estática, sendo projetadas para a realização de tarefas rotineiras e produção de bens e serviços bem definidos. Com esse objetivo, enfatizam a alta centralização, o comando e o controle, inibindo a comunicação, a participação e a criação de um ambiente favorável à geração e disseminação do conhecimento.

Alguns autores vêm propondo modelos de estruturas organizacionais pertinentes a uma era em que informação e conhecimento são considerados fontes de riqueza e vantagem competitiva. A preocupação comum desses modelos está em torno do desenho de estruturas organizacionais menos burocratizadas, mais flexíveis e dinâmicas para responder aos desafios organizacionais da atualidade.

A estrutura inovadora de Galbraith (1997), a organização colateral de Kilmann (1997) e a organização em hipertexto de Nonaka e Takeuchi (1997) são algumas propostas para estruturar as organizações, a fim de facilitar a criação e a disseminação do conhecimento de forma a criar condições favoráveis para gerar a inovação. Esses modelos estruturais preservam uma parte da estrutura nos padrões tradicionais e a complementam agregando uma estrutura paralela destinada a atividades relacionadas à geração de novo conhecimento e resolução de problemas não rotineiros, que exigem criatividade.

De outra perspectiva, Davenport (1994) e Hammer (1997) propõem a reestruturação das organizações, focalizando seus processos e colocando em segundo plano as unidades funcionais. A organização orientada a processos interfuncionais e interorganizacionais baseia-se em uma visão de estrutura mais horizontalizada, em substituição à visão fragmentada inerente às estruturas tradicionais hierárquicas e funcionais. Este capítulo procurou descrever e analisar os diferentes modelos de estruturas organizacionais propostos pelos referidos autores, bem como evidenciar a importância da configuração estrutural no desempenho organizacional.

4.10 Estudo de caso

EQUIPES, ESTRUTURAS HORIZONTAIS E PROCESSOS DE TRABALHO

Companhias como AT&T, Boeing, British Telecommunications, Canadian Imperial Bank of Commerce, Xerox e Volvo reformularam completamente seu modo de fazer negócios a fim de obter a produtividade, a velocidade e a satisfação do cliente de que precisavam para prosperar. Examinaram cuidadosamente como seu trabalho era realizado e então reorganizaram horizontalmente suas empresas em torno dos processos de trabalho.

No escritório americano da Sun Life Assurance em Massachusetts, apenas um processo foi identificado: atendimento aos clientes. Como os consumidores desejavam um atendimento rápido e eficaz, os representantes da Sun Life foram reorganizados em equipes de oito pessoas cada, capacitadas para agilizar todos os pedidos. Com essa nova abordagem, a Sun Life não irrita mais os clientes passando as ligações telefônicas de um especialista para outro.

Na Hallmark Cards, editores, redatores e artistas juntam-se aos representantes de fabricação, artes gráficas, vendas e distribuição para supervisionarem tudo, desde novas idéias até as entregas para os clientes. Esse trabalho em equipe reduziu de nove para três meses o tempo de produção dos cartões.

> *Fonte*: Baseado em BYRNE, J. A. The Horizontal Corporation, *Business Week*, 20 dez. 1993, p. 76-81; GRANT, L. New jewel in the Crown, *U.S. News & World Report*, 28 fev. 1994, p. 55-7; e JACOB, R. The struggle to create an organization for the 21st century, *Fortune*, 3 abr. 1995, p. 90-9. In: ROBBINS, S. P. *Administração*: mudanças e perspectivas. São Paulo: Saraiva, 2000, p. 188.

questões do estudo de caso

1 Nos exemplos dados podem-se distinguir três estratégias de estruturação seguidas pelas companhias. Quais são elas?

2 No caso da Hallmark Cards, qual você imagina ter sido o fator decisivo na transformação de sua estrutura que promoveu uma redução tão dramática no tempo de produção de cartões?

4.11 Questões

1 Qual a relação entre estrutura por processos e a visão holística das organizações?

2 Como a estrutura de uma organização pode facilitar ou dificultar o compartilhamento do conhecimento?

3 Segundo Galbraith, Kilmann e Nonaka e Takeuchi, qual a função da estrutura operacional na gestão do conhecimento?

4 Comente por que as estruturas organizacionais flexíveis permitem o aumento da comunicação interna e externa e eliminam as barreiras à criatividade e à inovação.

5 Fale sobre a relação entre estrutura organizacional e gerenciamento participativo, mas com uma definição clara de responsabilidades.

6 Faça uma relação entre as estruturas organizacionais tradicionais, mistas e por processos.

7 Analise uma organização de seu interesse e desenhe uma estrutura que propicie a alavancagem da gestão do conhecimento.

REFERÊNCIAS

ASHKENAS, R. A roupa nova da organização. In: HESSELBEIN, F. et al. *A organização do futuro*: como preparar hoje as empresas de amanhã. São Paulo:Futura, 1997.

DAVENPORT, T. H. *Reengenharia de processos*. Rio de Janeiro: Campus,1994.

DRUCKER, P. F. *A prática da administração de empresas*. Rio de Janeiro:Lisa,1972.

_____. *Administrando para o futuro*. São Paulo: Pioneira, 1992.

DYER, J. H.; HATCH, N. W. A Toyota e as redes de aprendizado. *HSM Management*, Barueri, v. 6, ano 8, n. 47, p. 164-170, nov./dez. 2006.

GALBRAITH, J. R. Projetando a organização inovadora. In: STARKEY, K. *Como as organizações aprendem*. São Paulo: Futura, 1997, p. 190-218.

HALL, R. H. *Organizações*: estrutura e processos. 3. ed. Rio de Janeiro: Prentice-Hall do Brasil, 1984.

HAMMER, M. *Além da reengenharia*. Rio de Janeiro: Campus, 1997.

HANDY, C. B. *A era do paradoxo*. São Paulo: Makron Books, 1995.

KILMANN, R. H. Desenhando organizações colaterais. In: STARKEY, K. *Como as organizações aprendem*. São Paulo: Futura, 1997, p. 219-37.

MELLANDER, K. O *poder da aprendizagem*: potencializando o fator humano nas organizações. São Paulo: Cultrix, 1993.

MINTZBERG, H. *Estrutura e dinâmica das organizações*. Lisboa: Publicações Dom Quixote, 1995.

NAISBITT, J. *Paradoxo global*. Rio de Janeiro: Campus, 1994.

NEGROPONTE, N. *A vida digital*. São Paulo: Companhia das Letras, 1995.

NONAKA, I.; TAKEUCHI, H. *Criação de conhecimento na empresa*: como as empresas japonesas geram a dinâmica da inovação. Rio de Janeiro: Campus, 1997.

OSBORNE, D.; GAEBLER, T. Reinventing government: how the enterpreneurial spirit is transforming the public sector. *Revista de Administração de Empresas*, São Paulo, v. 33, n. 6, p. 97-9, nov./dez. 1993.

PERROW, C. B. *Análise organizacional*: um enfoque sociológico. São Paulo: Atlas, 1976.

PINCHOT, G.; PINCHOT, E. *O poder das pessoas*. Rio de Janeiro: Campus, 1994.

PROBST, G.; RAUB, S.; ROMHARDT, K. *Gestão do conhecimento*: os elementos construtivos do sucesso. Porto Alegre: Bookman, 2002.

RIFKIN, J. *O fim dos empregos*. São Paulo: Makron Books, 1995.

TACHIZAWA, T.; SCAICO, O. *Organização flexível*: qualidade na gestão por processos. São Paulo: Atlas. 1997

WICKESBERG, A. K. *Administração organizada*. 2. ed. São Paulo: Brasiliense, 1973.

SEGUNDA PARTE
A DIMENSÃO PESSOAS

Na complexidade das organizações, os seres humanos são os principais agentes de transformação. Por meio de sua atuação, tomam decisões e realizam mudanças que afetam as esferas individual e coletiva, bem como as dimensões tecnológica e infra-estrutural das organizações. A autonomia da ação humana nas organizações está inscrita em certos limites impostos pela racionalização e organização dos fatores de produção e pelas contingências e demandas ambientais com as quais essas organizações lidam. Ainda assim, a faculdade de fazer livres escolhas confere ao homem um poder de transformação singular do espaço de produção.

Nessa dimensão, estão agrupadas as principais capacidades e habilidades humanas a serem desenvolvidas e efetivamente adotadas em ambientes organizacionais voltados à gestão do conhecimento. Esses atributos são típicos da condição humana, e não podem ser objeto de simulações ou modelagens tecnológicas aplicadas — trata-se, pois, de um conjunto de elementos qualitativamente diferenciadores da ação das pessoas em seu contexto social. Não se deve entender, contudo, que o modelo teórico de organização ora em estudo conceba a dimensão humana em um compartimento teórico-empírico isolado de suas demais dimensões constitutivas, já que esta não é auto-suficiente. Não se pode prescindir de um instrumental tecnológico nem de uma infra-estrutura que subsidiem e organizem a atuação humana nas empresas. Ao contrário, é entendimento básico dessa proposta que a interação das três dimensões seja inerente à dinâmica organizacional e que, juntas, componham a força motriz da organização como organismo vivo, complexo, mutante. A integração entre pessoas, infra-estrutura e tecnologia é completa, essencial e de caráter crítico para a existência de cada dimensão em particular.

A concepção holística de organização norteia essa proposta e pressupõe legitimidade de toda uma diversidade de conhecimentos que o homem é capaz de gerar, compartilhar, internalizar e exteriorizar. É exatamente no vasto repertório de conhecimentos humanos que reside o maior valor da presença das pessoas nas organizações, o qual pode ser multiplicado pela possibilidade de aprimoramento das capacidades e habilidades pessoais importantes à dinâmica organizacional.

Ainda segundo uma perspectiva holística, os conhecimentos humanos não podem ser classificados na forma de categorias analíticas antagônicas e mutuamente excludentes, como nas dicotomias "razão × emoção" ou "objetividade × subjetividade". Os papéis essenciais desempenhados por todos esses atributos humanos presentes nas situações organizacionais sugerem o emprego de um tipo de representação elaborado por meio de eixos contínuos, simbolizando os distintos graus de intensidade com que afetam as decisões. A diversidade de saberes é ao mesmo tempo produto e insumo da ação humana organizacional.

Representar a ação humana em toda a sua variedade e complexidade em apenas cinco variáveis de estudo pode, em princípio, indicar certa precariedade do modelo em exposição. No entanto, entende-se que a abrangência de cada uma das variáveis tanto para a descrição como para a prescrição de uma conduta humana orientada à construção da organização do conhecimento é suficiente e considera os seus principais aspectos formativos, muito embora não contemple todas as suas sutilezas.

As variáveis preliminarmente sugeridas neste estudo, que constituem a dimensão pessoas, são as seguintes: compartilhamento do conhecimento, criatividade e inovação, modelos mentais, aprendizagem e intuição. Cada uma dessas variáveis apresenta características peculiares e requer dos indivíduos o uso de diferentes aptidões. Entretanto, não são atributos a serem "alocados" seletivamente às pessoas segundo suas atividades ou nível hierárquico. A promoção e a adoção desses potenciais podem ser desenvolvidas em todos os níveis, favorecendo, ao mesmo tempo, tanto a organização em seu todo como a consecução dos ideais de autonomia e auto-realização das pessoas.

CAPÍTULO 5

Aprendizagem organizacional como um processo para alavancar o conhecimento nas organizações

Caroline Brito Fernandes

> *"Ninguém ignora tudo, ninguém sabe tudo. Por isso, aprendemos sempre."*
> Paulo Freire

5.1 Introdução

As transformações ocorridas — frutos da globalização, da disseminação da tecnologia da informação, do surgimento das redes mundiais etc. — trouxeram à tona uma nova era cuja fonte fundamental de riqueza é o conhecimento. Nesse contexto, as empresas passam a moldar ou adequar seus processos organizacionais — abandonando parâmetros industriais — à nova economia do conhecimento.

Surge então a chamada organização de conhecimento, formada por diversas variáveis, como sendo a empresa que habitará esse emergente cenário.

Dentre essas variáveis, a aprendizagem organizacional aparece na tentativa de servir como uma das alavancas de transformação para se chegar às organizações do conhecimento. Assim, faz-se necessário que as empresas passem a compreendê-la, bem como a gerenciá-la.

A aprendizagem organizacional parece se revitalizar na tentativa de permitir à organização a aquisição, a criação, o compartilhamento, a utilização e o armazenamento do conhecimento, possibilitando uma perpetuação organizacional por meio da fluidez com que a empresa consegue passar pelos ciclos de mudanças.

Sabe-se que todas as organizações aprendem naturalmente; porém, apenas as que conseguem estabelecer mecanismos sistemáticos de gerenciamento desse aprendizado são as que realmente atingem a alavancagem do conhecimento.

No decorrer deste capítulo, buscaremos refletir sobre o processo de aprendizagem organizacional como forma de alavancagem de conhecimento, uma vez que por meio da aprendizagem as empresas conseguem adaptar, transformar, criar e recriar processos e atividades, requisitos fundamentais para as organizações que procuram vantagens competitivas sustentáveis.

5.2 Os caminhos da aprendizagem: do indivíduo à organização

O grande desafio para as organizações é compreender o que significa aprendizagem, como ela ocorre no indivíduo e como se processa a transferência dessa aprendizagem individual para a organizacional, a fim de poder gerenciar e alavancar esse processo, direcionando-o para as estratégias e criando uma cultura organizacional que a favoreça.

Para as organizações, é fundamental que o aprendizado individual, como também o conhecimento gerado a partir dele, possam ser incorporados à memória da empresa, proporcionando, assim, a aprendizagem organizacional e evitando que o conhecimento gerado pela aprendizagem individual saia da empresa quando um colaborador volta para casa ao final do expediente.

Aprender é um processo que implica entendimento do passado — para evitar a repetição de erros —, capacitação no presente e preparo adequado para o futuro[1]. A **aprendizagem** é um processo de mudança resultante de prática ou experiência anterior, que pode manifestar-se em uma mudança perceptível de comportamento ou não[2]. Compreendidas as definições, discutiremos, a seguir, a aprendizagem como processo individual e organizacional para que o seu gerenciamento se torne possível.

5.2.1 A APRENDIZAGEM INDIVIDUAL

A aprendizagem deve ser analisada inicialmente do prisma individual como referência para que se possa compreender o seu processo organizacional. O aprendizado individual pode ser entendido como um ciclo no qual

---

[1] PETERS, T. *Prosperando no caos*. São Paulo: Harbra, 1998.

[2] FLEURY, A.; FLEURY, M. *Aprendizagem e inovação organizacional*: as experiências de Japão, Coréia e Brasil. São Paulo: Atlas, 1995, p. 19.

a pessoa assimila um novo dado, reflete sobre as experiências passadas, chega a uma conclusão e, em seguida, age[3].

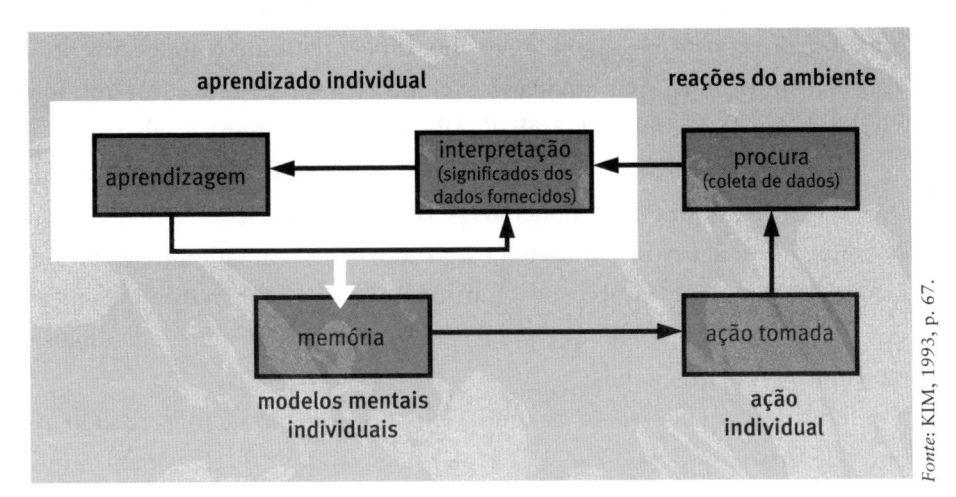

Figura 5.1 CICLO DE APRENDIZADO INDIVIDUAL

A Figura 5.1, acima, descreve o ciclo de aprendizagem individual por meio de um modelo simplificado desse processo e constrói uma cadeia que passa pela percepção de novos dados (reações do ambiente), chegando à aprendizagem individual. Esta pode ser definida como o processo por meio do qual o indivíduo traz lembranças do passado relacionadas às reações do ambiente presente, chegando a algumas conclusões sobre o novo fragmento de informações, e em seguida as armazena em seus modelos mentais individuais. Ao fim do processo, o novo aprendizado pode gerar ou não uma ação.

5.2.2 A APRENDIZAGEM ORGANIZACIONAL

O processo de aprendizado organizacional pode ser entendido como uma continuação do processo individual, por ser uma conseqüência deste último, uma vez que se caracteriza pela coletividade e pela captura dos conhecimentos dos membros da organização.

---

[3] KIM, D. H. The link between individual and organizational learning. *Sloan Management Review*, v. 3, maio/jun. 1993, p. 67.

Assim, **aprendizagem organizacional** é a capacidade de criar novas idéias multiplicada pela capacidade de generalizá-las por toda a empresa[4]. A aprendizagem organizacional corresponde, assim, à forma pela qual as organizações constroem, mantêm, melhoram e organizam o conhecimento e a rotina em torno de suas atividades e culturas, a fim de utilizar as aptidões e habilidades da sua força de trabalho de modo cada vez mais eficiente.

A Figura 5.2, abaixo, apresenta o ciclo de aprendizado organizacional.

Por meio desse ciclo, podemos verificar que as ações individuais se convergem em ações organizacionais, produzindo resultados (reações ambientais). As reações ambientais funcionam como uma retroalimentação do aprendizado individual que influencia os modelos mentais individuais e a memória organizacional.

Podemos analisar esse mesmo ciclo de aprendizagem acrescido da ótica de quatro processos sociais e psicológicos que se relacionam: intuição (individual), interpretação (individual), integração (organizacional) e institucionalização (organizacional), os quais ocorrem nos níveis individual e organizacional. Esses quatro processos podem ser assim descritos:

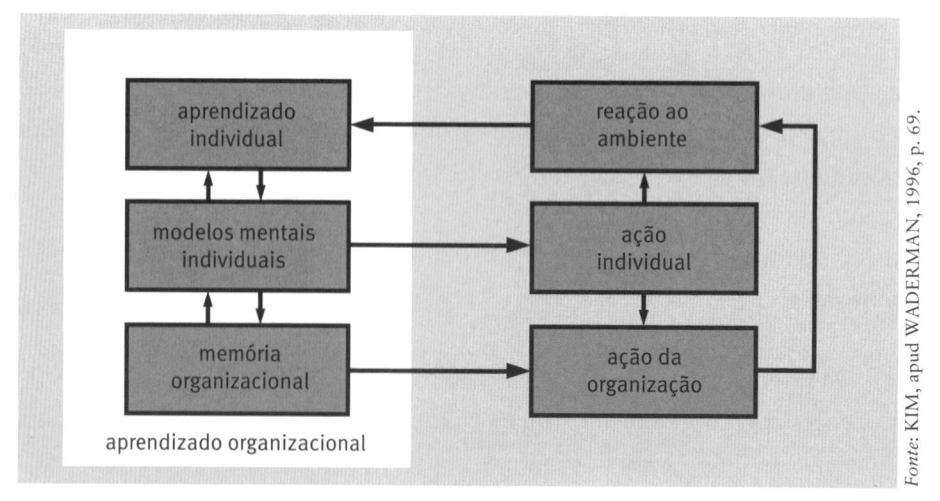

Figura 5.2 CICLO DE APRENDIZADO ORGANIZACIONAL

---

[4] STEWART, T. A. *Capital intelectual*: a nova vantagem competitiva das empresas. Rio de Janeiro: Campus, 1998.

a) intuir diz respeito ao reconhecimento de padrões e/ou possibilidades em nível pré-consciente do indivíduo, cujo processo repercute no comportamento. Identificar e reconhecer similaridades e diferenças entre padrões e possibilidades traduz o significado do aprender; b) interpretar envolve a verbalização de um *insight*, idéia ou conhecimento para você mesmo e/ou para outras pessoas. Elementos pré-conscientes passam para o nível consciente por meio da linguagem, a qual possibilita a compreensão dos padrões intuitivos, resultando no reforço da aprendizagem; c) integrar (que expande o nível de análise do grupo para a organização) pressupõe uma mudança de valores e crenças orientadoras das ações coletivas. É no processo de desenvolver visões compartilhadas entre indivíduos, acompanhado de uma ação coordenada por meio de ajustamentos mútuos, que a aprendizagem pode ser inibida ou facilitada pela interação social; d) institucionalizar permite que ações de rotina aconteçam na organização, onde conhecimentos são incorporados a sistemas, estratégias, estruturas e práticas empresariais[5].

5.2.3 APRENDIZAGEM: UM MODELO INTEGRADO

A organização apresenta dois níveis de aprendizado: o aprendizado operacional — mudanças na maneira como efetuamos o trabalho — e o aprendizado conceitual — o porquê de se efetuar tais mudanças[6]. Existe o perigo de não se completar o ciclo de aprendizagem, caso um dos vínculos seja enfraquecido ou rompido.

O *aprendizado situacional* ocorre quando o vínculo entre o aprendizado individual e o modelo mental individual é cortado, ocasionando aprendizado, porém sem alteração dos modelos mentais.

O *aprendizado fragmentado* ocorre quando o vínculo entre os modelos mentais individuais e a memória organizacional é quebrado, ocasionando uma mudança nos modelos mentais individuais sem alteração da memória organizacional.

[5] CROSSAN, LANE e WHITE, 1999, citados por MATOS, J. L. A.; IPIRANGA, A. S. R. Da aprendizagem grupal à organizacional: uma análise sob a ótica das práticas de trabalho. In: XXVIII ENCONTRO DA ANPAD, 2004, Curitiba. *Anais...* Curitiba: 2004.
[6] KIM, 1993.

O *aprendizado oportunístico* ocorre quando o vínculo entre a memória organizacional e a sua ação é rompido, ocasionando ações organizacionais sem que se leve em conta a memória organizacional ou seus valores e cultura.

A Figura 5.3, abaixo, ilustra o modelo integrado de aprendizagem organizacional.

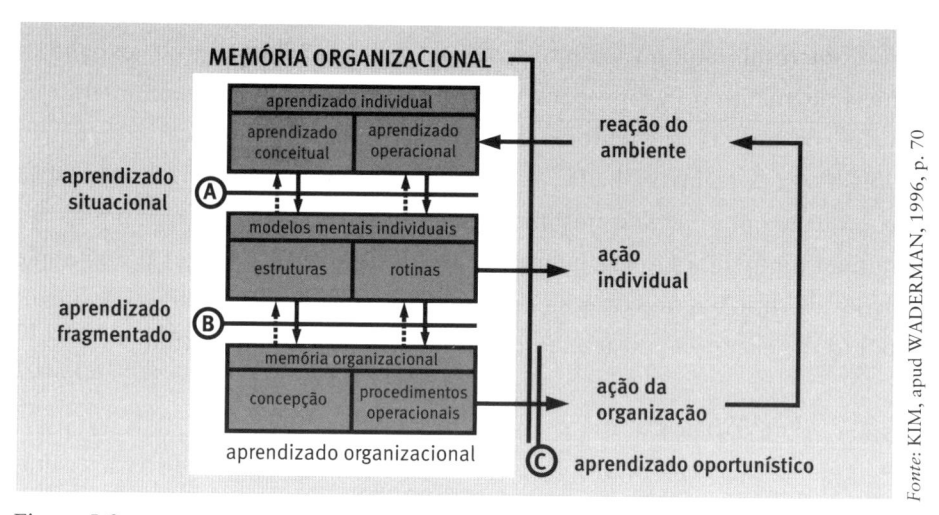

Figura 5.3 MODELO INTEGRADO DE APRENDIZAGEM ORGANIZACIONAL

Pelo modelo, podemos verificar que a aprendizagem organizacional, para ser alavancada, precisa ser gerenciada por meio de seu ciclo completo: aprendizado individual, aprendizado organizacional e os vínculos entre os dois processos, ao mesmo tempo em que se deve tomar cuidado com as barreiras ao aprendizado organizacional (A, B e C).

Analisada a aprendizagem sob as formas individual, organizacional e integrada, evidenciaremos a sua importância para as organizações.

5.3 A importância da aprendizagem em tempos turbulentos

A aprendizagem organizacional torna-se uma vantagem competitiva por proporcionar às organizações formas de alavancar o conhecimento dentro do sistema que elas habitam: um sistema regido pelo caos, mas que apresenta uma ordem definida.

Um sistema pode ser chamado de caótico quando se torna impossível saber onde ele estará no próximo momento, deixando, assim, de haver previsibilidade, uma vez que um sistema nunca estará no mesmo lugar duas vezes[7]. No entanto, como demonstra a teoria do caos, se observarmos um sistema caótico por um longo período e com a perspectiva de tempo, ele sempre revela o seu estado de ordem inerente.

Existe, portanto, uma possibilidade de enxergar esse balé do caos e da ordem, da mudança e da estabilidade, fora do pensamento linear, como dois aspectos complementares de um processo de crescimento, sem que nenhum deles tenha a primazia.

A aprendizagem organizacional surge exatamente nesse momento, como forma de proporcionar às pessoas e à organização maneiras de aprender e de reaprender, de acordo com o caos ou a estabilidade que se formam no ambiente, alavancando, assim, o conhecimento.

Os profissionais que aprendem têm demonstrado as seguintes motivações[8]:

- *competitividade*: a aprendizagem surge como uma resposta para manter a longevidade das empresas. Essa foi a conclusão de um estudo realizado pela Royal Dutch/Shell no início dos anos 1980;
- *ambiente permanente de mudanças*: o ambiente imprevisível coloca as pessoas em situações novas constantemente, exigindo novas habilidades e tornando a aprendizagem a mais crítica e eficaz habilidade para se alcançar êxito;
- *entendimento do negócio*: as tradicionais técnicas de gestão não contemplam a chamada complexidade dinâmica (ações cujas conseqüências futuras demoram algum tempo para serem percebidas). A aprendizagem permite que entendamos como as nossas ações no presente influenciam nosso futuro, compartilhando as idéias arraigadas dos profissionais da empresa e deixando-os mais próximos de

---

[7] WHEATLEY, M. J. *Liderança e a nova ciência*: aprendendo organização com um universo ordenado. São Paulo: Cultrix, 1992.

[8] Disponível em: <http://www.zumble.com.br/paorgani.html>.

entender bem qual o negócio da empresa, qual o ambiente em que ela está inserida e, conseqüentemente, como melhorá-la constantemente;

• *preparação para o futuro*: a aprendizagem permite construir um ambiente que facilite e estimule a mudança, a disseminação das informações e do conhecimento gerados ou não pela organização, facilitando o seu gerenciamento;

• *desempenho de equipes*: a necessidade de se trabalhar em equipes trouxe a exigência de se estabelecerem novas formas de organizar as tarefas, novos mecanismos de acompanhamento dos resultados e novos modos de avaliar o sucesso dos processos de operação e gestão em uma organização. A aprendizagem surge como resposta a essas transformações.

Apesar de existirem diversos motivos que levam as pessoas a trabalhar intencionalmente com a aprendizagem, ela também ocorre de maneira independente, incorporada ao cotidiano das empresas. Porém, raramente é vista como uma variável possível de ser administrada e planejada, para que se desenvolva de maneira rápida, sistemática e alinhada aos objetivos estratégicos da empresa[9]. Todas as organizações aprendem, mas nem todas se fundamentam no aprendizado; muitas se baseiam no desempenho ou priorizam resultados imediatos.

Durante muito tempo, perdurando até os dias atuais, com raras exceções, a aprendizagem tornou-se sinônimo de treinamento instrucional, sendo vista apenas do prisma informativo e não construtivista e formativo como deveria ser, alavancando, assim, o conhecimento. Esse tipo de aprendizagem é a essência do aprendizado institucional, desenvolvido hoje pela maioria das escolas e universidades, bem como pelas organizações[10].

A aprendizagem instrucional caracteriza-se por uma série de premissas explicadas a seguir. O aprendizado está voltado para metas, assumindo-se que tanto a meta a ser atingida como o material sejam passíveis de

---

[9] GARVIN, D. A. et al. Aprender a aprender. *HSM Management*, v. 2, n. 9, jul./ago. 1998.

[10] VAILL, P. B. *Aprendendo sempre*: estratégias para sobreviver num mundo em permanente mutação. São Paulo: Futura, 1997.

especificações claras. O aprendiz deverá dar atenção à meta para a qual o aprendizado é dirigido, associando-se a isso a filosofia do medo, da punição pelo não-atingimento. A velocidade do aprendizado é fruto de sua eficiência; quanto mais rápido o aprendizado, melhor. O volume do material abordado é importante; há uma implicação com as respostas certas, sendo este um dos indicadores da ocorrência ou não do aprendizado. Espera-se que o aprendiz siga as regras. A introdução da competição é exagerada, prejudicando o aprendizado em grupo. Os aprendizes passam a adotar uma postura psicológica de inferioridade, de cautela e dependência perante instrutores e chefes. E, por fim, aprender para depois fazer.

No fundo, a aprendizagem instrucional ou institucional é tanto um sistema de doutrinação como de aprendizagem, deixando claros diversos pontos deficientes em seu processo e estrutura.

Com as turbulências ambientais, as deficiências desse tipo de aprendizado tornaram-se claras, e as empresas passaram a questionar tal modelo, uma vez que ele não conseguia fazer frente à rapidez das mudanças ambientais, tampouco surtir algum efeito real nas pessoas, já que não primava pela busca do conhecimento. Mais que isso, ressaltou-se a necessidade de que esse processo de aprendizagem, além de ser modificado, deveria ser gerenciado para que pudesse atingir pontos de eficiência.

Essa notória necessidade de gerenciamento e alavancagem do processo deu-se em virtude da velocidade das mudanças em tempos globalizantes, mostrando que a aprendizagem organizacional pode ser uma vantagem competitiva fundamental para as empresas que pretendem sobreviver no mercado.

Pesquisas realizadas pela Faculdade de Administração de Michigan, nos Estados Unidos, envolvendo 48 empresas, tiveram como resultado uma significativa correlação entre velocidade de aprendizagem e competitividade, bem como entre velocidade de aprendizagem e velocidade de inovação organizacional[11].

A relação entre aprendizagem e conhecimento será discutida no próximo tópico.

---

[11] GUNS, B. *A organização que aprende rápido*: seja competitivo utilizando o aprendizado organizacional. São Paulo: Futura, 1998.

5.4 O processo de aprendizagem para a alavancagem do conhecimento

Para evidenciar como a aprendizagem torna possível a alavancagem do conhecimento, é necessário o entendimento do ciclo de gerenciamento do conhecimento, ilustrado na Figura 5.4, abaixo.

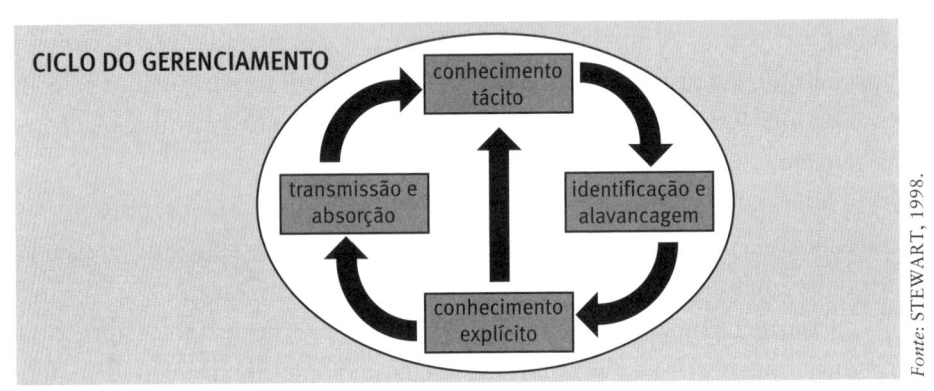

Figura 5.4 CICLO GERENCIAL DO CONHECIMENTO

O conhecimento tácito é o conhecimento implícito, interiorizado, difícil de ser articulado em palavras e, por conseqüência, difícil de ser transmitido, enquanto o conhecimento explícito é aquele que se torna facilmente articulável, sendo passível de transmissão.

O Quadro 5.1 demonstra as diferenças entre conhecimento tácito e explícito.

Quadro 5.1	DIFERENÇA ENTRE CONHECIMENTO TÁCITO E EXPLÍCITO
Conhecimento tácito (subjetivo)	**Conhecimento explícito (objetivo)**
• Conhecimento da experiência (corpo)	• Conhecimento da racionalidade (mente)
• Conhecimento simultâneo (aqui e agora)	• Conhecimento digital (teoria)
• Conhecimento análogo (prática)	• Conhecimento seqüencial (lá e então)

Fonte: NONAKA e TAKEUCHI, 1997, p. 67.

O papel do ciclo de gerenciamento passa justamente por explicitar o conhecimento tácito, até alavancá-lo por meio da transmissão e da armazenagem dentro da organização e, enfim, propiciar a absorção desse conhecimento pelas pessoas na organização para que ele se torne tácito novamente. Esse processo é possível por meio da aprendizagem.

Há quatro modos de conversão do conhecimento pela interação entre o conhecimento tácito e o explícito: *socialização* — de conhecimento tácito para conhecimento tácito; *externalização* — de conhecimento tácito para conhecimento explícito; *combinação* — de conhecimento explícito para conhecimento explícito; e *interiorização* — de conhecimento explícito para conhecimento tácito. Todos esses modos de conversão estão permeados pela aprendizagem[12].

A **socialização** é um processo de compartilhamento de experiências por intermédio de algumas formas de aprendizado, objetivando a transferência do conhecimento tácito, sendo primordial a existência de uma experiência anterior de ambas as partes, permitindo, assim, associações por meio de contextos específicos[13]. A aprendizagem na socialização pode ser ilustrada por meio dos processos de transferência de conhecimento tácito nos programas de trainees, nos quais aprendizes juniores são colocados ao lado de seniores para que consigam, através do aprendizado diário — observação, imitação e prática —, socializar seus conhecimentos. Outro exemplo de aprendizagem por meio da socialização dá-se nas empresas que compartilham experiências e diálogos com clientes, permitindo que a observação e a forma como estes últimos reagem perante produtos e serviços possam modificar a estrutura da organização.

Outro modo de conversão de conhecimento é a **externalização**, processo que relaciona o conhecimento tácito com conceitos explícitos na forma de metáforas, analogias, conceitos, hipóteses ou modelos[14]. Os pro-

---

[12] NONAKA, I.; TAKEUCHI, H. *Criação de conhecimento na empresa*: como as empresas japonesas geram a dinâmica da inovação. Rio de Janeiro: Campus, 1997; SVEIBY, K. E. *A nova riqueza das organizações*. Rio de Janeiro: Campus, 1998.

[13] NONAKA e TAKEUCHI, 1997.

[14] Ibid.

cessos de aprendizagem que permeiam a externalização estão relacionados com as bases de conhecimentos dos indivíduos — como administração, música, cultura, filosofia, sociologia, psicologia —, permitindo que tais conhecimentos construam conexões e pensamentos cíclicos, abstratos, para estruturar e moldar comparações para a futura construção de modelos operacionalizáveis.

A **combinação** é um modo de conversão de conhecimento que envolve a junção de conjuntos diferentes de conhecimentos já explicitados. Os indivíduos se utilizam de meios como documentos, telefones, redes de computadores, conversas e reuniões para combinar conhecimentos diferentes[15]. A aprendizagem nos processos de combinação aparece quando os indivíduos aprendem a sistematizar, padronizar e armazenar o conhecimento adquirido, facilitando dessa forma sua externalização. Os maiores exemplos de aprendizagem na combinação são ilustrados por meio do processo de educação formal e dos programas de capacitação empresarial em salas de aula.

A **internalização** é o processo de incorporação do conhecimento explícito ao tácito, sendo a aprendizagem uma forma de efetuar essa conversão. É nessa forma de conversão que a aprendizagem mais se destaca.

Para que as experiências por meio da socialização, externalização e combinação tornem-se ativos valiosos, elas devem ser internalizadas nas bases do conhecimento tácito dos indivíduos sob a forma de modelos mentais ou *know-how* técnico compartilhado. Para que esse processo se efetive, são necessárias a verbalização e a diagramação do conhecimento na forma de documentos, manuais ou histórias orais[16].

A documentação ajuda os indivíduos a internalizarem experiências, aumentando seu conhecimento tácito, além do que documentos e manuais facilitam a transferência de conhecimento explícito para outras pessoas, ajudando-as a vivenciar indiretamente a experiência dos outros.

---

[15] NONAKA e TAKEUCHI, 1997.
[16] Ibid, p. 77.

A internalização também pode ocorrer sem a necessidade de experimentar as experiências das outras pessoas, como quando se escuta uma história de forma tão real que ela passa a fazer parte de um modelo mental tácito. Se a maioria dos membros de uma organização compartilhar esse modelo mental, o conhecimento tácito passa a fazer parte da cultura da organização.

O exemplo mais forte de internalização é o do aprender fazendo. O conhecimento transferido por meio de um processo de aprendizagem tende a ter alta viscosidade (riqueza ou espessura de conhecimento): com o tempo, o receptor obterá um tremendo volume de conhecimento detalhado e sutil[17]. O conhecimento obtido de um banco de dados *on-line* ou da leitura de um artigo, por exemplo, será muito menos espesso.

Correntes diversas têm acrescido outras experiências como formas de gerenciar aprendizagem sob a motivação da gestão de conhecimento, como *as comunidades de práticas* (grupos informais que se unem com o ideal de criar, compartilhar e armazenar o conhecimento por meio da interação entre seus membros) e *a reflexão na ação* (processo pelo qual o indivíduo reflete constantemente e de maneira estruturada sobre os ciclos de ações, sentimentos, emoções e aprendizado gerado a partir de sua ação).[18]

5.5 Considerações finais

As grandes transformações ambientais e a chegada da era da informação e do conhecimento levaram as empresas a se reestruturarem para continuar a sua perpetuação no ambiente de negócios.

Como resposta a essas transformações, a aprendizagem organizacional surge como um processo que objetiva preparar as pessoas continuamente

---

[17] DAVENPORT, T.; PRUSAK, L. *Conhecimento empresarial*: como as organizações gerenciam o seu capital intelectual. Rio de Janeiro: Campus, 1998.

[18] BROWN, J. S.; DUGUID, P. Balancing act: How to capture knowledge without killing it. *Harvard Business Review*, Boston, v. 78, n. 3, p. 73-80, maio/jun. 2000; SCHÖN, D. *Educando o profissional reflexivo*: um novo design para o ensino e a aprendizagem. Porto Alegre: Artes Médicas Sul, 2000.

para as transformações, por meio da conversão de conhecimento e da mudança de seus modelos mentais.

A aprendizagem resulta em uma melhoria de desempenho por concentrar-se no aperfeiçoamento e cultivar uma gerência de equipe nos moldes de uma pequena empresa. Essa melhoria de desempenho se dá de duas maneiras: pequenos incrementos ou enormes saltos, conhecidos como rupturas; e as equipes que se utilizam da aprendizagem são empreendedoras e gerenciam-se como microempresas, objetivando resultados.

Além dos processos de aprendizagem demonstrados nos modos de conversão de conhecimento, podemos citar outros exemplos de aprendizagem organizacional voltados para a alavancagem do conhecimento, como a formação de redes, alianças, parcerias, P&D, dentre outros, que visam a agilizar os ciclos de inovação das empresas, tanto organizacionais como tecnológicos.

Dessa forma, evidencia-se que a aprendizagem deve ser gerenciada como um processo da empresa, passando a ser uma das variáveis que conduzem à formação de uma estrutura voltada para o conhecimento, dando, dessa maneira, origem a uma nova forma de organização: a *organização do conhecimento*.

5.6 Você viu neste capítulo

As turbulências ambientais, e as novas exigências provindas destas, são evidentes, bem como a necessidade de adaptação das organizações a elas. O processo de aprendizagem organizacional recebe relevância justamente por conseguir, no contexto atual, adaptar, transformar, criar e recriar processos e atividades, requisitos fundamentais para a criação da única vantagem competitiva sustentável: o conhecimento. Para explicar esse conceito, torna-se essencial que as organizações gerenciem dois processos complementares. Primeiro, o gerenciamento do processo de conversão da aprendizagem individual em aprendizagem organizacional. Segundo, o ciclo do gerenciamento de conversão dos dois tipos de conhecimento, tácito e explícito, para identificar as formas de aprendizagem em cada um deles. Independentemente desse gerenciamento, a aprendizagem ocorrerá na organização, mas não poderá ser utilizada como alavancagem para obtenção de conhecimento.

5.7 Estudo de caso

O CASO DA TELEMAR

A Telemar nasceu da privatização de 16 operadoras que formavam o Sistema Telebrás. Essas 16 operadoras tinham modelos de gestão, sistemas, processos, culturas e valores distintos entre si. Ao optar pela consolidação dessas 16 empresas em uma única corporação, surgiu a maior empresa de telecomunicações da América do Sul. Os estados que hoje integram a área de atuação são: Rio de Janeiro, Minas Gerais, Espírito Santo, Bahia, Sergipe, Alagoas, Pernambuco, Paraíba, Rio Grande do Norte, Piauí, Ceará, Maranhão, Pará, Amazonas, Amapá e Roraima, que correspondem a 64% do território nacional, gerando mais de U$ 300 bilhões do Produto Interno Bruto (PIB) e atendendo a 87 milhões de pessoas, mais da metade da população brasileira. Faz parte da estratégia de crescimento da Telemar estar presente nos mercados de celular e de longa distância internacional, além de DDD e comunicação de dados em todo o Brasil.

Dentro de sua prática voltada para a valorização das pessoas, a empresa, por meio da área de Gestão de Pessoas, possui dois programas que merecem destaque: o programa de *Trainee* e o programa da Universidade Corporativa.

Trainee é um jovem com alto potencial que, ao sair do ambiente acadêmico, deve ser desenvolvido para atuar em um ambiente empresarial que a cada dia exige mais agilidade, criatividade, maturidade e capacidade de decisão. Na Telemar essa transição ocorre pela capacitação direcionada com acompanhamento da área de Gestão de Pessoas, possibilitando ao *trainee* vivenciar situações reais de trabalho, interagindo com diversas gerências, participando de projetos individuais e em grupo, atuando em mais de uma área profissional para aprofundar o conhecimento sobre o negócio Telemar. O objetivo é capacitar os *trainees*, durante cinco meses, por meio de formação *on the job* nas diversas Diretorias, fornecendo uma visão estratégica e sistêmica da organização, fazendo com que desenvolvam habilidades de relacionamento, de gestão de pessoas e de processos mediante capacitação formal e dirigida.

O programa da Universidade Corporativa foi criado em dezembro de 1999, quando o Projeto Universidade Telemar tornou-se realidade. Idealizado por meio de Colleges Crenças & Valores, Formação, Desenvolvimento Gerencial e Liderança, Negócios e Atendimento e Programas Especiais, atua com um portfólio bastante amplo e focado na estratégia da empresa. A Universidade Telemar — Unite foi criada para diferenciar o desempenho de seus colaboradores, atuando efetivamente na gestão do conhecimento, na identificação das competências, dos valores da organização, na formação de sua massa crítica e de um time de classe mundial. Na Universidade Telemar — Unite, a educação corporativa é tida como um processo contínuo de aprendizagem, como condição fundamental na construção e consolidação da cultura Telemar e no desenvolvimento da capacidade de seus colaboradores em pensar e repensar a empresa diante da competitividade e da busca permanente de melhores resultados.

Fonte: Disponível na Internet em: <http://www.telemar.com.br>.
Acesso em: 02 maio 2001.

questões do estudo de caso

1 Como a Telemar está se preparando para enfrentar as turbulências ambientais?

2 Que modos de conversão do conhecimento pela interação entre o conhecimento tácito e o explícito podem ser identificados no programa de *Trainee*?

3 Que modos de conversão do conhecimento pela interação entre o conhecimento tácito e o explícito podem ser identificados no programa da Universidade Corporativa?

4 Como a Telemar pode transformar em aprendizagem organizacional a aprendizagem individual de seus colaboradores?

5.8 Questões

1 Por que a aprendizagem organizacional é tão importante para as organizações?

2 Qual a diferença entre aprendizagem individual e aprendizagem organizacional?

3 Explique o modelo integrado de aprendizado de Kim e os problemas que podem ocorrer, impedindo-o de completar o ciclo de aprendizagem.

4 Explique o papel da aprendizagem nos quatro modos de conversão do conhecimento pela interação entre o conhecimento tácito e o explícito.

5 Que outros exemplos de aprendizagem você poderia ilustrar, a partir de suas experiências, nos quatro modos de conversão do conhecimento?

REFERÊNCIAS

BROWN, J. S.; DUGUID, P. Balancing act: How to capture knowledge without killing it. *Harvard Business Review,* Boston, v. 78, n. 3, p. 73-80, maio/jun. 2000.

CROSSAN, M.; LANE, H. W.; WHITE, R. E. An organizational learning framework: from intuition to institution. *Academy of Management Review*, v. 24, n. 3, p. 522-537, 1999.

DAVENPORT, T.; PRUSAK, L. *Conhecimento empresarial*: como as organizações gerenciam o seu capital intelectual. Rio de Janeiro: Campus, 1998.

DOGSON, M. Organization learning: a review of some literatures. *Organization Studies*, v. 4, n. 3, p. 375-94, 1993.

FLEURY, A.; FLEURY, M. *Aprendizagem e inovação organizacional*: as experiências de Japão, Coréia e Brasil. São Paulo: Atlas, 1995.

GARVIN, D. A. et al. Aprender a aprender. *HSM Management*, v. 2, n. 9, jul./ago. 1998.

GUNS, B. *A organização que aprende rápido*: seja competitivo utilizando o aprendizado organizacional. São Paulo: Futura, 1998.

KIM, D. H. The link between individual and organizational learning. *Sloan Management Review*, v. 3, maio/jun., p. 65-78, 1993.

MATOS, J. L. A.; IPIRANGA, A. S. R. Da aprendizagem grupal à organizacional:uma análise sob a ótica das práticas de trabalho. In: XXVIII ENCONTRO DA ANPAD, 2004, Curitiba. *Anais....* Curitiba: 2004.

NONAKA, I.; TAKEUCHI, H. *Criação de conhecimento na empresa*: como as empresas japonesas geram a dinâmica da inovação. Rio de Janeiro: Campus, 1997.

PETERS, T. *Prosperando no caos*. São Paulo: Harbra, 1998.

SCHÖN, D. *Educando o profissional reflexivo*: um novo design para o ensino e a aprendizagem. Porto Alegre: Artes Médicas Sul, 2000.

STEWART, T. A. *Capital intelectual*: a nova vantagem competitiva das empresas.Rio de Janeiro: Campus, 1998.

SVEIBY, K. E. *A nova riqueza das organizações*. Rio de Janeiro: Campus, 1998.

VAILL, P. B. *Aprendendo sempre*: estratégias para sobreviver num mundo em permanente mutação. São Paulo: Futura, 1997.

WARDMAN, K. T. *Criando organizações que aprendem*. São Paulo: Futura, 1996.

WHEATLEY, M. J. *Liderança e a nova ciência*: aprendendo organização com um universo ordenado. São Paulo: Cultrix, 1992.

CAPÍTULO 6

Modelos mentais
e a gestão do conhecimento

Vicente de Bona Sartor

"A matéria-prima do universo
é a matéria-prima da mente."
Arthur Eddington

6.1 Introdução

As organizações são sistemas abertos, mantendo uma dinâmica interação com o meio ambiente interno e externo. Em ambientes dinâmicos e competitivos, conforme se constata atualmente, as empresas necessitam manter uma visão sinérgica de seus membros e colaboradores internos.

Com essa perspectiva e no contexto da gestão do conhecimento organizacional, os modelos mentais são importantes por três razões fundamentais: (i) reduzem os conflitos interpessoais; (ii) expandem o potencial dos colaboradores para alcançar resultados estratégicos; e (iii) ampliam o poder reflexivo para ações integradas. Este capítulo descreve sucintamente o que são modelos mentais, indica duas estratégias gerenciais para operacionalizá-los no contexto da gestão do conhecimento e identifica a relação entre modelos mentais e resistências às mudanças na perspectiva do desenvolvimento de trabalhos sistêmicos nas organizações. Este estudo reflete parte dessa problemática e está dividido em dois blocos: *revisão conceitual* e *situações práticas*.

6.2 Modelos mentais: principais definições

Modelos mentais são imagens, pressupostos e histórias que trazemos em nossas mentes acerca de nós mesmos, de outras pessoas, das instituições e de diversos outros aspectos do mundo e da vida. Eles constituem verdadeiros "mapas mentais" cognitivos com os quais navegamos em ambientes complexos da vida.

Os modelos mentais de cada indivíduo são nutridos por crenças e valores que operam desde o nascimento e se estendem ao longo da história de cada um. Nesses modelos mentais estão presentes as crenças que moldam nossos pensamentos acerca de como as coisas são ou funcionam.

Do ponto de vista organizacional, os modelos mentais constroem a *antropologia de cada empresa*[1]. E essa referência *antropológica* dos colaboradores e dos gerentes conduz ao fracasso ou ao sucesso organizacional. O desaparecimento de muitas empresas não é unicamente conseqüência do ambiente externo, mas, sim, das prioridades mentais de seus líderes. Exemplo: quando um banco "quebra" ou um negócio vai mal, inexoravelmente surge outro em seu lugar. Oportunidades há, os modelos mentais é que não permitem que elas sejam vistas. Por isso, uma das questões básicas ao interagir com outras pessoas é identificar os modelos mentais dos participantes da organização.

Na área da Psicologia cognitiva, o termo *modelo mental* refere-se tanto aos mapas tácitos semipermanentes do mundo que as pessoas retêm em sua memória de longa duração como às percepções de curto prazo que as pessoas constroem como parte dos seus processos diários de raciocínio.Os modelos mentais tornam-se úteis como área de estudo à medida que se expressam e se manifestam por meio da linguagem. Como a linguagem é normalmente polissêmica e ambivalente, utilizamos os recursos da hermenêutica para explicitá-la e compartilhá-la no âmbito da gestão do conhecimento. Eis por que é indispensável um cuidado especial com a linguagem.

6.2.1 MODELOS MENTAIS E LINGUAGEM

Uma pessoa tem distintas percepções acerca de um mesmo objeto. Para resolver esse tipo de problema característico do ser humano, usamos a linguagem para comunicar e buscar um consenso de entendimento. A linguagem é inútil sem o consenso. Para tratar de um objeto com certo consenso, necessitamos de linguagem comum. Os modelos mentais distintos distanciam o consenso.

---

[1] VIANNA, M. A. F. A terrível âncora dos paradigmas ultrapassados. *Tendências do Trabalho*, v. 282, p. 25-6, fev. 1998.

E a situação é ainda mais complexa se admitirmos a ambigüidade e a polissemia. Se, por exemplo, o gerente propuser um plano de transformação de processos gerenciais, cada grupo na empresa — engenheiros, economistas, administradores, gerentes de pessoal, de finanças e de marketing — fará uma série de interpretações acerca do que seja plano de *transformação de processos gerenciais*. Ou seja, temos um mesmo referente — transformação de processos gerenciais —, mas com prováveis significados distintos. Expressões do tipo "o que quer dizer isso?"; "aonde o diretor quer chegar com essa transformação?"; "a empresa está falindo?"; "ele não está gostando do nosso trabalho?"; "será que está chegando um novo diretor?" sugerem modos de dar interpretações distintas a um mesmo referente.

Ao construir um pensamento sistêmico no âmbito da organização, um programa de modelos mentais apóia-se no uso da linguagem. Indivíduos que não receberam educação voltada ao pensamento reflexivo têm dificuldades em escutar o que outros efetivamente dizem. Seu grau de tolerância para interpretações múltiplas dos acontecimentos na organização é muito reduzido. Quem tem pouca tolerância para a diversidade tende a ver apenas suas próprias interpretações, subtraindo novas possibilidades "significativas" da linguagem do outro. Dessa forma, um forte componente na gestão do conhecimento é a identificação dos signos da linguagem de cada membro da organização.

O uso da linguagem está vinculado a sensações, sentimentos, ações e pensamentos. Se a linguagem é um processo complexo, o significado de uma palavra tende a alterar-se e a provocar mudanças e avanços na relação entre pessoas. É essa associação entre ações e pensamentos que dá início à transformação dos modelos mentais, pois as ações e os pensamentos se vinculam à construção de uma nova forma de ver e combinar diferentes processos interpessoais.

A característica dos ambientes organizacionais é de que as ações e as interações sociais são intensas e retratam um mundo social produzido pelos seus membros atuantes e conscientes, socialmente criativos. Nos ambientes organizacionais e nesse contexto de interações intensas, desenvolvem-se duas linguagens:

- *linguagem do indivíduo*: subjetivo e objetivo — em que os indivíduos definem seus planos de vida, seus propósitos e suas metas;
- *linguagem da organização*: em que se definem as metas e os objetivos.

A linguagem dos indivíduos e a da organização refletem diferentes modos de pensar e agir. Quando modelos se aproximam da busca de resultados convergentes, o conhecimento organizacional amplifica-se de tal sorte que as atitudes, as percepções, as crenças, as motivações, os hábitos e as expectativas humanas se potencializam para uma gestão do conhecimento com qualidade.

6.2.2 OS MODELOS MENTAIS E A NOÇÃO TÁCITA

Regra geral: os modelos mentais são tácitos, existindo e atuando abaixo do nível da consciência da pessoa. Operando como uma espécie de matriz cultural em cada indivíduo, eles funcionam sem serem testados nem examinados. Os modelos são invisíveis e ao mesmo tempo determinam nossa conduta. Funcionam como assertivas categóricas sobre as quais não há explicações imediatamente plausíveis em um ambiente de trabalho empresarial.

Os modelos mentais não são *demonstráveis* no sentido estrito da cientificidade. Não se trata, propriamente, de um critério científico que se possa descrever, explicar e do qual se possam generalizar previsões. No âmbito organizacional, sua descoberta se dá nos locais de trabalho mediante técnicas apropriadas. A organização que desenvolve a gestão do conhecimento e viabiliza a descoberta de modelos mentais mostra-se mais flexível e se caracteriza por ser uma organização com perfil de *aprendizagem contínua*, mantendo-se viva e atuante no mercado.

Dada a dificuldade de sua explicitação, os modelos mentais podem se tornar mecanismos de defesa. Os mecanismos de defesa — sob a forma de não-cooperação e não-envolvimento na busca de soluções organizacionais — quase sempre consistem em resistir às mudanças e/ou à construção de qualquer atividade que seja diferente do modelo mental praticado. Nas crenças, por exemplo, as atitudes desempenham papéis causais (junto com desejos e intenções) na geração de modelos. Não é de estranhar, portanto, que os modelos mentais sejam de difícil investigação pelo próprio gerente, e que ele mesmo tenha dificuldades para identificar o seu modelo, e o modelo praticado pelas outras pessoas do grupo.

No processo de identificação de modelos mentais, as pessoas se inserem em um ambiente no qual declaram compromissos compartilhados. A existência e a identificação de um grupo são efetivadas se essas pessoas compartilham valores e crenças expressos em seus vocábulos, regras e normas de conduta. Ligadas por elementos comuns durante sua educação e período de aprendizagem, elas vêem a si mesmas e são vistas pelos demais parceiros da organização profissional como as pessoas responsáveis pela execução relativamente completa no interior de seu grupo e fora dele. A especialização, o tempo no cargo, o sentimento de pertencer ao grupo e a legitimação social servem como referenciais suficientes para criar os rótulos de profissionais especializados, que, aos poucos, vão estabelecendo e imprimindo seus pontos de vista. De forma subliminar, esses elementos em cadeia constroem modelos mentais que, uma vez legitimados, não são facilmente identificáveis.

Para preservar seus modelos mentais, as pessoas se valem de uma *matriz disciplinar* composta pelas generalizações simbólicas e pelos exemplares. Exemplares são soluções de problemas concretos aceitas pelo grupo e que dão resultados. Mas, ao lado do seu conforto e segurança no grupo, os modelos mentais limitam as novas possibilidades de opções. Fazer novas opções é sempre doloroso, principalmente quando isso requer reestruturar caminhos não trilhados[2]. Afirmações do tipo "não me deram boas oportunidades", "estamos assim por causa da crise", "só vou melhorar se o governo mudar", "o meu chefe simplesmente não me dá condições para progredir" expressam um modelo mental. Cada pessoa tem sua própria história, e essas afirmações cultivadas constantemente, em geral, reforçam algo que já é tácito. Apesar de serem tácitos e estarem tão arraigados no comporta-

---

[2] LYNCH, D.; KORDIS, P. L. *A estratégia do golfinho*: a conquista de vitórias num mundo caótico. São Paulo: Cultrix, 1988.

mento humano, os modelos mentais oferecem a alavancagem para a mudança. Conhecendo a forma como estão construídos os nossos modelos, mudamos também a operação organizacional. Dada a sensibilidade própria da mente, são necessários cuidados especiais para essa alavancagem, pois o desvelo do modelo suscita sentimentos de repulsa, raiva dos motivos que estamos dando para nossas próprias ações, constrangimento por um pressuposto incorreto, incerteza sobre como contestar alguém argumentando mais, relutância para falar sobre um ponto até então "indiscutível", confusão sobre como prosseguir e medo de retaliação.

6.3 Situações práticas

Implementar a gestão do conhecimento organizacional, considerando a existência de modelos mentais, envolve a observação na prática do que ocorre com nossas ações e com nossa linguagem, ou seja, o modo como construímos nosso mundo. Trabalhar com modelos mentais significa atuar em um campo complexo — complexo por tratar da vida de cada pessoa e complexo pelas diferentes correntes da cultura contemporânea. Nesse sentido, habilidades e técnicas, além de maturidade e experiência, são indispensáveis para que a gestão do conhecimento surta efeitos qualitativamente superiores aos do modelo tradicional de gerência.

6.3.1 REFLEXÃO E INQUIRIÇÃO

Há duas habilidades para gerir os modelos mentais e obter resultados positivos: a *reflexão* e a *inquirição*. A primeira consiste em desacelerar nossos processos de pensamento para nos tornarmos mais conscientes de como formamos nossos modelos mentais, e a segunda consiste em manter conversações em que abertamente compartilhamos visões e desenvolvemos conhecimento acerca dos pressupostos uns dos outros[3].

Essas duas habilidades — reflexão e inquirição — procuram identificar por que os indivíduos que não são educados no pensamento reflexivo têm

---

[3] SENGE, P. et al. *A quinta disciplina*: caderno de campo — estratégias e ferramentas para construir uma organização que aprende. Rio de Janeiro: Qualitymark, 1995.

dificuldades em escutar o que os outros efetivamente dizem. Eles ouvem o que esperam que os outros digam. Aqueles que têm baixa educação reflexiva têm pouca tolerância para interpretações múltiplas dos acontecimentos, porque eles "vêem" apenas sua própria interpretação. Por outro lado, as pessoas que não dominam as habilidades de inquirição não ajustam seus canais de comunicação e acabam tomando decisões precipitadas. Decisões precipitadas, geralmente desintegradoras, deflagram relações interpessoais com baixa perspectiva e reduzido horizonte de vida.

6.3.2 TÉCNICAS: ESCADA DA INFERÊNCIA E A COLUNA DA ESQUERDA

As duas técnicas mais usuais para operar com modelos mentais são: a escada da inferência e a coluna da esquerda. Adotamos crenças autogeradoras que, em grande parte, permanecem não testadas[4]. Nossa capacidade de alcançar os resultados que verdadeiramente desejamos é corroída por duas opiniões: (i) nossas crenças são as únicas verdades e essas verdades são óbvias e (ii) nossas crenças baseiam-se em dados reais, e esses dados são reais.

A metáfora da *escada da inferência* é uma trilha mental comum de abstração crescente, que muitas vezes leva a crenças mal orientadas[5]. A figura da escada da inferência retrata os enlaces reflexivos explicando por que normalmente a maioria das pessoas não se lembra de onde vieram seus pontos de vista mais profundos.

Um dos exemplos típicos é o do indivíduo com uma postura mental defensiva acerca dos políticos e da política. Diante da informação de que um político acabou de fazer uma declaração que parece contradizer uma promessa de campanha, os enlaces mentais sobem a escada de maneira tão óbvia que nada mais pode ser diferente. Assim também ocorre nas organizações. Muitas informações são tomadas como verdadeiras sem que possamos pensar e refletir sobre elas.

---

[4] SENGE, 1995; SPRITZER, N. *Pensamento e mudança*: um guia para a excelência pessoal. Desmistificando a programação neurolingüística. Porto Alegre: L&PM, 1993; GARDNER, H. *Estruturas da mente*: a teoria das inteligências múltiplas. Porto Alegre: Artes Médicas, 1994.

[5] SENGE, 1995.

Se a forma como uma pessoa escala os degraus for analisada reflexivamente e se se permitir que outras pessoas do grupo possam expressar seus pontos de vista honestamente, será fácil identificar e explicitar o mapa mental. Se essa técnica for incorporada à prática da equipe, a escada torna-se uma ferramenta muito própria para a identificação do raciocínio mental. A escada da inferência explicita as conexões do nosso raciocínio. Uma vez acompanhada a trajetória da escada, somos surpreendidos ao entender como chegamos lá.

A técnica da *coluna da esquerda* pretende nos tornar cientes dos pressupostos tácitos que regem nossa conversação e que contribuem para bloquear nossos propósitos em situações da vida real, além de desenvolver um modo de falar sobre pressupostos tácitos de modo mais eficaz. A metodologia é a seguinte: na coluna da direita, são registrados os diálogos que efetivamente ocorrem; na coluna da esquerda, é registrado o que a pessoa está realmente pensando e sentindo, mas não dizendo.

Essa técnica pode provocar constrangimentos. Na verdade, são justamente esses constrangimentos que impedem a possibilidade de crescimento e de aprendizagem. A coluna da esquerda nos leva a situações bombásticas nas relações interpessoais. Para isso, temos de identificar nossos próprios potenciais para gerenciar essas situações delicadas.

Se os modelos mentais são subliminares e sua existência se dá abaixo do nível da consciência, sendo "invisível" por parte das pessoas envolvidas em um processo, podemos *suspendê-los* e verificar como realmente funcionam[6]. Caso contrário, cairemos no mesmo círculo vicioso da perpetuação e do encobrimento. Como nos tornar conscientes de nossos próprios modelos mentais? Por meio do diálogo.

O diálogo é uma alavanca capaz de romper a barreira dos modelos mentais. O diálogo possibilita a construção de novos modelos de conversação que geram novas visões de mundo. Do ponto de vista metodológico, há três momentos que contribuem para o aparecimento e fortalecimento do *diálogo* em uma situação: caracterizar a situação com elementos que todos

[6] SENGE, 1995.

possam perceber por igual, ou seja, reconhecê-la, tanto quanto seja possível, da mesma maneira; explicar reflexivamente a situação de tal sorte a ser compreensível pelo grupo; e incorporar a previsão para situações semelhantes. Quanto mais se prevê, mais se aplica e se adquire confiança pelos resultados no grupo e na organização.

6.3.3 Modelos mentais e resistência a mudanças: crenças e valores

Mudança é algo esperado para o progresso e evolução da condição humana[7]. Ela é legitimada como algo a ser esperado. Mas por que se mencionam resistências a mudanças no âmbito das empresas?

No âmbito do comportamento político, parafraseia-se Maquiavel para dizer que o povo não abandona tão facilmente as formas antigas e que conduzir uma nova ordem das coisas é uma tarefa portentosa[8]. O costume é algo difícil de alterar. Como disse Lévi-Strauss, "o tempo nada acrescenta e nada retira dos amores e dos ódios vividos pelos homens, dos seus compromissos, suas lutas e suas esperanças: antes e hoje eles são sempre os mesmos"[9]. Dessa perspectiva, quanto menos mudanças uma novidade trouxer aos nossos hábitos e aos nossos pensamentos, mais facilmente poder-se-á pleitear-lhe a causa. As mudanças revolucionárias raramente foram admitidas de chofre em um patrimônio cultural[10]. O conservadorismo, no entanto, não é duradouro, e aos poucos cede lugar à inovação e, com ela, ao dilema das mudanças.

Embora o tema da mudança esteja largamente difundido no meio acadêmico e empresarial, sempre há dificuldades por parte dos líderes em identificar as resistências no seu grupo e propor medidas para superá-las, principalmente quando elas requerem a assunção de novas posturas diante do desconhecido.

---

[7] BOCK, K. Teorias do progresso, desenvolvimento e evolução. In: BOTTOMORE, T.; NISBET, R. *Uma história da análise sociológica*. Rio de Janeiro: Zahar, 1980.

[8] MAQUIAVEL, N. *O príncipe*. São Paulo: Parma, 1981.

[9] SAIN-SERMIN, B. *A razão no século XX*. Rio de Janeiro: José Olympio; Brasília, DF: Ed. UnB, 1998.

[10] PERELMAN, C. *Ética e direito*. São Paulo: Martins Fontes, 1996.

Ao longo da história do pensamento administrativo, diversas são as hipóteses explicativas ao fenômeno da resistência[11]. Algumas delas aguardaram séculos para serem superadas. A seguir, explicita-se um rol de resistências à mudança em organizações.

A primeira resistência à mudança refere-se à *natureza instintiva da espécie humana*. Mudança contínua não é uma condição natural da vida. Assim, a resistência para mudar é algo instintivo à espécie animal. Em seguida vem a *inércia*. A inércia está associada ao modo como a sociedade está organizada. Geralmente constituído de grandes estruturas e teias de relações, o corpo social se move lentamente, assim como tudo o que nele se encontra. Diz-se, então, que quando um corpo dessa proporção se movimenta, necessita de uma força considerável para alterar seu curso.

A *satisfação* é a terceira resistência. É, talvez, aquela que mais segura os indivíduos, embora a menos percebida por eles. A satisfação consiste no fato de a maioria das pessoas estar perfeitamente feliz com o *status quo*. Junto com a satisfação vem o *tempo*. O tempo está associado à oportunidade. Variando de indivíduo a indivíduo, precondições têm de estar presentes para que ocorra a mudança. Provocar ou propor mudança quando as precondições não a determinam ou não existem é mera perda de tempo.

Já o *medo do desconhecido* é uma resistência que sempre se refere ao consuetudinário. Por sua habitualidade, o costume proporciona mais garantias. O *interesse próprio*, por sua vez, é defendido por aqueles que indagam "o que isso me afeta"? Como corolário do interesse próprio, encontra-se a resistência no *pensamento grupal*: se todos pensam dessa forma, "por que devo eu pensar diferente? Afinal de contas, se a empresa falhar, vamos todos juntos...". Ou com a seguinte verbalização: "se ninguém quer mudar, por que eu devo querer? Só vou me incomodar e ainda receber mais carga de trabalho".

O **ego**, por sua vez, é uma resistência de cunho e efeito psicológico que derruba qualquer líder inovador e/ou professor de modelo mental

[11] O'TOOLE, J. *Leading change*. São Francisco: Josset-Bass, 1995.

organizacional. A frase-chave é: "você está me dizendo que estou fazendo as coisas erradas?". Junto ao ego vem a *falácia da exceção*. A **falácia da exceção** consiste em afirmar que "está bem, a mudança deve estar ocorrendo em qualquer outro lugar, mas nós somos diferentes, nós estamos na frente". E, por fim, o *chauvinismo*. O **chauvinismo** consiste em se defender dizendo que "a maneira como nós fazemos está correta, a deles está errada".

Quando se estuda a resistência à mudança, sempre emerge um tema central: a mudança é invariavelmente vista como alguém querendo impor sua vontade ao grupo. Para superar essa contestação tão tradicional, deve-se buscar entender de onde vem essa atitude. Na verdade, quando uma mudança é proposta, está-se tentando conseguir que a maioria aja e pense diferentemente da rotina. A maioria, satisfeita com sua maneira de pensar e agir, resiste. Mas essa é uma parte do problema.

Um grupo age e pensa de certa maneira porque compartilha *valores e crenças*. Esses valores e crenças constituem uma "ideologia" do grupo. A ideologia sustenta o grupo unido e o que eles têm em comum. Quando se propõem mudanças, está-se tentando mudar seus valores e, portanto, sua ideologia. A ideologia, para o grupo, implica o conforto.

As pessoas sentem-se confortáveis com os valores e crenças de seu grupo. Elas podem não estar totalmente felizes com o volume de poder e influência no grupo, mas em geral estão satisfeitas com as pessoas que acreditam e compartilham.

A proposição de mudança sempre afeta e desestabiliza o estado de conforto dos membros de uma equipe. Geralmente, o proponente da mudança é acusado de impor sua vontade ao grupo, porque está alterando o conforto existente e seus valores.

As vantagens do líder que propõe mudanças com base nos valores do grupo são bem mais significativas do que aquelas do líder que propõe mudanças sob comando. Ordenar ao grupo para mudar é ignorar o conforto do grupo. Não se pode forçar, mas persuadir o grupo a mudar para um patamar reflexivo integrado.

6.4 Considerações finais

As organizações são partes integrantes de um sistema de relações. Os modelos de análise organizacional que predominaram nos séculos XVIII, XIX e XX — ainda vigentes — privilegiaram a fragmentação do conhecimento, bem como a análise reducionista da complexidade. Nesse contexto, os modelos de análise e de gerenciamento com o perfil fragmentário e monodisciplinar das organizações foram absorvidos pela maioria dos intelectuais e empresários, desenvolvendo verdadeiros modelos mentais com perfil unilateral de compreensão da complexidade. Esse perfil, por força das tendências de uma nova visão de mundo, tende a ser alterado por modelos de análise e gerenciamento que privilegiem a solução de problemas de forma compartilhada e em estruturas conceituais integradoras[12].

Uma oficina de modelos mentais no âmbito da gestão do conhecimento em organizações objetiva alterar uma postura mental de fragmentação para uma postura de ações integradas, cujo apoio maior é o indivíduo como agente de mudança. Para isso, é recomendável entender as "lentes" das pessoas envolvidas no processo organizacional, oferecendo-lhes mecanismos e instrumentos de observação ampliada de fenômenos complexos.

Do ponto de vista da prática organizacional, a tarefa principal das técnicas de modelos mentais é radiografar os modelos mentais das pessoas de um grupo, explorá-los e falar sobre eles com o mínimo de espírito defensivo e achar os modos de recriar modelos mentais saudáveis e compartilháveis. Seguramente, o estudo dos modelos mentais e a aplicação de técnicas e habilidades possibilitam novas descobertas estratégicas na gestão do conhecimento organizacional.

6.5 Você viu neste capítulo

Os modelos mentais são imagens, pressupostos e histórias que trazemos em nossas mentes acerca de nós mesmos, dos outros, das instituições e dos diversos elementos que integram a realidade. Esses mapas cognitivos são desenhados ao longo da existência de cada um sob a orientação de valores

---

[12] KAPP, K. W. *Toward a science of man in society*. Münster: Martinus Nijhoff, 1961.

e crenças individuais e coletivos. Nas organizações, os modelos mentais de líderes e colaboradores afetam sobremaneira as escolhas corporativas e o vislumbre de novas oportunidades no ambiente externo.

Os modelos mentais são comumente exteriorizados por uso de símbolos, signos e expressões repletos de significados: a linguagem. A linguagem exerce função crucial no processo de comunicação e de construção de um consenso organizacional que direciona esforços rumo à consecução de objetivos comuns. Porém, os significados contidos nas mensagens são interpretados de acordo com modos distintos de pensamento e geram entendimentos divergentes sobre o mesmo discurso. Quanto mais convergentes forem a linguagem individual e a organizacional, mais potencializadas estarão as práticas de gestão do conhecimento.

Os modelos mentais são tácitos, atuando de forma não consciente na psique humana e gerando condutas cujas motivações nem sempre podem ser descritas e justificadas. Os modelos mentais são, por isso, de difícil acesso, compreensão e transformação. Nas organizações, a própria dinâmica das atividades correspondentes a cada cargo e função gera padrões peculiares de pensamento e ação cristalizados com o passar do tempo. Em organizações voltadas à gestão do conhecimento, a busca pela flexibilidade e inovação no trabalho requer estruturas menos rígidas e orientadas pelos processos, que podem consolidar modos de pensar e agir mais flexíveis e adaptáveis.

A gestão de modelos mentais implica o desenvolvimento de duas habilidades cognitivas: a reflexão e a inquirição. A reflexão consiste no ato de ampliar a consciência sobre a construção de nossos modelos mentais. A inquirição é um ato coletivo de compartilhamento de visões e conhecimentos que as pessoas devem realizar acerca de seus pressupostos.

Ao investigar modelos mentais, duas técnicas são úteis: a escada da inferência e a coluna da esquerda. A escada da inferência expõe, por meio de uma trilha mental comum de abstrações, os enlaces reflexivos que explicam os pontos de vista individuais mais profundos. Ela serve para que o grupo entenda como funciona o raciocínio de cada um de seus membros. Já a coluna da esquerda é um método que permite desvelar os pressupostos tácitos operantes em nosso discurso, para que possamos discuti-los melhor.

A crescente exigência por assumir novas posturas no ambiente organizacional traz à tona a questão da mudança e da resistência natural que ela enfrenta. *Mudar* significa alterar ou abandonar valores, crenças, normas e critérios de pensamentos e ações outrora legítimos e válidos. Explicações sobre a resistência à mudança apontam para causas como a natureza instintiva da espécie humana contra a mudança, a inércia, a satisfação com a situação atual, o medo do desconhecido, o pensamento grupal instituído, a manutenção de interesses particulares, o ego individual. Toda tentativa de mudança deve avaliar os modelos mentais integrantes do grupo, de forma que se promova essa transformação sobre os alicerces das crenças e valores compartilhados pelas pessoas.

6.6 Estudo de caso

Por volta do ano de 1987, a Shell enfrentou problemas referentes aos modelos mentais de seus planejadores e gerentes. A empresa adotava a técnica de cenários para desenvolver o processo de aprendizagem organizacional, e um conjunto de cenários percebidos indicava que a indústria de petróleo, até então bastante integrada, não mais o seria. Essa perspectiva era oposta a todos os modelos mentais vigentes. Como essa forte integração proporcionava maior controle sobre as múltiplas dimensões da indústria e, por conseguinte, a possibilidade de otimizá-la, a Shell adotava um modelo gerencial que visava à otimização do setor em que atuava. Contudo, os novos cenários sinalizavam a necessidade de elaborar diferentes métodos de gestão.

No início, a reação da organização àquelas informações foi de negligência e crítica. Poucos questionamentos e discussões foram feitos acerca do tema. Alguns gerentes criticaram a técnica de cenários, afirmando que ela se mostrava pouco relevante na condução dos negócios atuais da empresa.

Três meses se passaram e, de repente, muito se começou a discutir sobre a desintegração da indústria petrolífera na Shell. A mensagem que outrora havia sido menosprezada por seus gerentes e planejadores parecia agora encontrar ressonância em seus modelos mentais a respeito do negócio que administravam. Naquele hiato de um trimestre, os pressupostos, generalizações e imagens profundamente arraigados nos pensamentos e ações das pessoas haviam sofrido alguma espécie de mudança, que criara espaço para rever suas posturas e cogitar novos caminhos. Os conteúdos antes dissonantes dos modelos mentais vigentes foram finalmente absorvidos e foi iniciado mais um processo de aprendizagem na corporação.

Nos nove meses seguintes, as novas informações foram assimiladas pelos executivos de linha, modificando também seus modelos mentais e gerando novos planos de ação. Só depois de serem testados na prática, tais planos baseados nos modelos mentais modificados passaram a orientar ações reais da organização diante da nova realidade. Contados desde a divulgação do resultado da preparação do conjunto de cenários até as primeiras ações concretas assentadas nos modelos mentais revisados, doze meses transcorreram. O *status quo* havia sido abalado e cedera lugar a novas práticas de gestão.

Fonte: Baseado em GEUS, Arie de. Planejamento como aprendizado. In: STARKEY, Ken (Org.). *Como as organizações aprendem*: relatos de sucesso das grandes empresas. São Paulo: Futura, 1997. p. 115-25.

questões do estudo de caso

1 Em sua opinião, que características deve apresentar um método de aprendizagem capaz de acelerar a transformação dos modelos mentais e reduzir a resistência a mudanças nas organizações?
2 Geus (in STARKEY, 1997) assevera que "o verdadeiro propósito do planejamento eficaz não é fazer planos, mas mudar o microcosmo, os modelos mentais que esses tomadores de decisão carregam em suas mentes". Como você entende a relação entre modelos mentais e planejamento?

6.7 Questões

1 Como é constituído o modelo mental dos indivíduos?
2 Como a linguagem interfere na construção dos modelos mentais? Por que um dos componentes da gestão do conhecimento é a educação dos signos da linguagem?
3 Explique as duas habilidades para trabalhar com modelos mentais.
4 Comente o funcionamento da escada de inferência.

5 Qual a importância do diálogo para a construção de modelos mentais?

6 Quais são as formas de resistência à mudança nas organizações? Qual a relação entre resistência e modelo mental?

REFERÊNCIAS

BOCK, K. Teorias do progresso, desenvolvimento e evolução. In: BOTTOMORE, T.; NISBET, R. *Uma história da análise sociológica*. Rio de Janeiro: Zahar, 1980.

GARDNER, H. *Estruturas da mente*: a teoria das inteligências múltiplas. Porto Alegre: Artes Médicas, 1994.

KAPP, K. W. *Toward a science of man in society*. Münster: Martinus Nijhoff, 1961.

LYNCH, D.; KORDIS, P. L. *A estratégia do golfinho*: a conquista de vitórias num mundo caótico. São Paulo: Cultrix, 1988.

MAQUIAVEL, N. *O príncipe*. São Paulo: Parma, 1981.

O'TOOLE, J. *Leading change*. São Francisco: Josset-Bass, 1995.

PERELMAN, C. *Ética e direito*. São Paulo: Martins Fontes, 1996.

SAIN-SERMIN, B. *A razão no século XX*. Rio de Janeiro: José Olympio; Brasília, DF: Ed. UnB, 1998.

SENGE, P. et al. *A quinta disciplina*: caderno de campo — estratégias e ferramentas para construir uma organização que aprende. Rio de Janeiro: Qualitymark, 1995.

SPRITZER, N. *Pensamento e mudança*: um guia para a excelência pessoal. Desmistificando a programação neurolingüística. Porto Alegre: L&PM, 1993.

VIANNA, M. A. F. A terrível âncora dos paradigmas ultrapassados. *Tendências do Trabalho*, v. 282, p. 25-6, fev. 1998.

CAPÍTULO 7

O compartilhamento do conhecimento nas organizações

Daniela Grotto

"...e os grupos com os quais devemos nos relacionar serão aqueles que proporcionarem maior apoio à nossa alma e à vida criativa."

Clarissa Pinkola Estés

7.1 Introdução

As necessidades da organização de hoje são muito diferentes daquela de um passado relativamente recente. Por meio de profundas transformações no modo de trabalhar, nos processos de produção e no perfil do trabalhador, percebe-se que outro recurso, além dos ativos físicos e financeiros, tem-se mostrado com forte poder de agregar valor à organização. Esse novo recurso diz respeito ao conhecimento e é visto, hoje, como um valioso e poderoso ativo da organização. Ele é o principal ingrediente do que se produz, faz, compra e vende[1]. Assim, a aquisição, a criação, o compartilhamento, a utilização e o armazenamento do conhecimento vêm sendo cada vez mais difundidos e aplicados nas organizações.

O compartilhamento do conhecimento revela-se um dos fatores que envolvem a gestão do conhecimento, e sua prática torna-se imprescindível, uma vez que de nada adianta dispor de conhecimentos importantes se não se promove a sua partilha[2]. A organização só se beneficia como um todo quando o conhecimento é difundido, transferido, compartilhado e alavan-

---

[1] STEWART, T. A. *Capital intelectual*: a nova vantagem competitiva das empresas. 3. ed. Rio de Janeiro: Campus, 1998.

[2] Ibid.

cado, ou seja, quando existem efetivos fluxos de conhecimento[3]. Fluxos de conhecimento são canais de rede de comunicação que facilitam a rápida difusão de conhecimentos e experiências[4].

O objetivo deste artigo é apresentar uma discussão sobre o *compartilhamento do conhecimento* nas organizações. Inicialmente discorre-se sobre o compartilhamento de conhecimentos tácitos e explícitos, ressaltando-se o desafio de se promover o compartilhamento do conhecimento tácito. Também se exploram algumas práticas formais e informais de compartilhamento que podem ser adotadas pelas organizações a fim de estimular o fluxo de conhecimento interno. Por último, após uma breve discussão sobre as dificuldades do compartilhamento, discute-se sobre a possibilidade de se fazer o compartilhamento entre organizações.

7.2 Compartilhando conhecimentos tácitos e explícitos

Quando se fala em gestão do conhecimento, inicialmente devem ser citados os dois tipos de conhecimento passíveis de ser partilhados: o *tácito* e o *explícito*[5].

O **conhecimento explícito** é formal e sistemático e pode ser facilmente comunicado e partilhado. Já o **conhecimento tácito** é altamente pessoal, de difícil formalização e comunicação. O conhecimento organizacional explícito é o conhecimento exibido em manuais de procedimentos, memórias de computador, relatórios, pesquisas; o tácito é aquele que inclui o discernimento, o instinto e a compreensão profunda dos indivíduos. Assim, o conhecimento pode estar tanto incorporado nas pessoas (conhecimento tácito) como embutido em produtos, processos, serviços e ferramentas, ou registrado em documentos (conhecimento explícito)[6].

---

[3] DAVENPORT, T.; PRUSAK, L. *Conhecimento empresarial*: como as organizações gerenciam o seu capital intelectual. Rio de Janeiro: Campus, 1998.

[4] BARTLETT, C. A.; GHOSHAL, S. Características que fazem a diferença. *HSM Management*, Barueri, v. 2, n. 9, p. 66-72, jul./ago. 1998.

[5] POLANYI, M. *The tacit dimension*. Londres: Routledge & Kegan Paul, 1967.

[6] Ibid.

Quadro 7.1	QUATRO MODOS DE CONVERSÃO DE CONHECIMENTO	
	Conhecimento tácito **PARA**	Conhecimento explícito
Conhecimento tácito **DE** Conhecimento explícito	Socialização	Externalização
	Internalização	Combinação

Fonte: NONAKA e TAKEUCHI, 1997, p. 81.

O conhecimento é criado a partir de uma combinação do conhecimento tácito e do explícito, havendo quatro modos de conversão (ver quadro acima): a *socialização*, a *externalização*, a *combinação* e a *internalização*[7].

- Socialização — de tácito para tácito.
- Externalização — de tácito para explícito.
- Combinação — de explícito para explícito.
- Internalização — de explícito para implícito.

Por meio dos modos de conversão do conhecimento, identificam-se os modos de compartilhamento dos conhecimentos tácito e explícito. Na **socialização** ocorre um processo de troca de experiências, pois o indivíduo compartilha seu conhecimento tácito diretamente com outro (pela linguagem, observação, imitação e prática). Na **externalização,** o indivíduo compartilha seu conhecimento tácito com vários outros e de forma não direta. Na **combinação,** um conhecimento já explícito é partilhado também de forma explícita. Na **internalização,** o conhecimento explícito é compartilhado de forma direta, sendo que o receptor o transforma em conhecimento implícito.

Obtém-se o compartilhamento do conhecimento por meio desses quatro modos. Entretanto, como nos processos de combinação e internalização,

[7] NONAKA, I.; TAKEUCHI, H. *Criação de conhecimento na empresa*: como as empresas geram a dinâmica da organização. Rio de Janeiro: Campus, 1997.

o conhecimento em questão é explícito, torna-se mais fácil o compartilhamento. De maneira oposta, na socialização e na externalização, como o conhecimento em jogo é o tácito, o compartilhamento revela-se, por diversas vezes, demorado e ineficaz.

Os conhecimentos mais importantes estão justamente nas pessoas (conhecimentos tácitos), e não nas organizações (conhecimentos explícitos), ou seja, residem mais nos integrantes da organização do que nela própria[8]. As organizações transbordam conhecimento tácito, como intuições, regras gerais, mentalidades, regras não escritas de território e valores inconscientes[9]. Várias pesquisas comprovaram que o conhecimento tácito deveria ser mais valorizado pelas organizações. Entretanto, muitas organizações ainda não atentaram para o fato de que grande parte do saber organizacional diz respeito justamente a esse conhecimento subjetivo que reside na mente dos seus integrantes.

> O conhecimento é definido como um ativo intelectual, mas é mais do que os dados objetivos e explícitos encontrados nas metodologias, nos manuais ou nas patentes de uma empresa. Existe também um imenso — e talvez não reconhecido — valor na especialidade, na sabedoria e na intuição altamente subjetivas e difíceis de codificar dos funcionários.
> (PriceWaterhouseCoopers, 2000, p. 142.)

A explicitação do conhecimento tácito é defendida por vários autores, como Polanyi, Nonaka, Takeuchi, Stewart, Davenport e Prusak, que enfatizam a importância de que o conhecimento tácito seja identificado e explicitado a fim de permitir sua formalização e consultas futuras. No entanto, é difícil explicitar muitos conhecimentos tácitos de forma que possam ser armazenados. A maioria das informações e dos conhecimentos importantes

---

[8] Essa opinião é defendida por vários autores, como Davis e Botkin (1996) e O'Dell e Grayson (1998).

[9] STEWART, 1998, p. 65.

de que as pessoas precisam para implementar uma prática não pode ser codificada ou escrita; precisa ser observada, requer diálogo e interação[10].

Dessa forma, um dos grandes desafios da gestão do conhecimento é promover o compartilhamento do conhecimento que não é encontrado nos manuais, nos relatórios, nas pesquisas. Como é um conhecimento de difícil captação, formalização e comunicação, diligenciar seu compartilhamento pode exigir mudança e mobilização de toda a organização.

São dois os modos de compartilhamento do conhecimento: por meio da *informação* e da *tradição*. Pela **informação**, o conhecimento é compartilhado de forma indireta (palestras, apresentações audiovisuais, manuais, livros). Pela **tradição**, o conhecimento é compartilhado de forma direta, ou seja, o receptor participa do processo de transferência (acontece de indivíduo para indivíduo por meio do aprendizado pela prática).

O Quadro 7.2 apresenta algumas características do processo de compartilhamento de conhecimento pela informação e pela tradição.

Quadro 7.2 COMPARTILHAMENTO DO CONHECIMENTO PELA INFORMAÇÃO E PELA TRADIÇÃO	
INFORMAÇÃO	**TRADIÇÃO**
• Compartilham-se informações articuladas	• Compartilham-se capacidades articuladas e não articuladas
• Independente do indivíduo	• Dependente e independente
• Estática	• Dinâmica
• Rápida	• Lenta
• Codificada	• Não codificada
• Fácil distribuição em massa	• Difícil distribuição em massa

Fonte: Adaptado de SVEIBY, 1998, p. 54.

[10] O'DELL, C.; GRAYSON, C. J. If only we knew what we know: identification and transfer of internal best practices. *California Management Review,* Berkeley, v. 40, n. 3, p. 154-74, primavera, 1998.

Como se pode observar, a informação é propícia para o compartilhamento de conhecimentos articulados, mas não é segura nem eficiente para compartilhar conhecimentos entre pessoas. Enquanto a informação transfere o conhecimento indiretamente, por meio de veículos como palestras e apresentações, a tradição o transfere de forma direta, de pessoa para pessoa, por meio do aprendizado pela prática[11]. A informação é favorável ao compartilhamento de conhecimentos explícitos, enquanto a tradição deve ser utilizada no compartilhamento de conhecimentos tácitos.

7.3 Práticas de compartilhamento do conhecimento

O compartilhamento do conhecimento pode ocorrer por meio de práticas informais ou formais. Embora o objetivo final seja o mesmo — o compartilhamento do conhecimento —, as práticas diferem de uma organização para outra, pois são utilizadas e enfocadas as consideradas mais eficientes.

7.3.1 COMPARTILHANDO INFORMALMENTE O CONHECIMENTO

Em qualquer organização, pode ocorrer o compartilhamento informal de conhecimento. Geralmente, ocorre de maneira não preestabelecida durante encontros casuais e conversas locais, quando as pessoas trocam idéias, pedem conselhos para resolver problemas e perguntam em que os outros estão trabalhando. Por meio de práticas informais, não se tem a intenção prévia de compartilhar certo conhecimento. Os sujeitos desse processo o fazem sem qualquer objetivo preestabelecido.

Essa prática é fundamental para a organização, pois permite que os indivíduos tenham noção do que seus colegas desenvolvem ou já desenvolveram, podendo muitas vezes servir como elemento de ligação a outros conhecimentos[12]. As práticas informais favorecem o compartilhamento do conhecimento tácito, uma vez que nesses casos ocorre um contato direto entre o detentor e o receptor do conhecimento[13].

---

[11] SVEIBY, K. E. *A nova riqueza das organizações*. Rio de Janeiro: Campus, 1998, p. 58.
[12] DAVENPORT e PRUSAK, 1998.
[13] STEWART, 1998.

Sendo o compartilhamento informal de conhecimento importante para a organização, há algumas estratégias específicas que as empresas podem adotar a fim de estimulá-lo[14]:

- criar locais e promover encontros para que os colaboradores possam interagir informalmente;
- promover passeios e viagens;
- montar feiras do conhecimento.

Por se tratar de uma prática informal, muitas vezes o conhecimento compartilhado não se encontra documentado, não está prontamente acessível a todos que precisam dele e sua viabilidade depende dessas conversas e contatos que por vezes não acontecem. O indivíduo que requer certo conhecimento passa a depender dessas transferências cotidianas e dessas conversas informais. Como nem sempre o assunto tratado nessas conversas diz respeito ao que se gostaria de saber ou resolver, o indivíduo passa a discutir determinado problema com certo colega por se sentir mais à vontade e não porque seja essa a pessoa mais indicada para consultar sobre o assunto. Por essas razões, é importante não depender somente da informalidade, mas poder contar também com práticas formais e intencionais de compartilhamento do conhecimento.

7.3.2 COMPARTILHANDO FORMALMENTE O CONHECIMENTO

No compartilhamento formal do conhecimento, a intenção e a formalidade nas práticas estão sempre presentes. Por muito tempo as práticas formais de compartilhamento do conhecimento compreendiam as reuniões e a utilização de documentos escritos, como manuais e relatórios. Hoje, sabe-se que essas práticas não são suficientes para promover um nível maior de conhecimentos compartilhados na organização.

Existem algumas práticas formais de compartilhamento do conhecimento — como palestras, apresentações audiovisuais, manuais e livros — propícias ao compartilhamento do conhecimento explícito, e outras, como

---

[14] DAVENPORT e PRUSAK, 1998.

o método "carona" — quando um profissional júnior ou *trainee* trabalha por certo tempo com outro mais antigo para que ocorra o compartilhamento por meio da observação, imitação e prática —, favoráveis ao compartilhamento do conhecimento tácito[15].

Hansen, Nohria e Tierney, após estudarem o gerenciamento do conhecimento em diversas empresas de consultoria, verificaram que elas não apresentavam práticas semelhantes de compartilhamento do conhecimento[16]. Em algumas organizações pesquisadas, a estratégia estava centrada no computador, em um sistema em que se pode acessar e usar conhecimentos codificados e armazenados. Essa prática, que os autores chamam de *estratégia de codificação*, é perfeita para o compartilhamento de conhecimentos passíveis de serem explicitados, ou seja, de conhecimentos explícitos. Em outras organizações, a prática de compartilhamento estava intimamente ligada à pessoa detentora ou possuidora do conhecimento. Nessa prática, chamada de estratégia personalizada, o compartilhamento ocorre essencialmente por meio de contatos diretos entre as pessoas, favorecendo o compartilhamento de conhecimentos tácitos. O papel do computador nessas organizações é o de ajudar as pessoas a comunicarem o seu conhecimento, e não a armazená-lo.

No Quadro 7.3, na página ao lado, apresentam-se algumas características dessas duas práticas de compartilhamento de conhecimento.

Analisando o quadro, observa-se que as organizações podem adotar práticas formais de compartilhamento do conhecimento que enfocam as tecnologias de informação (TIs), no sentido de armazenar o conhecimento ou de facilitar o compartilhamento. O *e-mail*, a videoconferência e o sistema de redes são algumas ferramentas tecnológicas que abrangem as práticas formais de compartilhamento do conhecimento, capazes de fornecer uma infra-estrutura facilitadora para a distribuição e o intercâmbio do conhecimento organizacional. Outra ferramenta de apoio do compartilhamento formal do conhecimento é o mapeamento do conhecimento organizacional. Essa

---

[15] SVEIBY, 1998.

[16] HANSEN, M.; NOHRIA, N.; TIERNEY, T. What's your strategy for managing knowledge? *Harvard Business Review*, Harvard, p. 106-16, mar./abr. 1999.

Quadro 7.3	COMO AS EMPRESAS DE CONSULTORIA GERENCIAM SEU CONHECIMENTO	
Codificação	**Estratégia competitiva**	**Personalização**
PEOPLE-TO-DOCUMENTS Desenvolve um sistema de documentação eletrônica que codifica, armazena, dissemina e permite a reutilização do conhecimento.	Estratégia de gerenciamento do conhecimento	PESSOA A PESSOA Desenvolve redes para ligar pessoas para que o conhecimento tácito possa ser compartilhado.
Investe pesadamente em TI; o objetivo é conectar as pessoas com conhecimentos codificados passíveis de serem reutilizados.	Tecnologia de informação	Investe moderadamente em TI; o objetivo é facilitar as conversas e a troca de conhecimentos tácitos.
Contrata recém-formados que são bem encaixados para a reutilização de conhecimento e a implementação de soluções. Recompensa as pessoas por usarem e contribuírem com o documento *databases*.	Gestão de pessoas	Contrata MBAs que gostem de solucionar problemas e tolerar ambiguidades. Recompensa as pessoas por compartilharem conhecimentos diretamente com outros.

Fonte: Adaptado de HANSEN, NOHRIA e TIERNEY, 1999, p. 109.

ferramenta é capaz de fornecer uma infra-estrutura tanto para o armazenamento de conhecimentos explícitos como para a localização de conhecimentos tácitos. A utilização de ferramentas tecnológicas de apoio impulsiona o movimento de transferência do conhecimento ao estendê-lo ao alcance de todos e ao aumentar sua velocidade[17].

As organizações devem despertar para a necessidade de saber se o acesso ao conhecimento está facilitado e apresentado em uma forma que o torne acessível àqueles que precisam dele[18]. Conseqüentemente, devem utilizar-se de práticas formais baseadas em ferramentas tecnológicas (como o mapa

---

[17] BARTLETT e GHOSHALL, 1998.
[18] DAVENPORT e PRUSAK, 1998.

organizacional) capazes de facilitar a localização do conhecimento quando necessário, porque, do contrário (caso não haja a disponibilidade de um sistema para localizar os recursos de conhecimento mais apropriados), corre-se o risco de se utilizar o que estiver mais acessível ou de se buscar fora da organização um conhecimento de que talvez já se disponha.

A seguir, discorre-se sobre o mapa do conhecimento organizacional, uma vez que essa ferramenta formal vem sendo utilizada pelas organizações com o intuito de promover o compartilhamento do conhecimento, facilitando o acesso ao detentor do conhecimento.

7.3.3 MAPEANDO O CONHECIMENTO ORGANIZACIONAL[19]

Perguntando-se aos integrantes da organização que conhecimento eles têm e onde obtêm o conhecimento de que necessitam, elabora-se o mapa do conhecimento organizacional (monta-se um mapa público a partir de vários mapas particulares). Esse mapa pode ser um guia, quadro ou lista em que são relacionados os conhecimentos importantes da organização[20]. Por meio dele, as pessoas conseguem saber onde e com quem procurar o conhecimento de que necessitam. O mapa do conhecimento é como um mapa da cidade que mostra tanto os recursos disponíveis (bibliotecas, hospitais, escolas) como de que forma chegar até eles. Pode ser tanto um guia de localização como um repositório de conhecimento.

O compartilhamento de conhecimento é a principal atividade nas organizações do conhecimento[21]. Por meio do mapa do conhecimento organizacional haveria maior troca de conhecimentos, uma vez que eles estariam disponíveis onde e quando fossem necessários[22]. As organizações precisam criar oportunidades de tornar público o conhecimento privado, a fim de que possam usar, de forma mais efetiva, o saber existente dentro da organização[23].

---

[19] Um maior detalhamento do mapeamento do conhecimento poderá ser encontrado no capítulo referente ao Portal do Conhecimento.

[20] DAVENPORT e PRUSAK, 1998.

[21] SVEIBY, 1998.

[22] DAVENPORT e PRUSAK, 1998; SVEIBY, 1998.

[23] STEWART, 1998.

A adoção de um mapeamento da capacidade intelectual da organização poderia facilitar o crescimento organizacional e a solução dos problemas causados pela rotatividade de pessoal.

O conhecimento organizacional precisa ser descrito de maneira adequada a fim de servir a uma variedade de interesses, facilitando, assim, o acesso a fontes de conhecimento cuja localização seria, de outra forma, muito difícil ou até impossível[24]. Assim, ele precisa ser descrito de várias formas, pois o mapa não deve servir apenas como um repositório de conhecimentos explícitos, mas como um guia de conhecimentos tácitos que por razões diversas não podem ser explicitados.

Entre os benefícios da utilização de um mapa do conhecimento na organização estão[25]:

- possibilitar que o conhecimento de uma pessoa ou grupo seja extraído, estruturado e utilizado por outros integrantes da organização, transformando-se em conhecimento explícito;
- indicar aos integrantes da organização onde podem ser encontrados os detentores de conhecimentos tácitos;
- proporcionar maior rapidez e facilidade no compartilhamento do conhecimento.

O mapa não supre a necessidade da organização em conseguir transformar os conhecimentos tácitos em explícitos. No entanto, consegue mostrar quem detém esses conhecimentos. Quando a organização dispõe de um mapa do conhecimento, a fase da busca do conhecimento é acelerada, seja o conhecimento necessário tácito ou explícito. Percebe-se que o mapa organizacional pode abranger ambas as práticas de compartilhamento do

---

[24] Essa postura é comum a vários autores, como Edvinsson e Malone (1998), Borghoff e Pareschi (1998) e Stewart (1998).

[25] DAVENPORT e PRUSAK, 1998; SVEIBY, 1998; STEWART, 1998; EDVINSSON, L.; MALONE, M. S. *Capital intelectual*: descobrindo o valor real de sua empresa pela identificação de seus valores internos. São Paulo: Makron Books, 1998; BORGHOFF, U. M.; PARESCHI, R. *Information technology for knowledge management*. Berlim: Springer, 1998.

conhecimento[26]. Ao mesmo tempo em que codifica conhecimentos (prática da codificação), facilita a troca de conhecimentos tácitos (prática da personalização) ao mostrar quem detém conhecimentos tácitos.

Vale ressaltar que o mapa facilita o acesso ao conhecimento, mas não garante que o compartilhamento seja efetivado no caso de se tratar de conhecimentos tácitos. Quando se necessita de um conhecimento tácito, após identificar o seu detentor, é preciso contatá-lo para que haja o compartilhamento do conhecimento. Caso a organização não valorize essa prática, pode acontecer de o detentor não querer ou não mostrar interesse em compartilhar seu conhecimento. Mesmo o mapa do conhecimento sendo uma ferramenta propiciadora de acesso ao conhecimento, ele não necessariamente garante efetivos fluxos de conhecimento.

7.3.4 Por que o compartilhamento de conhecimentos é tão difícil?

Ao contrário de alguns anos atrás, quando se acreditava que o detentor do conhecimento perdia poder e reputação caso compartilhasse suas informações, experiências e conhecimentos subjetivos, sabe-se hoje que o conhecimento não desaparece ou é depreciado quando compartilhado. Ao contrário, valoriza-se e cresce ainda mais. Uma idéia ou habilidade compartilhada com alguém não se perde, e sim se multiplica por dois[27].

Por um lado, quando se incentivam as pessoas a fazer o compartilhamento de seus conhecimentos, começam a surgir os primeiros problemas, como desconfiança e medo. Mesmo as empresas que já possuem "diretores de gestão do conhecimento" reclamam da tendência humana de não querer compartilhar conhecimentos[28]. Para muitas pessoas na organização, compartilhar o conhecimento que as diferencia dos demais é visto como uma tentativa de se apropriar de suas habilidades e competências. Muitos acham

---

[26] Para mais informações sobre as práticas de compartilhamento do conhecimento, veja Hansen, Nohria e Tierney (1999).

[27] SVEIBY, 1998, p. 17.

[28] KANTER, R. M. O futuro depende dos relacionamentos. *HSM Management*, Barueri, v. 4, n. 20, p. 112-18, maio/jun. 2000.

até injusto dividir um conhecimento que exigiu certo tempo e esforço para ser conquistado.

Por outro lado, a maioria das pessoas tem um desejo natural de aprender, de compartilhar o que sabe e de fazer as coisas melhores[29]. No entanto, esse desejo natural pode ser impedido por barreiras estruturais, logísticas e culturais que a organização cria, como:

- quando os locais, as divisões e as funções estão focadas em maximizar suas próprias realizações e recompensas, coincidentemente ou inconscientemente, informações são escondidas de tal modo que subotimizam a organização como um todo;
- uma cultura que valoriza as habilidades técnicas pessoais e a criação de conhecimento acima do compartilhamento do conhecimento;
- a síndrome do "não foi inventado aqui" e a carência de aprendizado prático fora de um grupo pequeno;
- a falta de contato, de relacionamentos e de perspectivas comuns entre pessoas que não trabalham lado a lado (na maioria das organizações, as pessoas, além de não saberem o que seus colegas estão fazendo, muitas vezes nem sabem da existência de outros colegas);
- confiança demasiada no compartilhamento de conhecimentos explícitos mais do que tácitos;
- não permitir ou recompensar as pessoas por despenderem um tempo aprendendo, compartilhando e ajudando outros que estão fora de seu departamento (a demanda de tempo é enorme e, a menos que o capturar e o compartilhar conhecimento sejam construídos dentro do processo de trabalho, o compartilhamento não ocorre).

Dentre as principais barreiras que dificultam o compartilhamento do conhecimento, destacam-se as que estão presentes na cultura organizacional[30]. Embora as pessoas procurem outras que detenham um conhecimento

---

[29] O'DELL e GRAYSON, 1998.

[30] MOREY, D. Knowledge management architecture. 2000. Disponível em: <http://www.brint.com/members/online/120205/kmarch.html>. Acesso em 2000.

que lhes é necessário, são várias as oportunidades em que o compartilhamento não é efetivado ou é inibido por influência dos elementos da cultura. Esses elementos podem ser chamados de atritos. No Quadro 7.4, apresentam-se alguns desses atritos e suas possíveis soluções.

Pela identificação dos elementos culturais que influenciam o compartilhamento do conhecimento, pode-se questionar e buscar soluções que per-

Quadro 7.4 ATRITOS CULTURAIS QUE INIBEM O COMPARTILHAMENTO DO CONHECIMENTO	
Atrito	**Soluções possíveis**
Falta de confiança mútua	Construir relacionamentos e confiança mútua por meio de reuniões face a face
Diferentes culturas, vocabulários e quadros de referência	Estabelecer um consenso por meio de educação, discussão, publicações, trabalho em equipe e rodízio de funções
Falta de tempo e de locais de encontro; idéia estreita de trabalho produtivo	Criar tempo e locais para transferência do conhecimento: feiras, salas de bate-papo, relatos de conferência
Status e recompensas vão para os possuidores de conhecimento	Avaliar o desempenho e oferecer incentivos baseados no compartilhamento
Falta de capacidade de absorção pelos recipientes	Educar colaboradores para a flexibilidade; propiciar tempo para a aprendizagem; basear as contratações na abertura a idéias
Crença de que o conhecimento é prerrogativa de determinados grupos, síndrome do "não foi inventado aqui"	Estimular a aproximação não hierárquica do conhecimento; a qualidade das idéias é mais importante que o cargo da fonte
Intolerância com erros ou necessidade de ajuda	Aceitar e recompensar erros criativos e colaboração; não há perda de *status* por não se saber tudo

Fonte: DAVENPORT e PRUSAK, 1998, p. 117.

mitam uma prática de compartilhamento mais efetiva. "[...] a capacidade de compartilhamento mais hábil é aquela que inclui a cultura e os motivadores de comportamento, uma cultura que celebra o trabalho em conjunto e o compartilhamento"[31].

Vale ressaltar que as maiores barreiras de compartilhamento do conhecimento não são solucionadas com a tecnologia[32]. Construir razões naturais, bem como benefícios próprios para quem compartilha seus conhecimentos, é um passo que precisa ser tomado antes de apostar na tecnologia para promover o compartilhamento do conhecimento. Ao priorizar a análise e a adaptação da sua cultura, a organização se resguarda de fazer investimentos em tecnologia que podem não trazer resultado algum. Dessa forma, os elementos culturais que influenciam o compartilhamento devem ser entendidos para que se possam promover práticas organizacionais e, conseqüentemente, uma cultura voltada para o compartilhamento do conhecimento. As organizações que obtêm sucesso nesse compartilhamento do conhecimento são as que contemplam, além de uma infra-estrutura tecnológica, uma cultura uniforme e dirigida a ele.

7.3.5 O COMPARTILHAMENTO DO CONHECIMENTO ENTRE ORGANIZAÇÕES

O compartilhamento do conhecimento pode ser interno ou externo à organização[33]. O compartilhamento do conhecimento interno é fundamental para a organização, isso todos sabem. Ao contrário, pouco se tem discutido sobre a prática ou relevância do compartilhamento externo. Há muito tempo ocorre o compartilhamento de conhecimento entre duas ou mais organizações. Quando se fala em associações de classe, grupos ou sindicatos, sabe-se que as organizações estão reunidas para tratar de objetivos comuns. Existem conhecimentos que, ao serem partilhados, podem gerar vantagens competitivas

---

[31] WAH, Louisa. Muito além de um modismo. *HSM Management*, Barueri, n. 22, ano 4, p. 52-64, set./out. 2000.

[32] RUGGLES, Rudy. The state of the notion. *California Management Review*, Berkeley, v. 40, n. 3, p. 80-89, primavera 1998.

[33] LATHI, R. K. Knowledge transfer and management consulting: a look at "the firm". *Business Horizons*, jan. 2000.

a todo um segmento, por exemplo. Nessas associações de empresas unidas por uma relação de negócios, com o compartilhamento de conhecimento, podem-se produzir resultados individuais ou em grupo superiores aos que seriam alcançados se cada uma atuasse individualmente[34]. Ou seja, além de ser importante internamente, o compartilhamento de conhecimento com concorrentes, fornecedores e clientes pode ser outro diferencial para a organização.

Em pesquisa realizada com supermercadistas da Austrália e do Reino Unido verificou-se a existência de compartilhamento de conhecimento entre varejistas e fabricantes[35]. Definido como um mecanismo de integração vertical ou simplesmente de cooperação, tem por objetivo a rentabilidade do setor, a formação de alianças e a disponibilização e compartilhamento de informações sobre as necessidades dos consumidores. Nesse caso, o compartilhamento permite às duas partes responder de maneira mais ajustada às preferências do mercado consumidor.

No caso de compartilhamento externo conclui-se que o conhecimento explícito (por ser de fácil documentação) é o mais facilmente e freqüentemente partilhado. No entanto, há casos de compartilhamento de conhecimento tácito como ocorre na Toyota[36]. Com um programa de compartilhamento de conhecimento com fornecedores, a Toyota apresenta algumas práticas de compartilhamento de conhecimento explícito e também tácito. Em dois programas adotados pela Toyota são compartilhados conhecimentos explícitos com seus fornecedores por meio de práticas como reuniões. Em outro programa, chamado "criação de grupos de consultoria e de solução de problemas", são compartilhados conhecimentos tácitos, uma vez que a Toyota disponibiliza um colaborador para permanecer durante algum tempo no seu fornecedor. Com essas práticas, a Toyota vem ajudando a melhorar a eficiência e a produtividade de seus fornecedores e, conseqüentemente, da própria empresa.

[34] DAPIRAN, P.; HOGARTH-SCOTT, S. A nova forma de poder. *HSM Management*, Barueri, v. 2, ano 10, n. 55, p. 66-70, mar./abr. 2006.

[35] Ibid.

[36] DYER, J. H.; HATCH, N. W. A Toyota e as redes de aprendizado. *HSM Management*, Barueri, v. 6, ano 8, n. 47, p. 164-170, nov./dez. 2004.

7.4 Considerações finais

As práticas formais e informais de compartilhamento do conhecimento são importantes para a organização e podem melhorar o nível e o volume de conhecimento compartilhado. Não é pelo fato de o compartilhamento se dar informalmente que ele não deva ser estimulado. No entanto, a organização e os seus integrantes não podem depender somente de conversas casuais e de encontros locais quando necessitarem obter conhecimento.

As ferramentas tecnológicas — integrantes do compartilhamento formal de conhecimento — também propiciam o acesso ao conhecimento, mas não garantem compartilhamento; promovem e facilitam a sua obtenção, mas isoladamente não fazem com que o indivíduo possuidor de conhecimento o compartilhe com outros. As ferramentas tecnológicas são comuns no campo da distribuição, mas raramente promovem o processo de uso do conhecimento tácito. A dificuldade no compartilhamento do conhecimento transpõe as fronteiras tecnológicas e formais e está relacionada também com as características culturais que envolvem cada organização.

Por fim, pela discussão desenvolvida e pela análise dos tipos de conhecimentos e das práticas de compartilhamento, elaborou-se um conceito sobre o que é compartilhamento do conhecimento. Dessa forma, pode-se dizer que compartilhamento do conhecimento é o processo de partilhar conhecimentos tácitos e explícitos por meio de práticas formais e informais.

7.5 Você viu neste capítulo

Dispostas a aceitar o desafio de tornar úteis seus conhecimentos, muitas organizações enfrentam obstáculos quando decidem promover o compartilhamento do conhecimento.

De acordo com a distinção dos dois tipos de conhecimento (explícito e tácito)[37] e os quatro modos de conversão do conhecimento (socialização, externalização, combinação e internalização)[38], observa-se que, ao contrário do que acontece com o conhecimento explícito, o compartilhamento do

[37] POLANYI, 1967.
[38] NONAKA e TAKEUCHI, 1997.

conhecimento tácito é por diversas vezes demorado e ineficaz. Muitos conhecimentos tácitos são impossíveis de ser explicitados de forma que possam ser entendidos por completo; seu compartilhamento depende de observação, de conversa face a face, de interação. Assim, Sveiby[39] defende o compartilhamento do conhecimento tácito pela tradição, por meio de um processo mais lento, dinâmico e não codificado.

O compartilhamento do conhecimento pode acontecer por meio de práticas formais e informais. Davenport e Prusak[40] defendem o compartilhamento informal de conhecimento, mas ressaltam a importância de não se depender somente de conversas casuais e de encontros locais quando se deseja obter certo conhecimento. Assim como eles, Edvinsson, Malone, Borghoff, Pareschi e Stewart[41] também concordam que adotar práticas formais, como o mapa do conhecimento, pode facilitar e tornar mais rápido tanto o processo de busca de conhecimento quanto o próprio compartilhamento. Dentro das práticas formalizadas, duas estratégias são utilizadas nas organizações para promover o compartilhamento do conhecimento: a codificação e a personalização.

O estímulo e a adoção de práticas formais e informais de compartilhamento do conhecimento são importantes, pois trazem vantagens competitivas para toda a organização. No entanto, outros aspectos — como a cultura da organização — influenciam o compartilhamento do conhecimento.

7.6 Estudo de caso

O CASO TOYOTA

Neste estudo de caso, conduzido por dois professores americanos, observa-se que o gerenciamento do conhecimento organizacional pode ultrapassar as fronteiras da própria organização ao se utilizar da prática de compartilhamento do conhecimento com parceiros, no caso, fornecedores. A Toyota acredita que uma de suas grandes vantagens competitivas perante

---

[39] SVEIBY, 1998.
[40] DAVENPORT e PRUSAK, 1998.
[41] EDVINSSON e MALONE, 1998; BORGHOFF e PARESCHI, 1998; STEWART, 1998.

os concorrentes seja exatamente a forma com que se relaciona com seus fornecedores, ou seja, compartilhando seus conhecimentos. No estudo foi observado que a organização desenvolveu uma infra-estrutura e uma série de processos interorganizacionais que facilitam a transferência de conhecimentos explícitos e tácitos para sua rede de fornecedores. Foram levantados três processos cruciais que constituem a base para esta partilha de conhecimento: o estímulo à associação de fornecedores, a criação de grupos de consultoria e a formação de equipes de aprendizado. No primeiro processo, o de estímulo a uma associação de fornecedores, a Toyota tem o intuito de promover reuniões regulares nas quais se compartilham os conhecimentos da empresa, ao mesmo tempo em que se recebem informações dos fornecedores. Em reuniões gerais são compartilhados conhecimentos referentes a planos de produção, tendências de mercado e políticas, enquanto em reuniões específicas são partilhados conhecimentos que dizem respeito a custos, qualidade e segurança. No processo de criação de grupos de consultoria e de solução de problemas, a Toyota disponibiliza, sem custo algum, especialistas internos para trabalhar nos seus fornecedores a fim de ajudá-los a resolver problemas durante a implantação do STP (Sistema Toyota de Produção). No entanto, a Toyota exige que os fornecedores participantes compartilhem os resultados desses projetos com outros fornecedores. Na formação de equipes de aprendizado voluntário, a Toyota estimula a participação de colaboradores de seus fornecedores buscando melhorias na qualidade e na produtividade. Com a ajuda de um consultor da Toyota, o grupo define um tema e analisa os problemas referentes a este tema em todos os fornecedores. O processo de associação facilita o compartilhamento de conhecimento explícito, enquanto a visita do consultor é eficaz em promover o compartilhamento do conhecimento tácito cujo valor é bem maior.

No estágio inicial, as empresas participavam da associação como demonstração de comprometimento com a Toyota. Aos poucos, observando as vantagens que esses processos traziam, a participação foi aumentando e o relacionamento foi fortalecido. Atualmente os fornecedores participam ativamente desses processos por terem a consciência de que o aprendizado e a melhoria contínua são fundamentais para que permaneçam fornecedores e mantenham a qualidade e a produtividade.

Ao transferir seu conhecimento aos seus fornecedores, a Toyota ajuda a melhorar o desempenho deles e o seu próprio. Mesmo ciente de que esses conhecimentos podem ser passados aos concorrentes, a Toyota sabe que sempre vai estar um estágio à frente quando isso acontecer.

Fonte: DYER, J. H.; HATCH, N. W. A Toyota e as redes de aprendizado. *HSM Management*, Barueri, v. 6, ano 8, n. 47, p. 164-170, nov./dez. 2004.

questões do estudo de caso

1 Caso sua organização participe de associações de classe, que conhecimentos são compartilhados?
2 Que vantagens sua organização poderia ter ao participar de uma rede de compartilhamento de conhecimentos com outras organizações?

7.7 Questões

1 Qual o papel do compartilhamento na gestão do conhecimento?
2 Diferencie os processos de compartilhamento de conhecimento pela informação e pela tradição. Qual é o processo mais complexo? Por quê?
3 Como uma organização pode promover os dois tipos de prática de compartilhamento do conhecimento?
4 Quais as resistências, individuais e organizacionais, que podem impedir o compartilhamento do conhecimento?
5 Qual é a relação entre as variáveis *compartilhamento* e *cultura na organização do conhecimento*?

REFERÊNCIAS

BARTLETT, C. A.; GHOSHAL, S. Características que fazem a diferença. *HSM Management*, Barueri, v. 2, n. 9, p. 66-72 , jul./ago. 1998.

BORGHOFF, U. M.; PARESCHI, R. *Information technology for knowledge management*. Berlim: Springer, 1998.

DAPIRAN, P.; HOGARTH-SCOTT, S. A nova forma de poder. *HSM Management*, Barueri, v. 2, ano 10, n. 55, p. 66-70, mar./abr. 2006.

DAVENPORT, T.; PRUSAK, L. *Conhecimento empresarial*: como as organizações gerenciam o seu capital intelectual. Rio de Janeiro: Campus, 1998.

DAVIS, S.; BOTKIN, J. *O monstro embaixo da cama*: o modo mais eficaz das empresas venderem conhecimentos. São Paulo: Futura, 1996.

DYER, J. H.; HATCH, N. W. A Toyota e as redes de aprendizado. *HSM Management*, Barueri, v. 6, ano 8, n. 47, p. 164-170, nov./dez. 2004.

EDVINSSON, L.; MALONE, M. S. *Capital intelectual*: descobrindo o valor real de sua empresa pela identificação de seus valores internos. São Paulo: Makron Books, 1998.

HANSEN, M.; NOHRIA, N.; TIERNEY, T. What's your strategy for managing knowledge? *Harvard Business Review*, Harvard, p. 106-16, mar./abr. 1999.

KANTER, R. M. O futuro depende dos relacionamentos. *HSM Management*, Barueri, v. 4, n. 20, p. 112-18, maio/jun. 2000.

LATHI, R. K. Knowledge transfer and management consulting: a look at "the firm". *Business Horizons*, jan. 2000.

MOREY, D. Knowledge management architecture. 2000. Disponível em: <http://www.brint.com/members/online/120205/kmarch.html>. Acesso em 2000.

NONAKA, I.; TAKEUCHI, H. *Criação de conhecimento na empresa*: como as empresas geram a dinâmica da organização. Rio de Janeiro: Campus, 1997.

O'DELL, C.; GRAYSON, C. J. If only we knew what we know: identification and transfer of internal best practices. *California Management Review*, Berkeley, v. 40, n. 3, p. 154-74, primavera, 1998.

POLANYI, M. *The tacit dimension*. Londres: Routledge & Kegan Paul, 1967.

PRICEWATERHOUSECOOPERS. Otimismo com cautela. *HSM Management*, Barueri, n. 18, ano 3, p. 138-46, jan./fev. 2000.

RUGGLES, Rudy. The state of the notion. *California Management Review*, Berkeley, v. 40, n. 3, p. 80-89, primavera 1998.

STEWART, T. A. *Capital intelectual*: a nova vantagem competitiva das empresas. 3. ed. Rio de Janeiro: Campus, 1998.

SVEIBY, K. E. *A nova riqueza das organizações*. Rio de Janeiro: Campus, 1998.

WAH, L. Muito além de um modismo. *HSM Management*, Barueri, n. 22, ano 4, p. 52-64, set./out. 2000.

CAPÍTULO 8

Criatividade e inovação
nas organizações do conhecimento

Liane Carly Hermes Zanella

> *"Criar é tão difícil ou tão fácil como viver. E é do mesmo modo necessário."*
> **Fayga Ostrower**

8.1 Introdução

O desenvolvimento tecnológico está gerando profundas transformações na economia mundial. Máquinas e matérias-primas estão sendo substituídas pela tecnologia de informação, pela comunicação via transmissão de voz e imagens, por fibras óticas, *laser* e automatização.

Nas organizações, o processo de mudança se dá principalmente pela substituição de valores: os bens tangíveis estão sendo substituídos por bens intangíveis, que, por sua vez, estão sendo cada vez mais valorizados.

Hoje, o valor de uma organização não é mais avaliado por seu patrimônio físico, capital financeiro, prédio ou máquinas, mas sim pela capacidade intelectual das pessoas que nela atuam.

O novo paradigma organizacional enfatiza o conhecimento e a criatividade. Em uma realidade em que a única certeza é a incerteza, a fonte de vantagem competitiva duradoura é o conhecimento[1]. A criação do conhecimento não é só uma questão de processar informações, mas também de aproveitamento das percepções, intuições e palpites das pessoas que movem a organização. As pessoas são as geradoras da riqueza das organizações.

Nesse sentido, o tópico abordado neste capítulo trata especificamente da criatividade e da inovação nas organizações do conhecimento. Preliminarmente, busca-se compreender o significado de criatividade por

---

[1] NONAKA, I.; TAKEUCHI, H. *Criação de conhecimento na empresa*. Rio de Janeiro: Campus, 1997, p. 27.

meio do tempo, das diferentes abordagens dadas ao tema e da ótica organizacional. Pretende-se mostrar o entendimento da relação entre criatividade e inovação nas organizações e, por fim, abordar a criatividade em cada dimensão do modelo de organização do conhecimento criado por Angeloni[2]. É importante salientar que não se tem a pretensão de esgotar o assunto, mas sim apresentar um quadro que ofereça ao leitor uma visão acerca do tema.

8.2 A manifestação da criatividade no tempo

A criatividade acompanha a trajetória do homem na história, sendo, portanto, tão antiga quanto a sua presença na Terra.

Na Antiguidade, duas teorias da criatividade se destacaram: a criatividade como origem divina e a criatividade como loucura. Os antigos acreditavam que a criatividade era concedida somente a alguns seres humanos "escolhidos por Deus", principalmente aos que trabalhavam com as artes. Essa abordagem foi manifestada por Platão quando declarou ser o artista, no momento da criação, o agente de poder superior. Esse era também o entendimento dos gregos, que viam a criatividade como um estado místico de receptividade a algum tipo de mensagem proveniente de uma entidade[3]. A criatividade relacionada com a loucura foi encontrada em Platão e Aristóteles. Platão, que não via diferença entre o frenesi da "visitação divina" e o da "visitação da loucura", explicava que o momento da criação era fruto de um acesso de loucura[4]. Os antigos gregos acreditavam que a pessoa criativa era caracterizada por alguns traços especiais de personalidade e que tais traços eram vistos como loucura[5]. Essa teoria da loucura foi retomada mais tarde por um grande número de poetas e outros estudiosos. Críticos dizem que Shakespeare, quando escreveu *Sonhos de uma noite de verão* e *Rei Lear*, estava à beira da insanidade mental. Cesare Lombroso, sociólogo

---

[2] ANGELONI, M. T. *Modelo de organizações do conhecimento*. Florianópolis, 1999. Notas de aula.

[3] ALENCAR, E. S. *A gerência da criatividade*. São Paulo: Makron Books, 1996, p. 4.

[4] Disponível em: <www.bro.co.br/criativ/default.htm>.

[5] EYSENCK, H. As formas de medir a criatividade. In: BODEN, M. A. (Org.). *Dimensões da criatividade*. Porto Alegre: Artes Médicas Sul, 1999.

que viveu entre 1836 e 1909, dizia que a única maneira de entender a natureza irracional ou involuntária da arte criadora era considerando-a como uma patologia.

Mesmo que tenha constituído tópico de interesse no decorrer da história da humanidade, foi no fim do século XIX que o tema começou a ser observado e estudado segundo os preceitos da metodologia científica. Até a primeira metade do século XX, são raros os artigos de pesquisa que constam na literatura científica. Além disso, menos de 2% de todos os livros incluídos no *Psychological Abstrat*, um dos mais importantes catálogos de publicações sobre psicologia, faziam referência à criatividade ou ao processo criativo[6]. Somente a partir do famoso discurso de Guilford, em 1950, alguns psicólogos pesquisadores iniciaram estudos em campos específicos da psicologia, como personalidade, cognição, comportamento e psicometria, e criaram teorias buscando compreender o significado da criatividade.

8.3 Buscando a compreensão do que é criatividade

A palavra criatividade, considerada em sua significação e uso, é apresentada de diferentes maneiras em função da complexidade, das abordagens e das dimensões dadas ao tema.

Essa dificuldade decorre do fato de a criatividade ser como um quebra-cabeças, uma contradição, um mistério: o próprio conceito é aparentemente paradoxal[7]. Ela é vista por muitos como um constructo altamente complexo e difuso[8].

Nessa mesma direção, De Bono[9] afirma que criatividade tem significado amplo e confuso, e Munford e Gustafson chamam a atenção para a falta de uma definição do comportamento criativo, observando que Guilford,

---

[6] TEIXEIRA, E. A. *Aprendizagem e criatividade emocional*. São Paulo: Makron Books, 1998, p. 1.

[7] BODEN, M. A. (Org.). *Dimensões da criatividade*. Porto Alegre: Artes Médicas Sul, 1999, p. 81.

[8] EISENCK, 1999, p. 211-235.

[9] DE BONO, E. *Criatividade levada a sério*: como gerar idéias produtivas através do pensamento lateral. São Paulo: Pioneira, 1994.

em 1950, definiu comportamento criativo como produção de idéias e MacKinnon, em 1962, como um atributo da personalidade[10].

Na concepção de Alencar, a criatividade é um fenômeno complexo e multifacetado que envolve uma interação dinâmica entre elementos relativos à pessoa, como características de personalidade e habilidades de pensamento, e ao ambiente, como o clima psicológico, os valores e normas da cultura e as oportunidades para expressão de novas idéias[11].

O vocábulo **criatividade** vem do latim *creare* com a conotação de criar, fazer, elaborar, e do grego *kraine*, significando realizar, desempenhar, preencher.

No *Novo Dicionário da Língua Portuguesa*, **criar** significa dar existência a; tirar do nada; dar origem a; gerar, formar; dar princípio a; produzir, inventar, imaginar, suscitar[12]. O dicionário inglês de Oxford define *criar* como trazer à existência, dar origem a alguma coisa nova.

No dicionário de Psicologia, criatividade é a capacidade para criação, para auto-realização, existente em todas as pessoas, mas que depende de condições ambientais para se desenvolver[13]. Criatividade também pode ser explicada como a habilidade de encontrar novas soluções para um problema ou novos modos de expressão artística, ou melhor, de trazer à existência um produto novo para o indivíduo, mesmo que apenas para ele (não precisa necessariamente ser novo para outros indivíduos)[14].

Hesketh vê criatividade como "o processo de interação de determinados fatores, próprios da inteligência humana, utilizados para trazer algo novo à existência". Criatividade pressupõe o surgimento de alguma coisa nova[15].

---

[10] MUNFORD e GUSTAFSON. In: EYSENCK, 1999.

[11] ALENCAR, 1996, p. 3.

[12] FERREIRA, A. B. H. *Novo dicionário da língua portuguesa*. 2. ed. Rio de Janeiro: Nova Fronteira, 1992, p. 498.

[13] DORIN, E. *Dicionário de psicologia*. 2. ed. São Paulo: Melhoramentos, 1978.

[14] Dicionário "English & English". In: HESKETH, J. L. *Criatividade para administradores*. Petrópolis: Vozes, 1983, p. 15.

[15] HESKETH, 1983, p. 15.

Do mesmo modo, Kneller insere a novidade, a realização de algo novo, afirmando que a criatividade seria uma idéia, um artefato ou uma forma de comportamento nova para nós[16], e De Bono inclui na definição elementos como novo, como trazer algo para a existência[17].

Para Rogers, ela seria a emergência de um produto relacional novo, resultante, de um lado, da *unicidade* do indivíduo e, de outro, dos materiais, dos eventos e de outros indivíduos, e das circunstâncias de sua vida[18]. Percebe-se que essa definição amplia o sentido de *novo* para além do indivíduo, envolvendo, portanto, as inter-relações com o meio no qual se processam, com pessoas, com grupos de pessoas, com a coletividade e a sociedade.

A criatividade é o resultado de fantasia e realização tanto individual como em grupo. Uma pessoa que reúne essas duas características pode ser considerada um gênio, mas é difícil de encontrar[19]. No entanto, é possível formar coletividades criativas integradas por grupos de pessoas nos quais umas têm maior fantasia e outras possuem maior capacidade de realização.

8.4 O processo criativo

O processo criativo foi discutido por pesquisadores de diferentes áreas de conhecimento como a psicanálise, a neurofisiologia, a genética, a análise transacional, as teorias sobre a gestalt e as explicações filosóficas[20]. Na busca da compreensão do ato criativo, os pesquisadores perceberam que ele não surge do nada, mas é um conjunto de atividades mentais seqüenciais que culminam com a idéia criativa.

Uma das primeiras descrições do processo criativo foi fornecida por Graham Wallas em 1920, quando descreveu quatro estágios que podem ser visualizados no Quadro 8.1, na página seguinte.

---

[16] KNELLER, G. *A arte e ciência da criatividade*. São Paulo: Ibrasa, 1978, p. 15.

[17] DE BONO, 1994.

[18] ROGERS. In: HESKETH, 1983, p. 15.

[19] DE MASI, D. *A emoção e a regra*: os grupos criativos da Europa de 1850 a 1950. 4. ed. Rio de Janeiro: José Olympio, 1999.

[20] TERRA, José Cláudio Cyrineu. *Gestão do conhecimento*: o grande desafio empresarial — uma abordagem baseada no aprendizado e na criatividade. São Paulo: Negócio, 2000.

Quadro 8.1	O PROCESSO CRIATIVO DE WALLAS
Estágios	**Atividades**
1. Preparação	O problema é investigado em todas as direções.
2. Incubação	O problema é pensado de uma maneira "não consciente".
3. Iluminação	Surgimento da "idéia feliz".
4. Verificação	É feito o teste de validade da idéia, idéia reduzida à forma exata.

Fonte: ISAKSEN, 1990.

No processo criativo de Wallas[21], a preparação é o momento em que a pessoa assimila o problema e clarifica seu objetivo. Na incubação, o trabalho consciente é totalmente suspenso. Na iluminação, ocorre o "eureca!", em que a solução do problema se torna conhecida e, no estágio de verificação, a pessoa, usando o pensamento racional lógico, chega ao discernimento e opta pela solução mais adequada ao problema.

Corroborando o processo criativo de Wallas, Kneller[22] inclui no início do processo criativo uma etapa inicial que ele denomina apreensão. Para o autor, nesta etapa, a pessoa tem a percepção de que existe um problema e que necessita de solução.

Na preparação, a pessoa investiga o problema de diferentes ângulos, buscando reunir o maior número possível de informações, por meio de conversas com outras pessoas, lendo, investigando e discutindo. Nessa fase, "é importante a familiarização com as idéias alheias, com o que já foi feito

---

[21] WALLAS, apud ISAKSEN, Scott G. Educational implications of creativity research: an updated rationale for creative learning. In: GRONHAUG, K.; KAUFMANN, G. *Innovation*: a cross disciplinary perspective. Oslo: Norwegian University Press, 1990.

[22] KNELLER, apud WECHSLER, S. M. *Criatividade*: descobrindo e encorajando. São Paulo: Psy, 1998.

ou investigado sobre o problema em questão"[23]. Na fase da incubação, as informações são entregues à mente inconsciente, dando a impressão de que a pessoa parou de se preocupar com o problema. É o que se pode chamar de "deixar o problema cozinhar em banho-maria", pois na mente inconsciente não existem julgamentos de autocensura e as idéias são livres para combinar-se com outras, gerando inúmeras associações imprevisíveis.

É na fase de iluminação que o processo de criação ocorre espontaneamente como um *insight*. É o momento em que surge a resposta ao problema. No entanto, somente na fase de verificação é que o processo criativo se completa. É nesse momento que a pessoa criativa distingue se suas idéias são exeqüíveis, se podem ser produzidas e se são válidas ou não.

A forma que cada pessoa utiliza para chegar à solução de um problema ou resposta a uma indagação ou mesmo à criação de um novo produto é exemplificada por Amábile[24] por meio dos cinco estágios do processo de criatividade individual.

O processo inicia com a apresentação do problema ou tarefa a ser desenvolvida. Neste estágio 1, o interesse ou motivação que a pessoa tem na busca da solução do problema tem grande influência e pode ser proveniente de fatores externos ou internos.

Supondo que o problema tenha despertado grande atenção/interesse, o processo se encaminha para o estágio de preparação (estágio 2), no qual o indivíduo constrói e/ou reúne um número significativo de informações relevantes para o problema.

Com base no conhecimento construído, o indivíduo passa a gerar idéias (estágio 3). Ao procurar por caminhos viáveis e ao explorar características do ambiente que sejam relevantes para a tarefa em questão, a pessoa gera possibilidades de respostas e *insights*.

Na etapa seguinte (estágio 4), cada idéia ou solução potencial é testada contra o problema. Desse modo, este estágio de validação de respostas é que

---

[23] WECHSLER, 1998, p. 51.

[24] AMÁBILE, T. M. From individual creativity to organizational innovation. In: WEST, M. A.; FARR, J. L. (Orgs.). *Innovation and creativity at work*. Nova York: John Wiley and Sons, 1990.

determina se o produto ou resposta é apropriado, proveitoso, correto ou valioso. A testagem é feita utilizando conhecimentos concretos, habilidades na área e outros métodos de resposta.

Se o teste foi concluído com êxito, alcançando o objetivo inicial, e do mesmo modo, se o teste acusar o fracasso, ou seja, não apresentar respostas aceitáveis ao problema, o processo termina (estágio 5). Ao contrário, se existe algum progresso em direção à meta, o processo retorna para o primeiro estágio, no qual o problema é outra vez apresentado, gerando novo processo até que se obtenha o sucesso ou não.

O processo de criação, segundo a teoria preconizada por Wallas, Kneller e Amábile, se dá em um *continuum* que culmina na solução do problema que gerou o processo.

8.5 A criatividade na ótica organizacional

No campo organizacional, a criatividade está relacionada com o processo de criação, com a pessoa criativa, com o produto e com o ambiente de trabalho[25]. Essa amplitude é conseqüência da dificuldade de expressar as propriedades específicas de criatividade nas organizações, dificuldade essa provavelmente de ordem epistemológica, pois é abordada tanto como uma característica pessoal quanto como método ou técnica de realizar alguma coisa[26]. A criatividade nas organizações, de maneira geral, é considerada sinônimo de uma extraordinária capacidade de resolução de problemas e é vista por vários autores como uma técnica de resolução desses problemas[27].

Amábile considera criatividade como a produção de idéias novas e apropriadas por um indivíduo ou um grupo pequeno que trabalhe em conjunto[28]. Um produto ou idéia é criativo quando é, ao mesmo tempo,

[25] AMÁBILE, 1990; ALENCAR, 1996; CARR, C. *O poder competitivo da criatividade*. São Paulo: Makron Books, 1997; WEST, M. A. A.; FARR, J. L. (Orgs.). *Innovation and creativity at work*. Nova York: John Wiley and Sons, 1990.

[26] PENAGOS CORZO. Disponível em: <http//homepage.mac.com/penagoscorso/index.html>.

[27] DUAILIBI e CATTEL, apud EISENCK, 1999.

[28] AMÁBILE, 1990.

uma novidade e uma resposta apropriada para qualquer tarefa[29]. O aspecto principal da criatividade nas organizações está na utilidade que uma idéia nova apresenta. De alguma forma, ela deve influenciar a maneira como os negócios são realizados: seja pela melhoria de um produto, seja por uma nova abordagem de determinado processo[30]. A criatividade, além da melhoria, deve resultar na emergência de um novo produto aceito como útil e satisfatório ou que tenha valor para um número significativo de pessoas em algum momento[31].

A concepção de produto não diz respeito necessariamente a produtos tangíveis, podendo ser entendida como produto intangível, por exemplo, uma idéia ou a solução de um problema. O critério fundamental é que o produto seja novo, pelo menos para quem o gerou[32]. Outro aspecto a ser ressaltado é a inclusão da variável "valor", ou seja, a "utilidade" que o produto tem na sociedade.

Assim, a criatividade também pode ser vista como um processo em que as idéias são geradas, desenvolvidas e transformadas em valor útil para a organização, o que permite que a empresa desenvolva produtos e serviços, processos e práticas novos, importantes para a estratégia empresarial e de grande valia para a empresa, clientes e acionistas[33].

Desses elementos, os que parecem mais relevantes são:

- a idéia do "novo", que está presente em todas as definições;
- o termo está relacionado não só a um indivíduo, como também a um grupo de pessoas, focalizando o aspecto coletivo;
- o termo está associado a um valor, utilidade ou necessidade; e
- o termo refere-se a uma técnica que busca a solução de problemas, a melhoria e a criação de novos produtos e serviços.

---

[29] Ibid.

[30] AMÁBILE, T. M. Como (não) matar a criatividade. *HSM Management*, v. 2, n. 1., p. 110-16, jan./fev. 1999.

[31] ALENCAR, 1996.

[32] Ibid.

[33] KAO, J. *Jamming*: a arte e a disciplina da criatividade na empresa. Rio de Janeiro: Campus, 1997; CARR, 1997.

Enquanto os dois primeiros elementos parecem consensuais em todas as definições, independentemente da área de conhecimento, os últimos parecem relacionar a criatividade com as organizações.

Percebe-se também que os autores pesquisados concordam com a idéia de que a capacidade de criar existe em todas as pessoas, e que a diferença da expressão da criatividade está em fatores internos e nas condições que o meio ambiente oferece para o desenvolvimento das capacidades criativas. Isso porque a pessoa criativa necessita de conhecimento e flexibilidade para elaborar idéias consideradas criativas.

Observa-se também que as abordagens apresentadas mostram a criatividade como algo que está em movimento, provocando mudanças, transformações e inovação.

8.6 A criatividade e a inovação nas organizações

O termo inovação é abordado de diferentes formas, variando conforme o nível de análise.

Inovação pode ser definida como qualquer idéia, prática ou artefato de materiais entendidos como novos pela unidade que os adota[34]. Para Kanter, **inovação** é o processo que põe em uso uma idéia nova para a solução de um problema; é a geração, aceitação e implementação de novas idéias, processos, produtos ou serviços[35]. Por essa lógica, percebe-se que a ideação, ou seja, a criatividade está inserida no processo de inovação, não havendo, portanto, uma separação ou distinção entre os dois termos.

Inovação pode ser definida como a introdução intencional e a aplicação de idéias, produtos ou procedimentos em uma função, grupo ou organização novos para a unidade de adoção, designada para beneficiar de forma significativa o indivíduo, o grupo, a organização ou a sociedade[36].

A inovação nas organizações também pode ser entendida como o processo de introdução, adoção e implementação de uma nova idéia (processo,

---

[34] ZALTMAN et al., apud WEST e FARR, 1990.
[35] KANTER, apud WEST e FARR, 1990.
[36] WEST e FARR, 1990.

bem ou serviço) em resposta a um problema percebido, transformando uma nova idéia em algo concreto[37].

Pode-se inferir, portanto, que, para alguns autores, inovar é acrescentar algo novo, introduzir uma novidade, resultado ou não de idéias criativas. Envolve, portanto, criatividade, mas nem sempre a inovação é criativa. Percebe-se também que a inovação apresenta a intenção de benefício não só econômico como também pessoal, grupal, organizacional e social, como a valorização profissional, o crescimento no desempenho grupal, a melhoria de um processo produtivo ou a melhoria na qualidade de vida da população. Nesse sentido, a inovação pode ser vista como um processo social mais abrangente e a criatividade, como um processo cognitivo individual. Enquanto isso, para outros autores, a inovação é a introdução de novas idéias e a sua aplicação.

Assim, idéias criativas são fundamentais para que ocorra o processo de inovação, sendo, portanto, um dos elementos essenciais do processo[38]. A criatividade é a fonte, o elemento básico de onde nasce a inovação. É um dos elementos da idealização da inovação, enquanto a inovação é a aplicação das novas idéias criadas.

Apesar de existir um limite muito tênue entre esses dois conceitos, eles apresentam uma diferença muito grande[39]. Enquanto a criatividade diz respeito à geração de uma idéia inovadora, a inovação é a implementação com sucesso de idéias sobre produtos ou processos de uma organização[40]. Assim, a criatividade corresponde a um componente conceitual da inovação, enquanto a inovação englobaria a concretização e a aplicação das novas idéias[41]. Portanto, deduz-se que a inovação nasce de idéias criativas, que necessitam ser transformadas em alguma coisa concreta para tornar possível essa inovação.

---

[37] ALENCAR, 1996.

[38] KRUGLIANSLAS, I. *Tornando a pequena e média empresa competitiva*. São Paulo: Instituto de Estudos Gerenciais e Editora, 1996.

[39] AMÁBILE, 1999; ALENCAR, 1996.

[40] AMÁBILE, 1990.

[41] ALENCAR, 1996.

O fato de gerar novas idéias não necessariamente conduz à sua realização. O motivo principal é devido ao hiato existente entre a geração e a aplicação das idéias, que envolve tempo, esforço e risco. Assim, muitas boas idéias acabam ficando restritas à cabeça de seu criador, não se transformando em produto tangível e criativo, devido ao grande investimento de energia e motivação para se chegar à fase final. Embora as pessoas levem suas idéias para a organização, tentando aplicá-las, elas podem ser rejeitadas pelo fato de o profissional não conseguir enxergar seu potencial de adaptação na sua linha de trabalho[42].

Nesse sentido, uma idéia pode ficar esquecida por muito tempo não porque não apresente condições de ser viabilizada, mas sim por não haver pessoas dispostas a colocá-la em ação. Uma nova idéia só terá valor quando for colocada em prática, gerando benefícios para a organização e para a sociedade.

8.7 A criatividade nas organizações do conhecimento

Acompanhando a evolução da sociedade, as organizações têm procurado obter vantagens competitivas por meio da utilização de novos paradigmas organizacionais.

Nesse sentido, surge uma nova forma de olhar as organizações baseada na valorização do conhecimento, do capital intelectual e dos ativos intangíveis.

O modelo de organização do conhecimento desenvolvido por Angeloni está estruturado em três dimensões: pessoas, infra-estrutura organizacional e tecnologia[43]. Assim, pretende-se, neste capítulo, abordar a criatividade em cada uma das dimensões.

Na dimensão *pessoas*, a criatividade pode ser analisada por duas óticas: a individual e a grupal.

Levando-se em conta a dimensão pessoas na ótica individual, os pesquisadores afirmam que todas as pessoas possuem potencial criativo, embora apresentem diferenças quanto ao grau de criatividade. Também reconhecem

[42] ROSENFELD e SERVO, apud WECHSLER, 1998.
[43] ANGELONI, 1999.

que a criatividade não se manifesta somente em um período da vida ou em determinada idade, mas em todas as idades, em todas as etnias e em todos os campos do empreendimento humano.

Diferentes fatores, como a capacidade para a associação de idéias aleatórias, de ver usos diferentes para uma mesma idéia, de acessar o subconsciente e de visualizar soluções influenciam a capacidade de geração de idéias novas e úteis[44]. Outro fator que influencia a quantidade de idéias que surgem para solucionar um problema é a eficiência na busca por soluções, como o treinamento, as experiências passadas (que reduzem a incerteza presente em situações novas) e as habilidades anteriores.

Pesquisas realizadas por Calvin Taylor, Alex Osborn, Joseph Mason, J. P. Guilford e Lowenfeld nas décadas de 1950-1960 buscaram identificar em indivíduos de diferentes campos de conhecimento características e/ou atributos da pessoa criativa.

As características da pessoa criativa podem ser reunidas em três grupos: *intelectuais*, *motivacionais* e de *personalidade criativa*[45].

As **características intelectuais** envolvem aspectos como originalidade, flexibilidade, fluência, elaboração, bem como alguns componentes da memória, da cognição e da avaliação.

A originalidade, entendida como a produção de respostas diferentes ou incomuns, ou como novidade, quebra de padrões habituais de pensar, uso de situações ou conceitos de modo não costumeiro, habilidade para estabelecer conexões distantes e indiretas, é considerada um dos componentes da criatividade[46]. A flexibilidade é apresentada como uma característica intelectual da personalidade criativa, já que diz respeito à capacidade que o homem tem de mudar o significado ou a interpretação de algo. Fluência refere-se à facilidade da pessoa em expressar inúmeras idéias para solucionar certos problemas. A elaboração, por sua vez, é a habilidade que a pessoa apresenta para a criação e desenvolvimento de determinado produto ou serviço.

[44] FARR, J. L.; FORD, C. M. Innovation Individual. In: WEST e FARR, 1990.
[45] TAYLOR, C. W. (Org.). *Criatividade*: progresso e potencial. 2. ed. São Paulo: Ibrasa, 1976.
[46] TORRANCE, apud WECHSLER, 1998.

As pessoas que apresentam traços de personalidade como iniciativa, independência de pensamentos e ação e flexibilidade sabem se expressar melhor e desenvolver idéias criativas[47]. As habilidades cognitivas, como a fluência e a originalidade de idéias, o raciocínio analítico e o crítico, que caracterizam o pensamento divergente, são aspectos importantes da pessoa criativa.

Quanto às **características motivacionais**, é consenso que a motivação, tanto extrínseca como intrínseca, é um componente vital da criatividade. A motivação extrínseca apresenta-se como forma de salários, benefícios e outros sistemas de recompensa, premiação e desempenho utilizados pela organização; e a intrínseca diz respeito a fatores internos da pessoa, como a paixão, o interesse e a satisfação pelo trabalho e o desejo de solucionar um problema que ninguém conseguiu resolver.

O intenso envolvimento no trabalho realizado também reflete a motivação e a busca pelo conhecimento[48]. A participação no trabalho geralmente é acompanhada do prazer e da satisfação na sua realização.

Pessoas de **características de personalidade criativa** são mais autônomas do que as outras, mais auto-suficientes, mais independentes, mais abertas, mais estáveis, mais dominantes e auto-afirmativas, mais complexas, mais condescendentes consigo mesmas, mais engenhosas, mais aventurosas, mais autocontroladas, mais introvertidas e mais ousadas[49]. As pessoas mais criativas também apreciam as idéias, têm tendência para socialização e envolvimento interpessoal, são persistentes e apresentam iniciativa e otimismo, aliados à coragem de correr riscos.

Além dessas, outras características importantes da pessoa criativa são:
- fluência conceitual: ser capaz de dar muitas idéias em pouco tempo;
- originalidade: ter idéias incomuns;
- saber separar a fonte do conteúdo na avaliação das informações, ser motivado pelo interesse no problema;

[47] ALENCAR, 1996.
[48] Ibid.
[49] TAYLOR, 1976.

- insistência: seguir qualquer que seja o caminho ao qual o problema leve;
- abertura: suspender o julgamento, evitar preconceitos e comprometer-se muito cedo com dada postura, passar mais tempo na análise e na busca;
- não autoritária: ter uma visão relativista da vida;
- aceitar seus próprios impulsos: busca alegre e não disciplinada;
- independência: realizar uma avaliação independente e menos conformista;
- original: considerar-se diferente, fora do comum;
- orientação para uma vida rica, "bizarra de fantasia" e para uma realidade superior[50].

A criatividade também deve ser analisada em grupo. Nesse aspecto, pode ser discutida por meio de cinco fatores: coesão (a união e harmonia entre os integrantes do grupo facilita a produção de idéias criativas), longevidade (ajuda a manter a coesão), composição e estrutura do grupo (devem ser formados por elementos de funções e áreas de atuação diferenciadas) e liderança (o líder democrático motiva grupos inovadores)[51].

O *líder* desempenha papel fundamental na ideação. Para administrar a novidade, é necessário que o líder, além de evitar as práticas e os procedimentos que a impedem de se manifestar, participe ativamente do gerenciamento das idéias[52]. E salienta-se que um líder participativo e democrático conduz à inovação e à criatividade.

O líder, além de criativo e inovador, deve possuir outras habilidades, como visão compartilhada, modelos mentais, aprendizado, trabalho em equipe e pensamento sistêmico[53].

---

[50] STONER, 1985, p. 291.

[51] KING, N.; ANDERSON, N. Innovation in working groups. In: WEST e FARR, 1990.

[52] WEST e FARR, 1990.

[53] SENGE, M. P. O novo trabalho do líder: construindo organizações que aprendem. In: STARKEY, K. *Como as organizações aprendem*: relato do sucesso das grandes empresas. São Paulo: Futura, 1997.

Nesse contexto, o trabalho em equipe é visto como um fator facilitador, pois ajuda a promover a criatividade do grupo pela ruptura do isolamento individual e pela dinâmica do trabalho multifuncional. Um grupo pode reunir diversas habilidades diferentes e complementares de forma que o desempenho do conjunto se apresente superior à soma dos desempenhos individuais. Desse modo, a constante exposição de uma pessoa a outros pontos de vista é muito benéfica, pois o trabalho em equipe contribui para o rompimento dos bloqueios mentais, proporcionando um ajuste dos modelos mentais e criando um ambiente agradável e descontraído. Assim, é muito mais prazeroso produzir onde existe colaboração e compartilhamento, pois a informação flui e a criação se multiplica.

Nesse sentido, o humor é um outro aspecto básico para um líder nesses tempos de mudanças rápidas e valorização do trabalho de equipe. No futuro, as organizações deverão ser ágeis, focalizadas, flexíveis, amistosas e divertidas[54]. Além da dimensão pessoas, as organizações do conhecimento devem trabalhar a dimensão infra-estrutura organizacional de modo a desenvolver um ambiente propício à criatividade.

A estrutura organizacional, um dos elementos da dimensão infra-estrutura organizacional, com suas principais características de diferenciação, formalização, centralização e integração, merece atenção especial nos estudos sobre a criatividade nas organizações.

A diferenciação refere-se à divisão do trabalho organizacional em departamentos ou subsistemas e apresenta relação direta com a criatividade. A diversidade de departamentos e de níveis hierárquicos bloqueia a iniciativa individual e a criatividade, podendo gerar outras disfunções — como resistência intra-organizacional, falta de responsabilidade, tensão, departamentalismo — e prejudicar a motivação dos integrantes da organização, dificultando o processo criativo[55].

A segmentação de processos, herança tayloriana, cria um nível de especialização tão grande que departamentaliza a empresa, impedindo a prática

[54] BENNIS, W. G.; BIEDERMAN, P. W. *Os gênios da organização*: as forças que impulsionam a criatividade das equipes de sucesso. Rio de Janeiro: Campus, 1999.
[55] NONAKA e TAKEUCHI, 1997.

da interdisciplinaridade e a conseqüente geração de idéias e de conhecimento[56]. A superespecialização de tarefas, característica das organizações de estrutura tradicional burocrática, tolhe a capacidade imaginativa do homem, conduzindo a processos de adestramento técnico, ignorando a sensibilidade e a inteligência do fazer. Entretanto, para alguns autores, essa característica não corresponde ao ser criativo[57].

Percebe-se, com isso, que nas organizações com estrutura rígida e inflexível as idéias criativas que inovam processos são tolhidas. A postura séria e reprimida dos dirigentes policiando os empregados e impedindo-os de trabalhar em um ambiente descontraído contraria a posição de que um ambiente livre e alegre facilita a integração e o compartilhamento entre os empregados, possibilitando a geração de idéias criativas[58].

Com relação à centralização, característica da concentração ou dispersão das atividades do poder, da distribuição da autoridade e do processo decisivo dentro da empresa, a alta centralização inibe a criatividade porque restringe os canais de comunicação e reduz as informações[59]. Mas, por outro lado, a participação, característica da estrutura descentralizada, aumenta o compromisso dos empregados, permitindo o envolvimento e a liberdade de opinar e de participar de processos e práticas organizacionais, resultando em maior diversidade de idéias criativas e inovadoras[60].

A formalização responsável pela especificação de papéis e pelo grau em que as regras e regulamentos determinam as tarefas e outras atividades dos participantes também influencia o processo criativo nas organizações. O excesso de regras e normas estabelecidas nas empresas burocráticas, que tem como objetivo a *padronização do fazer administrativo*, dificulta o aparecimento de atividades e rotinas diferentes das previstas nos manuais e regulamentos internos, gera bloqueios de acomodação, costume, desânimo

---

[56] PREDEBOM, J. *Criatividade*: abrindo o lado inovador da mente. São Paulo: Atlas, 1997.

[57] OSTROWER, F. *Criatividade e processos de criação*. 6. ed. Petrópolis: Vozes, 1987.

[58] DANSING e NEVIS, apud ROBBINS, L. *O despertar na era da criatividade*. São Paulo: Gente, 1995.

[59] ZALTMAN et al., apud WEST e FARR, 1990.

[60] WEST e FARR, 1990.

e miopia estratégica. Essas determinações normatizadas também impedem o aparecimento da iniciativa individual, bloqueando, conseqüentemente, o processo criador.

Do mesmo modo, a rigidez no comportamento dos colaboradores mantida pelas normas e regras da organização leva à perda da flexibilidade e restringe o desempenho na organização. Os regulamentos de meios passam a ser objetivos. A superconformidade das pessoas, disfunção da burocracia, tem efeitos sobre a personalidade, pois o participante trabalha em função dos regulamentos, e não dos objetivos que foram estabelecidos.

Porém, a extinção total da estrutura burocrática é inviável. Para minimizar o problema, pode-se diminuir ou flexibilizar as normas; utilizar sistemas permanentemente auto-reavaliadores; promover um clima de participação e diálogo, estimulando-se iniciativas[61].

A cultura, outra variável da dimensão infra-estrutura organizacional, manifestada pelos valores, crenças, conhecimentos, significados, compromissos, modelos mentais e ações das pessoas da organização, possui relação direta com a criatividade.

Pesquisas mostram que a cultura da organização se apresenta como um fator de cerceamento ou de encorajamento da capacidade criadora do trabalhador, já que é a cultura organizacional que regula a mentalidade e a ação de cada indivíduo no seu local de trabalho.

Quando a passividade, a obediência e a dependência são exigidas pela organização, quando a postura de resistência às mudanças e às inovações é muito forte, quando o medo de expressar uma opinião ou uma idéia ou de se sentir ridicularizado ou punido predomina no ambiente de trabalho, a expressão *criativa* é bloqueada.

Por outro lado, uma cultura criativa, característica das organizações do conhecimento, valoriza o talento, estimula a geração de idéias e a coragem de assumir riscos. Ela deve estar presente em todos os níveis organizacionais, inserida nas ações diárias, na prática administrativa, nas estratégias, objetivos e metas da organização. Uma cultura criativa caracteriza-se pela

[61] PREDEBOM, 1997, p. 205.

flexibilidade, pela comunicação livre e aberta, pelos desafios e pelo prazer que as pessoas têm em seu trabalho.

Uma cultura criativa deve ser implementada por meio de ações como seleção de pessoas criativas, treinamento e desenvolvimento de habilidades criativas, discussão e compartilhamento de idéias entre os grupos e premiação das idéias e produtos criativos[62].

Outra dimensão importante nas organizações do conhecimento é a da tecnologia, que funciona como suporte para a criação, disseminação e armazenamento do conhecimento.

Nesse sentido, as redes de computadores, os bancos de dados, a Internet, as diversas tecnologias de informação e comunicação desempenham papel facilitador no processo da criatividade.

A tecnologia liberta processos criativos no homem na medida em que viabiliza a realização de projetos e soluções alternativas até então não realizadas. A própria tecnologia é resultado da criatividade do homem: quanto mais tecnologia, mais criatividade se torna necessária para explorar seus benefícios para a humanidade. A Internet, por exemplo, é um enorme banco de dados e informações que pode abrir inúmeras possibilidades de acordo com a criatividade de cada um[63].

A tecnologia da informação está se transformando em tecnologia de relacionamentos, o que possibilita uma nova era criativa, facilitando o fluxo de interação criativa nas redes de comunicação[64]. Por meio da tecnologia de informação as pessoas entram em contato com diversas opiniões, culturas e informações, que formam a base da matéria-prima do processo criador. O ciberespaço proporciona a aproximação das pessoas, compartilha conhecimentos e gera *insights*, propiciando o desenvolvimento de novas idéias.

---

[62] LOCKE e KIRKPATRICK, apud ALENCAR, T. M. Promovendo um ambiente favorável à criatividade nas organizações. *Revista de Administração de Empresas*, São Paulo, v. 38, n. 2, p. 18-25, abr./jun. 1998.

[63] FELDMANN, apud NEVES, C. Em meio a tanta tecnologia, só a criatividade salva. *T&D*, fev. 1998.

[64] KAO, 1997.

8.8 Considerações finais

Uma das características do mundo atual é a mudança. A cada momento, em diferentes setores da sociedade, surge um novo produto, um novo serviço, uma nova tecnologia, uma nova informação, um novo processo.

A aceleração das atividades do homem leva forçosamente as organizações a inovarem. As determinações do mercado globalizado, os novos paradigmas organizacionais, associados ao novo perfil profissional, e as novas relações de trabalho levam as organizações a buscar uma nova cultura, mais aberta, flexível e criativa, favorecendo a troca de idéias e melhorando a comunicação entre os ambientes interno e externo.

Para desenvolver e administrar a criatividade, é necessário compreender o processo de criação, saber escolher e motivar pessoas com capacidade criativa e criar um clima organizacional que promova a criatividade.

É necessário observar que a inovação nem sempre é resultado do pensamento criativo; portanto, não basta ter pessoas criativas nas organizações: é preciso ter pessoas que produzam ações, que sejam proativas e empreendedoras.

Assim, a criatividade nas organizações, manifestada por meio das pessoas, da infra-estrutura organizacional e da tecnologia, apresenta-se como um desafio para os administradores, já que implica mudança na forma de pensar, perceber e agir.

8.9 Você viu neste capítulo

Segundo Alencar, a criatividade "é um fenômeno complexo e multifacetado que envolve uma interação dinâmica entre elementos relativos à pessoa, como características de personalidade e habilidades de pensamento, e ao ambiente, como o clima psicológico, os valores e normas da cultura e as oportunidades para expansão de novas idéias".

Na ótica organizacional, a criatividade está relacionada ao processo de criação de idéias e produtos novos, transformados em valor útil para a organização.

Enquanto a criatividade diz respeito à geração de idéias inovadoras, inovação é a implementação com sucesso dessas idéias sobre produtos ou processos.

Taylor reuniu as características da pessoa criativa em três grupos: intelectuais, motivacionais e de personalidade.

As características intelectuais envolvem aspectos como originalidade, flexibilidade, fluência e elaboração.

As características motivacionais envolvem componentes extrínsecos (recompensas materiais) e intrínsecos (desejo e satisfação pelo trabalho).

As características de personalidade envolvem aspectos como apreciação de idéias, tendência para socialização e envolvimento interpessoal, persistência, iniciativa e atitudes de otimismo.

8.10 Estudo de caso

EXISTE VIDA CRIATIVA DEPOIS DO POST-IT?

Ary Fry estava um pouco preocupado. Agora que era considerado um inventor, sentia uma certa pressão para repetir o seu sucesso; infelizmente não tinha muita certeza de consegui-lo. De onde vinha a criatividade? Seria possível criar por encomenda? O ambiente ao redor poderia contribuir para o sucesso? Sem dúvida seu empregador pensava assim, mas será que as expectativas da 3M eram realistas?

Ary havia inventado o post-it, aquele bloquinho de papel com uma tira adesiva, que agora é um material básico em todo escritório nos Estados Unidos. Originalmente os bloquinhos eram apenas amarelos, mas agora vêm em um arco-íris de cores e com frases inteligentes impressas. Existem muitas imitações — a forma mais sincera de elogio. O produto é definitivamente um sucesso.

Ary não tinha partido do objetivo de dar início a uma revolução, nem mesmo entre o pessoal do escritório. Inventou os bilhetes adesivos porque seus marcadores de livros viviam caindo do seu hinário na igreja. Para resolver esse problema de menor importância, ele pegou uma tira adesiva que era um produto interessante, porém de nenhum sucesso, criado pelo setor de pesquisas da 3M, e grudou-a em pedaços de papel. O adesivo fora rejeitado pela 3M, onde Fry trabalhava como cientista, porque só ficava colado enquanto não fosse mexido. Mas essa qualidade foi precisamente a responsável pelo sucesso do post-it.

Depois de "bolar" um formato e de brincar por algum tempo com ele, Ary soube que tinha um produto que as pessoas poderiam usar. Entretanto, convencer seus superiores na 3M seria outra coisa; eles não estavam muito certos de que as pessoas pagariam por papel de rascunho com uma tira de adesivo atrás. De fato, os primeiros resultados de vendas pareciam confirmar seu ceticismo. Os bilhetes adesivos só começaram a vender realmente depois de a estratégia de marketing ser mudada. Trocaram o programa de mandar anúncios e folhetos por um que mandava amostras do produto. Assim, as pessoas puderam brincar com os post-it e descobrir por si mesmas seus diversos usos, quando então as vendas dispararam. Todo mundo que recebia amostras, de administradores de topo a *office-boys*, logo se tornava usuário leal.

Obviamente a 3M adorou o sucesso dos post-it. Como empresa, a 3M trabalha duro para estabelecer políticas que ajudem seu pessoal a criar exatamente esse tipo de sucesso.

Ela vê seu papel como o de proporcionar as ferramentas de que as pessoas criativas precisam para transformar uma idéia em uma realidade vendável. Um indivíduo isolado, com uma "boa cachola", pode não ter a especialização ou o equipamento para manufaturar e comercializar itens como aqueles em que a 3M se especializa. Mesmo que ele obtenha êxito nos primeiros estágios da vida do produto, o problema começa assim que a concorrência esquenta e entram em campo a fabricação eficiente e a publicidade em grande escala. Assim, a 3M administra o processo global, contribuindo com os recursos e os talentos combinados de uma grande *corporation*.

Para isso a 3M precisa de idéias originais. Por isso a companhia permite — e até mesmo encoraja — que seus empregados gastem tempo pago pela companhia com projetos pessoais ou de que gostem. Os bilhetes adesivos são apenas um exemplo do que pode resultar desses esforços pessoais. Além disso, a empresa tem o cuidado de dar todo o crédito aos seus criadores assalariados, permitindo que se sintam responsáveis pelas suas contribuições à companhia.

O que nos traz de volta ao dilema pessoal de Ary Fry. Ele sabia que a 3M esperava um pouco mais dele agora que provara que poderia ter uma boa idéia, ser o "campeão de produto" dela, fazê-la passar por todo o sistema e criar um sucesso comercial. Ele também esperava mais de si próprio. Tinha conseguido uma vez, e queria conseguir de novo. Tudo de que precisava era de uma boa idéia, e era exatamente isso, juntamente com o impulso de ir adiante e chegar ao sucesso com ela, que nenhuma empresa poderia proporcionar. Ary Fry tinha resolvido o problema de achar os hinos no seu hinário. Agora, que problema ele poderia resolver?

Fonte: Lessons from a successful intrapreneur.
The Journal of Business Strategy, v. 9, n. 2, mar./abr. 1998, p. 20-24.

questões do estudo de caso

1 Afinal, a criatividade pode ser administrada?

2 Por que Ary Fry está preocupado e o que ele pode fazer a respeito?

3 Suponha que Ary Fry fosse seu subordinado. Que conselho, como seu superior, você daria a ele?

8.11 Questões

1 Qual a discussão apresentada no texto sobre criatividade e inovação?

2 Sob que enfoque é discutida no texto a criatividade nas organizações?

3 Qual a relação entre estrutura organizacional e criatividade?

4 A partir de que compreensão o autor discute criatividade e tecnologia?

REFERÊNCIAS

ALENCAR, E. S. *A gerência da criatividade*. São Paulo: Makron Books, 1996.
_____. Promovendo um ambiente favorável à criatividade nas organizações. *Revista de Administração de Empresas*, São Paulo, v. 38, n. 2, p. 18-25, abr./jun.1998.
AMÁBILE, T. M. Como (não) matar a criatividade. *HSM Management*, v. 2, n. 1., p. 110-16, jan./fev. 1999.

_____. From individual creativity to organizational innovation. In: WEST, M. A.; FARR, J. L. (Orgs.). *Innovation and creativity at work*. Nova York: John Wiley and Sons, 1990.

ANGELONI, M. T. *Modelo de organizações do conhecimento*. Florianópolis, 1999. Notas de aula.

BENNIS, W. G.; BIEDERMAN, P. W. *Os gênios da organização*: as forças que impulsionam a criatividade das equipes de sucesso. Rio de Janeiro: Campus, 1999.

BODEN, M. A. (Org.). *Dimensões da criatividade*. Porto Alegre: Artes Médicas Sul, 1999.

CARR, C. *O poder competitivo da criatividade*. São Paulo: Makron Books, 1997.

DE BONO, E. *Criatividade levada a sério*: como gerar idéias produtivas através do pensamento lateral. São Paulo: Pioneira, 1994.

DE MASI, D. *A emoção e a regra*: os grupos criativos da Europa de 1850 a 1950. 4. ed. Rio de Janeiro: José Olympio, 1999.

DORIN, E. *Dicionário de psicologia*. 2. ed. São Paulo: Melhoramentos, 1978.

EYSENCK, H. As formas de medir a criatividade. In: BODEN, M. A. (Org.). *Dimensões da criatividade*. Porto Alegre: Artes Médicas Sul, 1999.

FARR, J. L.; FORD, C. M. Innovation Individual. In: WEST, M. A.; FARR, J. L. (Orgs.). *Innovation and creativity at work*. Nova York: John Wiley and Sons, 1990.

FERREIRA, A. B. H. *Novo dicionário da língua portuguesa*. 2. ed. Rio de Janeiro:Nova Fronteira, 1992.

HESKETH, J. L. *Criatividade para administradores*. Petrópolis: Vozes, 1983.

ISAKSEN, Scott G. Educational implications of creativity research: an updated rationale for creative learning. In: GRONHAUG, K.; KAUFMANN, G. *Innovation*: a cross disciplinary perspective. Oslo: Norwegian University Press, 1990.

KAO, J. *Jamming*: a arte e a disciplina da criatividade na empresa. Rio de Janeiro: Campus, 1997.

KING, N.; ANDERSON, N. Innovation in working groups. In: WEST, M. A; FARR, J. L. (Orgs.). *Innovation and creativity at work*. Nova York: John Wiley and Sons, 1990.

KNELLER, G. *A arte e ciência da criatividade*. São Paulo: Ibrasa, 1978.

KRUGLIANSLAS, I. *Tornando a pequena e média empresa competitiva*. São Paulo:Instituto de Estudos Gerenciais e Editora, 1996.

NEVES, C. Em meio a tanta tecnologia, só a criatividade salva. *T&D*, fev. 1998.

NONAKA, I.; TAKEUCHI, H. *Criação de conhecimento na empresa*. Rio de Janeiro:Campus, 1997.

OSTROWER, F. *Criatividade e processos de criação*. 6. ed. Petrópolis: Vozes, 1987.

PREDEBOM, J. *Criatividade*: abrindo o lado inovador da mente. São Paulo: Atlas, 1997.

ROBBINS, L. *O despertar na era da criatividade*. São Paulo: Gente, 1995.

SENGE, M. P. O novo trabalho do líder: construindo organizações que aprendem. In: STARKEY, K. *Como as organizações aprendem*: relato do sucesso das grandes empresas. São Paulo: Futura, 1997.

TAYLOR, C. W. (Org.). *Criatividade*: progresso e potencial. 2. ed. São Paulo: Ibrasa, 1976.

TEIXEIRA, E. A. *Aprendizagem e criatividade emocional*. São Paulo: Makron Books, 1998.

TERRA, José Cláudio Cyrineu. *Gestão do conhecimento*: o grande desafio empresarial — uma abordagem baseada no aprendizado e na criatividade. São Paulo: Negócio, 2000.

WECHSLER, S. M. *Criatividade*: descobrindo e encorajando. São Paulo: Psy, 1998.

WEST, M. A. A.; FARR, J. L. (Orgs.). *Innovation and creativity at work*. Nova York: John Wiley and Sons, 1990.

CAPÍTULO 9

Intuir e conhecer: uma perspectiva ampliada da gestão dos saberes organizacionais

Sandro Clemes

> *"A ausência de provas não é prova da ausência."*
> **Carl Sagan**

9.1 Introdução

A teoria organizacional contemporânea conta com uma diversidade considerável de postulações referentes aos fenômenos administrativos que buscam harmonizar imperativos de uma razão voltada à consecução de objetivos eminentemente econômicos com as necessidades individuais e coletivas de aceitação social e auto-realização.

Ainda que cada nova teoria aponte um novo prisma reflexivo para a análise organizacional, o temário pertinente à Ciência da Administração possui um eixo comum que baliza suas conceptualizações: o modelo burocrático de gestão, inserido em uma sociedade centrada no mercado e baseado em uma concepção cientificista, reducionista e fragmentada da realidade.

Uma tentativa de articular os múltiplos interesses operantes no presente contexto histórico, cujos processos de globalização econômica e social e de escasseamento de fatores de produção parecem irreversíveis, deve considerar o aproveitamento de todos os recursos potenciais e reais presentes nas organizações e das novas tecnologias informacionais de apoio à decisão e de gestão. Quando se percebe que as questões administrativas transcendem os domínios da objetividade e do formalismo burocrático, faz-se necessário lançar mão de estratégias que permitam a emersão e a plena utilização dessas capacidades ocultas, tantas vezes cerceadas pelos modelos tradicionais de gestão.

É a partir dessa configuração que a intuição humana pode assumir o *status* de elemento gerador de decisões administrativas, sem auferir à organização um atributo onírico ou irracional. A intuição surge, então, como mais um recurso de apoio ao processo decisório, capaz de conciliar imperativos funcionais e de caráter subjetivo e intrínseco no espaço de produção.

O presente capítulo pretende abordar os temas concernentes à intuição e seu papel na criação e gestão do conhecimento das organizações, bem como explorar sua possível relação com uma perspectiva ampliada da racionalidade humana e organizacional. Para tanto, estudam-se, inicialmente, os entendimentos multidisciplinares acerca do termo e suas características. Em uma segunda etapa, são tratadas as relações entre intuição e conhecimento tácito, e intuição e racionalidade. Em seguida, a intuição é apreciada no presente contexto e na gênese do conhecimento. Por fim, o estudo debate o papel de líder na criação de uma prática decisiva holística que contemple o uso da intuição na resolução da problemática gerencial.

9.2 Intuição: uma tentativa de conceituação

Por se tratar de uma categoria da pesquisa administrativa carente de investigações mais profundas, o esboço de uma conceituação suficientemente consistente sobre a intuição requer a busca de contribuições de outras áreas do conhecimento científico, como a lingüística, a psicologia e a filosofia.

O vocábulo "intuição", oriundo do latim *intuitio* — ato de contemplar, observar —, consiste na ação de "ver, perceber, discernir; percepção clara ou imediata; [...] ato ou capacidade de pressentir; [...] contemplação pela qual se atinge em toda a sua plenitude uma verdade de ordem diversa daquelas que se atingem por meio da razão ou do conhecimento discursivo ou analítico; [...] apreensão direta, imediata e atual de um objeto na sua realidade individual"[1].

A idéia dessa explicação é que a intuição não obedece a uma ordem lógica de raciocínio, passando ao largo da estimulação sensorial e dos

---

[1] FERREIRA, A. B. H. *Novo dicionário da língua portuguesa.* 2. ed. rev. aum. Rio de Janeiro: Nova Fronteira, 1986.

processos de análise, síntese e significação de informações para compor um conhecimento. A intuição é um conhecimento não mediado, não estimulado, mas dotado de valor intrínseco.

A intuição "independe de tempo–espaço, é sintética, não necessita de explicações ou de provas, nem apresenta relações de causa e efeito"[2]. A intuição não é produto direto de atividades intelectuais ou dos sentidos, permitindo acesso direto ao conhecimento sem mediações ou racionalizações funcionais. Ela proviria de um nível inconsciente da mente humana, emergindo espontaneamente, sem qualquer espécie de cálculo ou dedicação prévios.

Conforme a tipologia junguiana das funções psíquicas básicas, a intuição seria "a função psicológica que transmite a percepção por via inconsciente"[3]. A intuição é uma apreensão instintiva de um dado conteúdo psíquico que não se caracteriza como produto da atividade intelectual, sentimental ou sensorial. Seu conteúdo surge como um todo acabado, um "dado", e não um "derivado" ou "produto" do intelecto ou do sentimento. Uma visão do todo que apreende e configura o objeto, considerando o concurso de sistemas de relações que as funções de pensamento, sensação e sentimento não contemplariam constitui o fenômeno intuitivo. Rowan afirma que a intuição "provém de uma camada de percepção apenas abaixo do nível de consciência", sendo, por essa razão, "no mínimo escorregadia e evasiva"[4]. Pensar intuitivamente é, também, considerar a factibilidade da ocorrência do acaso, ainda que as relações engendradas por tal perspectiva pareçam inverossímeis no nível de consciência mais básico.

A intuição não deve ser entendida como um dom inato e personalístico, mas como uma faculdade mental comum ao homem, sendo o desejo o propulsor de sua emersão. Para explicar o componente coletivo do saber intuitivo, Jung recorre ao conceito de inconsciente coletivo, que seria uma ampliação da noção de inconsciente em Freud. O inconsciente pessoal

---

[2] VERGARA, S. C. Sobre a intuição na tomada de decisão. *Revista de Administração Pública*, Rio de Janeiro, v. 27, n. 2, p. 131, abr./jun. 1993.

[3] JUNG, C. G. *Tipos psicológicos*. Rio de Janeiro: Guanabara, 1991, p. 374.

[4] ROWAN, R. *Gerente por intuição*: a maneira mais certa de administrar empresas. 2. ed. Rio de Janeiro: Record, 1986, p. 21.

de Jung se assemelha à proposição freudiana, de sentido prático e subjetivo, composto por complexos de tonalidade emocional que antes eram conscientes. Já o inconsciente coletivo é suprapessoal, independente das experiências pessoais e do estar-no-mundo aqui e agora. Seu conteúdo é herdado e comum a todo o gênero humano. Nessa camada mais profunda do inconsciente estão conteúdos e modos de comportamento universais que formam um substrato psíquico que extrapola os limites do inconsciente individual. O inconsciente coletivo abriga o conjunto de arquétipos ou engramas que, ao longo da evolução histórica da vida humana, determinam sua atual estrutura psíquica, gerando uma energia psíquica compartilhada pelos indivíduos, embora não percebida[5]. A integração das diversas ordens presentes na vida humana associada, seus sistemas interagentes e sua instabilidade provocam, segundo esse entendimento, uma situação de caos. Para Vergara, a intuição "surge dessa totalidade perturbadora, enigmática, e atua diretamente sobre a matéria do cérebro, ou no nível não manifesto, que muda o manifesto"[6].

Damásio explica a intuição a partir de uma ótica bastante peculiar. Corroborando as noções de psicólogos e filósofos, o autor concorda que o processo intuitivo se dá fora da consciência, sem o raciocínio. Todavia, a intuição opera de forma sutil na tomada de decisão, não emergindo de modo abrupto e definitivo[7]. Os estados somáticos ou sem substitutos atuam no sentido de registrar os resultados das respostas de uma ação, positivos ou negativos. Tais resultados determinam o seguimento ou o abandono de uma resposta a um problema. Quando esse processo se dá fora da consciência, acaba por gerar uma reação explícita acerca dos resultados negativos, não manifestada de forma perceptível no estado do corpo, mas "inibindo circuitos neurais reguladores localizados no âmago do cérebro, que induzem os comportamentos apetitivos ou de aproximação"[8].

---

[5] JUNG, C. G. *Os arquétipos e o inconsciente coletivo*. Rio de Janeiro: Vozes, 2000.

[6] VERGARA, 1993, p.148.

[7] DAMÁSIO, A. *O erro de Descartes*: emoção, razão e o cérebro humano. São Paulo: Companhia das Letras, 1996.

[8] Ibid, p. 22.

O afastamento de respostas provocado por esse mecanismo reduz as possibilidades de escolha de uma alternativa de decisão insatisfatória ou oferece mais tempo para que se tome, racionalmente, a decisão mais adequada. Essa seria a fonte da intuição, ou seja, uma disposição não consciente que favorece ou inibe a ação, muito mais no sentido do "não fazer" do que do "fazer". Antes de oferecer a resposta pronta a um problema, a intuição reduziria o número de alternativas a serem cogitadas para essa escolha. A intuição seria, então, um mecanismo biológico oculto de pré-seleção de um conjunto de alternativas possíveis, que reduz sensivelmente o universo de cursos de ação a avaliar e apresenta ao exame da consciência apenas os qualitativamente superiores. Damásio concorda que a criatividade é produto da interação entre razão e intuição, que a voz intuitiva é sussurrante, não gritante.

Em seu pensamento filosófico, Bergson trata da intuição como método metafísico de investigação de uma realidade una, indivisível e multidimensional. O conhecimento absoluto de um objeto só pode ser dado pela intuição, que é "a *simpatia* pela qual nos transportamos para o interior do objeto para coincidir com o que ele tem de único e, conseqüentemente, de inexprimível"[9]. A intuição não carece da análise, da mediação racional, e permite adentrar um universo fluido e contínuo de transformações que existe em cada objeto, inclusive no homem. Ela é a única faculdade humana apta a expressar a duração real (*durée*), pois vai da realidade aos conceitos, e não deduz dos conceitos o objeto real.

Considerando os argumentos apresentados pelos estudiosos do fenômeno intuitivo aqui abordados, podem-se arrolar as seguintes categorias fundamentais para a elaboração de uma conceituação satisfatória a respeito de intuição:

- é espontânea;
- é desprovida de razão lógica;
- provém de um nível não consciente da mente humana;
- independe de estimulação sensorial;

[9] BERGSON, H. *Cartas, conferências e outros escritos*. São Paulo: Abril Cultural, 1979, p. 14. (Coleção Os Pensadores).

- promove acesso a um tipo de conhecimento impossível de ser adquirido por meio do pensamento lógico;
- é uma capacidade ou potencialidade da mente humana, e não uma característica pessoal apresentada exclusivamente por alguns indivíduos.

O caráter ilógico da intuição não significa, contudo, que seu conteúdo seja desprovido de sentido intrínseco, de validade interna. Apenas o tipo de acesso a esse conhecimento é que não percorre a via do raciocínio consciente, no qual a relação entre meios e fins é sempre equacionada. Daí o fato de a mente evocar recursos de linguagem não-verbal para exprimir o que surge por meio de imagens, símbolos e sutis predisposições. A própria elaboração analítica da linguagem verbal se torna um obstáculo para a comunicação de um fenômeno espontâneo, uno e indivisível como a intuição.

Se intuir é uma atividade mental estranha ao domínio do raciocínio, seria acertado então enunciar que não existe relação entre o trabalho da razão e o conhecimento subjetivo da intuição? Talvez uma breve discussão sobre conhecimento tácito e intuição possa esclarecer essa questão.

9.3 A intuição como conhecimento tácito

A despeito das diferentes nuanças de posicionamento teórico apresentadas por diferentes autores, observa-se um consenso quanto à relação entre conhecimento tácito e intuição.

O conhecimento tácito, para Polanyi, é eminentemente individual, relativo ao contexto e orientado à ação. Inclui um saber teórico, relativo aos elementos cognitivos do conhecimento, representado pelos modelos mentais individuais (o "saber como") e o saber técnico, concernente aos aspectos práticos e às habilidades envolvidas na realização da ação (o "saber o quê")[10]. O autor afirma que o conhecimento tácito é composto por dois termos: o *proximal* e o *distal*. O termo *proximal*, que está mais próximo do sujeito e mais longe do objeto, contém os significados das características

[10] POLANYI, M. *The tacit dimension*. Gloucester, Mass.: Peter Smith, 1983.

que permitem conhecer esse objeto. É o conhecimento que se tem do termo proximal que não pode ser comunicado verbalmente devido a suas regras complexas e multicondicionais de organização. O termo *distal*, que está distante do sujeito e perto do objeto, conduz à identificação e compreensão daquilo que se conhece. A estrutura do fenômeno do conhecimento tácito surge quando o sujeito se torna consciente do termo proximal do ato de conhecer após aparecer o termo distal.

A consciência do termo proximal se dá quanto ao seu significado para o conhecimento do termo distal. Não conhecemos os elementos proximais em si, mas o que eles significam: a partir deles conhecemos outros eventos e objetos.

O conhecimento tácito não pode ser substituído totalmente pelo conhecimento explícito. O domínio técnico sobre o funcionamento das particularidades (elementos) de um objeto pode aprofundar o conhecimento dele, mas não reproduzir o significado dos elementos que fora atribuído pelo sujeito.

Analogamente ao conhecimento *a priori* de que trata Kant[11], Polanyi acredita que o homem pode ter um "anteconhecimento tácito" a respeito de algo ainda não descoberto. Para o autor, "a todo o tempo somos guiados pela sensação da presença de uma realidade escondida em direção da qual nossas pistas estão apontando; e a descoberta que finda e satisfaz essa busca é ainda sustentada por essa visão"[12].

Ao "habitar" ou "residir em" um objeto, o indivíduo baseia-se nas especificidades particulares (características) para as quais não está atentando e, por isso, não é capaz de especificá-las; além disso, orienta-se pela atenção dispensada a partir dessas particularidades não especificáveis até chegar à entidade compreensiva, conectando-as de tal forma que não consegue defini-las. A interação preconizada por Polanyi entre sujeito e objeto no conhecimento tácito faz romper, na opinião de Nonaka e Takeuchi, a dicotomia entre mente e corpo, conhecedor e conhecido, razão e emoção[13].

[11] KANT, I. *Crítica da razão pura*. 2. ed. Lisboa: Editora da Fundação Calouste Gulbenkian, 1989.

[12] POLANYI, 1983, p. 24.

[13] NONAKA, I.; TAKEUCHI, H. *Criação de conhecimento na empresa*: como as empresas geram a dinâmica da organização. Rio de Janeiro: Campus, 1997.

Como existem conhecimentos difusos e desorganizados na mente, os quais dificilmente podem ser expressos ao longo de uma cadeia lógica de signos (palavras, frases, discursos), também o conhecimento intuitivo tem caráter tácito. O que ocorre é que a intuição ocupa um nível mais profundo da psique humana: o inconsciente. A intuição é um conhecimento implícito não revelado nem mesmo para seu detentor, o qual não tem acesso deliberado a seu conteúdo. Se para Polanyi "sabemos mais do que conseguimos dizer"[14], Leonard e Semsiper acrescentam que "geralmente sabemos mais do que podemos supor"[15].

Tanto o conhecimento tácito consciente quanto o inconsciente oferecem ao conhecedor dificuldades para a sua comunicação, já que a linguagem verbal obedece a padrões estruturais predefinidos e pouco flexíveis, enquanto as representações simbólicas e intuições possuem formas e conteúdos ambíguos e desordenados. Como articular um saber inconsciente por meio de juízos analíticos? Para comunicá-lo, o indivíduo deve recorrer a outros instrumentos de expressão, dentre os quais o mais eloqüente parece ser seu próprio corpo que age na realidade.

Uma questão crítica da aproximação entre os conceitos de conhecimento tácito e intuição reside na possível redução do saber intuitivo a um repositório de conteúdos justapostos outrora conscientes, provenientes de experiências vividas pelo sujeito e por processos de aprendizagem implícita. Ora, se assim for, como explicar a intuição dotada de atributo totalmente inovador, sem qualquer relação com o trajeto sensorial anteriormente percorrido pelo indivíduo? Tal indagação sugere duas vertentes de interpretação. A primeira postula que os significados das experiências pessoais acumulados no inconsciente preparam os indivíduos para além do âmbito das situações reconhecíveis, tornando-os aptos a apreender outros objetos e eventos[16]. O conjunto de informações, experiências, fatos e relacionamentos

---

[14] POLANYI, 1983, p. 4.

[15] LEONARD, D.; SEMSIPER, S. The role of tacit knowledge in group innovation. *California Management Review*, v. 40, n. 3, p. 114, 1998.

[16] LANGAN-FOX, J.; SHIRLEY, D. A. Intuition: a review of the literature. *Psychological Reports*, v. 79, p. 563-84, 1996; ROWAN, 1986.

organizados e sintetizados pela mente no seu nível subconsciente seria externalizado pela intuição. A intuição seria, pois, produto da aprendizagem e das vivências humanas.

Por outro lado, Vergara contesta esse ponto de vista ao indagar quanto ao fenômeno da serendipidade, que justificaria as inúmeras descobertas científicas por indivíduos leigos. Para a autora, a experiência e a aprendizagem não têm vinculação linear com o atributo intuitivo da mente humana. Esses seriam elementos geradores de um estado de relaxamento psíquico derivado de uma situação de segurança e domínio de uma área de conhecimento, que tornaria uma pessoa apta a dispor de suas faculdades intuitivas[17]. Um conhecimento não mediado pela razão, tal como o intuitivo, proviria de uma condição de libertação de esquemas cognitivos formais. O primeiro entendimento parece mais disseminado na teoria organizacional que versa sobre intuição; o segundo remete ao pensamento filosófico e à psicologia transpessoal junguiana. De qualquer modo, em ambos os casos, as experiências pessoais exercem efeitos relevantes sobre o fenômeno intuitivo.

9.4 Racionalidade e intuição

Compreender o significado da razão na teoria organizacional possibilita entender muitos dos argumentos que justificam proposições teóricas e práticas administrativas vigentes. Ao se analisar essa categoria básica da pesquisa em ciências sociais e, portanto, da ciência administrativa, procura-se avaliar a viabilidade do uso da intuição no ambiente organizacional, dadas as concepções teóricas acerca da natureza do trabalho humano e da organização.

Como visto, o conceito de razão é tema básico central da elaboração de teorias relativas às ciências sociais, em geral, e à ciência das organizações, em particular. Confrontar racionalidade e intuição é uma tarefa julgada importante nesse momento porque proporciona um entendimento mais apurado das características do conhecimento intuitivo quando inserido na seara organizacional e do papel que ele cumpriria na construção de um modelo de organização paraburocrática.

[17] VERGARA, 1994, p. 173-4.

Weber faz a distinção de duas categorias primárias de racionalidade: a racionalidade funcional, instrumental ou formal, e a racionalidade substantiva, substancial ou de valor.

A racionalidade instrumental — *zweckrationalität* —, no sentido weberiano, é orientada por uma expectativa de resultados, adequando-se toda ação à consecução de metas estabelecidas[18]. A razão funcional se interessa pelo "cálculo utilitário de conseqüências"[19]. Em Mannheim, a racionalidade funcional representa um meio para alcançar uma meta específica, ignorando-se as qualificações éticas das ações racionais, que Habermas sugere estarem subordinadas a critérios técnicos. A racionalidade instrumental gera, assim, os comportamentos individuais e sociais na economia de mercado. O interesse na concretização de um objetivo desvenda o cunho eminentemente utilitarista do formalismo capitalista. Em um enfoque normativo da ação humana, Bentham (1979) propõe uma ética utilitarista, na qual o valor moral encontra-se nas conseqüências do ato para o indivíduo e para a sociedade. Calcular a felicidade provocada por tal ação a justificaria, caso o resultado fosse o bem-estar individual ou coletivo.

Com base nesses argumentos, clarifica-se a necessária relação existente entre o mercado e a razão formal, típica da estratégia burocrática de gestão e cerne da *ação eficiente*. A racionalidade funcional é, portanto, inerente à sociedade capitalista, que se caracterizou por compor-se de organizações econômicas altamente formalizadas.

A racionalidade substantiva — *wertrationalität* — é "determinada independentemente de suas expectativas de sucesso, e não caracteriza nenhuma ação humana interessada na consecução de um resultado ulterior a ela"[20]. A razão substantiva ou de valor está presente em ações humanas legitimadas pela subjetividade da compreensão mútua de relações. A marca dessa categoria é o desinteresse pelo cálculo utilitário de resultados

---

[18] WEBER, M. *Economia e sociedade*: fundamentos da sociologia compreensiva. Brasília: UnB, 1991.

[19] Conceitos similares de razão são discutidos também por Mannheim (1982) e Habermas (1987).

[20] WEBER, 1991, p. 15.

e a ausência de motivações externas. Para Mannheim, a racionalidade substantiva é "um ato de pensamento que revela percepções inteligentes das inter-relações de acontecimentos, em uma situação determinada"[21]. Nesse caso, os imperativos éticos são imanentes a toda e qualquer ação humana de natureza intrínseca. Sua base normativa é profundamente subjetiva e se localiza na psique humana, em contraposição ao aspecto descritivo da razão formal, regulada por regras externas e socialmente aceitas. Decorre da adesão voluntária do indivíduo a um valor religioso, moral, estético ou de outra natureza transcendente.

A racionalidade substantiva habilita o homem a discernir entre bem e mal, falso e verdadeiro, ou seja, resgata o indivíduo no papel da ordenação de sua vida pessoal e social, contribuindo para sua auto-realização[22]. Ainda de acordo com esse autor, a psique humana e, conseqüentemente, a razão substantiva devem ser o ponto central da elaboração de uma teoria organizacional abrangente. Daí a proposta delimitativa da economia, que reduz o impacto do pensamento e da ação funcionais sobre a vida humana em sociedade, viabilizando uma atuação autogratificante para os cidadãos e a alteridade organizacional[23].

Não há, no entanto, duas razões distintas — instrumental e substantiva — na mente humana. Existe apenas uma razão com dois atributos diversos e complementares[24]. O dilema da vida organizacional é, pois, a viabilidade de um exercício integral da razão. O tráfego entre objetividade e subjetividade, entre interesse e paixão, entre econômico e isonômico, enfim, entre organização e indivíduo, precisa ser detalhadamente mapeado e debatido pela teoria administrativa.

---

[21] Apud RAMOS, A. G. *A nova ciência das organizações*: uma reconceituação da riqueza das nações. Rio de Janeiro: Fundação Getulio Vargas, 1981, p. 6.

[22] Ibid.

[23] MOTTA, F. C. P. Alteridade e organização: a associação contra a hierarquia. In: ENANPAD, 16., 1992, Salvador. *Anais...* Salvador: ANPAD, 1992, p. 51-7.

[24] SALM, J. F. Transição organizacional e racionalidade: declínio e restauração da razão no espaço de produção. 1996. Trabalho apresentado como requisito do concurso para professor titular do Departamento de Ciências da Administração/UFSC, Florianópolis, 1996. Não publicado.

Antes de proceder ao cotejo entre razão e intuição, é preciso salientar que esta ocupa o território do inconsciente, enquanto aquela se manifesta no nível da consciência. Porém, se confrontada com as duas categorias de racionalidade discutidas, a intuição apresenta caracteres do tipo substantivo. Vários são seus pontos mutuamente convergentes: 1) o caráter espontâneo e valorativo dos atos em si mesmos; 2) estão baseadas em conhecimento autônomo de relações entre fatos; 3) ambas atestam a transcendência do ser humano; 4) são atos em que predominam conteúdos subjetivos, motivados por impulsos, emoções, sentimentos e outros fatores perturbadores de uma apreensão inteligível da realidade; 5) tanto a intuição como a racionalidade substantiva provêm de uma visão globalizante da realidade.

9.5 A intuição no contexto das organizações econômicas

O ambiente organizacional apresenta características bastante peculiares, que, *a priori*, não sugerem uma prática administrativa autônoma. O modelo burocrático, cujos princípios estão ainda arraigados nas formas mais modernas de gestão, é conduzido por um tipo de racionalidade tipicamente instrumental, no qual o "comportamento" legítimo é aquele amparado pela lógica formal presente em normas e procedimentos já instituídos. Mas, mesmo no enclave econômico, a necessidade de lidar com situações sempre mais desafiadoras no mercado competitivo e a utilização de todos os potenciais físicos ou intelectuais levam a uma melhor condição de enfrentamento dessas contingências ambientais.

Ora, se se entende a intuição como um tipo de conhecimento ao qual todos os indivíduos têm acesso, e que pode enriquecer o repertório individual de resoluções de problemas, desperdiçá-la equivaleria à subutilização de recursos organizacionais. Embora possa parecer perverso, esse entendimento é justificado pelo pressuposto de que, ao externalizar seu conhecimento intuitivo, o ator organizacional está simultaneamente apresentando uma alternativa de decisão à questão-problema e agindo autonomamente, sem os limites restritivos da formalidade burocrática e, portanto, de forma mais espontânea, subjetiva e autogratificante. Entretanto, essa é apenas uma razão — de caráter personalístico — pela qual se justifica o interesse em aproveitar o potencial intuitivo dos indivíduos na vida organizacional.

A atual conjuntura de mercado requer novas maneiras de decidir sobre o destino da organização[25]. Em um nível de abrangência global, a intuição faria frente a um ambiente mutante, complexo, incerto e conflitivo. As mudanças acontecem não apenas na economia, mas no modo pelo qual a sociedade percebe a realidade. Os autores mencionam uma nova "consciência" social, que supera o modo analítico e cartesiano de entendimento do mundo e apresenta uma percepção mais apurada da realidade, que só pela intuição seria factível. A ausência de um pensamento balizador dos destinos da sociedade humana seria também uma razão pela qual o conhecimento intuitivo encontraria maior espaço para se manifestar, já que a falência de ideologias e utopias teria deixado sem fundamento sólido a sociedade humana. Outra mudança profunda ocorre na própria produção formal de conhecimento, quer dizer, na ciência. A substituição da lógica cartesiana — de pensamento linear, reducionista e determinística — por uma racionalidade mais subjetiva e valorativa, que admite a vigência de complexas relações nos fenômenos sociais e mesmo naturais, aponta para uma mudança de paradigma, na qual a intuição surge como mecanismo efetivo de apreensão dessa complexidade.

No nível organizacional, a intuição se mostra útil ao capacitar o gestor a decidir sobre questões a respeito das quais ele não possui domínio técnico ou experiência. Uma vez considerada a evolução da sociedade capitalista acompanhada da crescente complexidade e velocidade das mudanças, é possível depreender que a necessidade de se lançar mão do potencial intuitivo para a tomada de decisão é igualmente maior. Com o advento das tecnologias de gestão da informação e apoio à decisão, que concorrem para uma maior agilidade e eficiência na resolução de problemas, principalmente nos níveis operacional e tático das organizações, as decisões de nível estratégico dependem em grande escala de uma capacidade de análise que escapa à automatização de sistemas informacionais. Como decidir sobre demandas que, por seu caráter inovador, não encontram precedentes históricos na experiên-

---

[25] PARIKH, J. et al. *Intuição*: a nova fronteira da administração. São Paulo: Cultrix, 1994.

cia das organizações, carecendo de uma melhor estruturação lógica? Como optar por uma dentre várias e tão semelhantes alternativas de solução de problemas geradas por essas tecnologias de informação? O que fazer quando o histórico das decisões da organização falha ao subsidiar a tomada de decisão? A intuição aparece aqui como um recurso possível para responder a tais indagações, visto que é um fenômeno gerador de conhecimentos.

9.6 A intuição e a geração de conhecimento

Nas organizações, a geração de conhecimento pode ser favorecida pela aplicação de um método composto de três fases fundamentais: metáfora, analogia e modelo[26]. Em cada uma das etapas, as prioridades, o tipo de racionalidade predominante e os resultados apresentam características próprias.

Na fase da metáfora, o que se pretende é a criação de idéias, de novos caminhos, sem a observância de critérios lógicos que indiquem a viabilidade técnica ou econômica do projeto em concepção. A externalização da subjetividade dos sujeitos é a tônica dessa etapa, na qual conteúdos intuitivos e emocionais afloram pelo emprego de metáforas. A recorrência a imagens e símbolos favorece a expressão de um tipo de conhecimento que não encontra na linguagem verbal — analítica, fragmentária, racional — um meio ideal de conversão. A espontaneidade que caracteriza a intuição é um processo que não pode ser refreado pelo filtro do raciocínio. Daí o emprego de imagens e símbolos metafóricos para que se garanta a integridade do conteúdo externalizado, minimizando-se perdas e vieses de interpretação.

A metáfora não é apenas uma figura de linguagem que remete à alegoria e à extrapolação do sentido original das palavras. Consiste em um "método diferenciado de percepção"[27] que permite a livre exposição da imaginação, da criatividade e da intuição. Na metáfora podem-se combinar idéias, frases ou imagens que em princípio se mostrem completamente

---

[26] NONAKA, I. A empresa criadora de conhecimento. In: STARKEY, K. *Como as organizações aprendem*: relatos do sucesso das grandes empresas. São Paulo: Futura, 1997, p. 27-43; NONAKA e TAKEUCHI, 1997.

[27] NONAKA, 1997, p. 35.

díspares ou incompatíveis entre si. Segundo o autor, essa discrepância cria condições para o surgimento do novo.

A tensão criativa subjacente à vinculação de imagens e conceitos logicamente desconexos funciona como um estímulo à emersão de conteúdos inconscientes e extra-racionais justamente porque dificulta a ação coercitiva da razão. Nonaka e Takeuchi (1997), ao descreverem o processo de criação de produtos nas empresas japonesas, citam exemplos dessa natureza: o *slogan* Teoria da Evolução do Automóvel, que inspirou o desenvolvimento de um modelo de automóvel da Honda que proporcionasse maior espaço para os passageiros; e o conceito de Eletrônica Humana, norteador de todo o trabalho de desenvolvimento de eletrodomésticos da Matsushita, que supunha a criação de produtos fáceis de usar com a aplicação de alta tecnologia.

A fase seguinte, a analogia, é aquela em que se pretende a adaptação da formulação teórica à possibilidade de operacionalização da idéia. Não é ainda uma etapa de construção de um protótipo, mas sim de harmonizar todas as idéias metafóricas em contradição. Aqui o gerador de conhecimento abandona a liberdade intuitiva e adentra o terreno da racionalidade instrumental, na medida em que analisa as características e diferenciações de cada elemento constitutivo da metáfora. Trata-se de um processo estruturado de raciocínio, cujo objetivo é integrar conteúdos mutuamente conflitantes e estabelecer suas distinções.

A terceira e última fase é a do modelo, aquela na qual se busca criar um sistema lógico de operacionalização do conhecimento metafórico. Exige a resolução definitiva de contradições e implica a comprovação da transferibilidade de seus conceitos, da sua viabilidade técnica e econômica. Após a definição de todos os critérios técnicos do projeto, resta produzir um protótipo, que é a concretização de um conceito subjetivo comunicado por imagens e símbolos representativos de um conhecimento intuitivo.

Embora esse método de geração de conhecimento atenda primordialmente a fins didáticos, seu valor está em demonstrar a pertinência do uso da subjetividade humana na resolução de problemas, na criação do saber organizacional e, por conseguinte, na transformação da organização.

9.7 Para uma gestão intuitiva

Na empresa do conhecimento, o líder exerce função singular na reunião dos atores organizacionais em torno dos objetivos de externalização, compartilhamento e internalização do conhecimento. A fim de ampliar o repertório de saberes em corrente uso na organização — o que a habilitaria a melhor lidar com complexas interações e contingências ambientais às quais está sujeita —, o líder não deve somente procurar desenvolver seu potencial intuitivo individual, mas criar condições para que os demais atores organizacionais também o façam.

Quanto a estimular o maior uso do pensamento intuitivo individual, Rowan (1986) descreve determinadas ações a serem empreendidas pela liderança do conhecimento:

- *escutar a si mesmo* — consiste no ato de captar o "diálogo" entre raciocínio e emotividade, limitando a regulação racional de impulsos e idéias criativas;
- *confiar em seus palpites* — considerado como um grau básico de intuição, o palpite ocorre quando seu agente confia no resultado desse pensamento, mesmo que não se possa compreender seu mecanismo de ação;
- *livrar-se de preconceitos* — para captar uma verdade imediata que prescinda de operações lógicas de inferência, o líder deve despojar-se de predefinições e conceitos cristalizados sobre o problema em questão, deixando que a intuição flua sem julgamentos;
- *não duvidar das próprias qualificações* — o líder deve abandonar uma postura defensiva em relação às suas idéias e aos seus *insights* e assumir uma conduta proativa e autoconfiante, sem se preocupar com a correlação entre o objeto da intuição e a sua especialização profissional;
- *valorizar o pensamento subjetivo* — uma barreira à intuição que precisa ser vencida é o enfoque demasiado na objetividade e na verificabilidade de idéias;
- *deixar a mente brincar* — o estado de relaxamento psíquico dá margem à emersão de conteúdos subjetivos e intuitivos, o que se justifica

pelo fato de a emotividade ser uma atividade mental anterior ao racio-cínio sistemático;

- *procurar analogias* — sistemas concretos (suas características, seu funcionamento) diversos daquele que se configura objeto do problema organizacional podem servir de base factual para a aplicação de idéias novas, por meio da analogia;
- *não ter medo do fracasso* — o receio do insucesso refreia a consecução de um pensamento intuitivo, o que requer do líder autoconfiança e equilíbrio psíquico;
- *dar ouvidos aos sonhos* — muitas descobertas científicas foram produtos de sonhos que, na acepção psicanalítica, são manifestações do inconsciente; o líder deve dar vazão à sua imaginação onírica e dedicar-se a elucubrações desinteressadas;
- *transformar adversidades em vantagens* — o executivo intuitivo deve estar apto a transformar e integrar situações caóticas em um nexo orientador das ações organizacionais.

O papel fundamental do líder em uma organização do conhecimento é criar um ambiente que favoreça a geração, a externalização e o compartilhamento das diversas formas de conhecimento que sustentam a ação humana. Ser um gestor intuitivo, portanto, não é o bastante. É preciso optar por uma postura aberta e flexível no tratamento das questões administrativas, na qual haja menos interesse na padronização de procedimentos e rígidas rotinas e mais espaço para a adoção de estratégias alternativas de resolução de problemas, como, por exemplo, a intuição. Ao procurar estimular a difusão da intuição em todos os espaços e práticas organizacionais, Rowan sugere que o líder empreenda ações como encorajar atitudes inovadoras, pois tanto as chefias quanto a própria estrutura organizacional devem viabilizar empreendimentos inovadores, que possam favorecer a motivação individual e grupal para o trabalho e que representem diferenciais competitivos para a organização[28]. Ligar-se à intuição dos colaboradores, criando um espaço para a expressão de

---

[28] ROWAN, 1986.

uma intuição coletiva, que tende a gerar soluções quantitativa e qualitativamente mais significativas, é outra tarefa do gestor intuitivo. Ainda uma terceira atribuição desse líder seria flexibilizar as rotinas administrativas, para estimular a intuição e a criatividade, rompendo com uma estrutura hierárquica rígida e com padrões de procedimentos altamente preconcebidos, que devem ceder lugar a um esquema mais espontâneo, lúdico e ousado de trabalho.

Se um gestor puramente racionalista não mais parece atender às demandas internas e externas de eficácia organizacional, também uma liderança eminentemente emocional trilharia um caminho que poderia comprometer a consecução de objetivos e metas planejadas, dado seu enfoque exclusivo em aspectos subjetivos da ação organizacional. A operacionalização do planejamento, tanto no nível estratégico quanto nos níveis tático e operacional, requer a adoção de uma lógica formal, atributo primário da gestão de organizações. Cabe ao líder considerar o uso efetivo das múltiplas capacidades humanas no espaço de produção, antes de eleger uma delas em detrimento das demais. Admitir essa complexidade é compreender a condição humana.

Conforme apresentadas acima, as características e ações a serem assumidas por aqueles que pretendem estimular a gênese de conhecimento organizacional pelo uso da intuição confrontam-se com os atributos típicos das lideranças burocráticas tradicionais e mesmo com as feições estruturais da burocracia. Enquanto nesta o líder atua segundo a jurisdição de seu cargo, com a máxima previsibilidade e padronização de comportamento, o gestor intuitivo deve primar pela flexibilização das práticas organizacionais de maneira a criar um cenário que favoreça uma ação humana autônoma e subjetiva.

9.8 Considerações finais

O pensamento intuitivo não deve ser entendido como qualitativamente superior e, por isso, substituto da lógica funcional da racionalidade burocrática no meio organizacional. Dissipar a burocracia como modelo alocativo de recursos seria tarefa de cunho mais ideológico que científico[29], além de não

---

[29] RAMOS, A. G. *Administração e contexto brasileiro*: esboço de uma teoria geral da administração. 2. ed. Rio de Janeiro: Fundação Getulio Vargas, 1983.

consistir no objetivo das atuais propostas teóricas sobre a gestão das organizações. Intuir e racionalizar são atividades mentais que estabelecem entre si uma relação de complementaridade, não de mútua exclusão. Compõem um esquema fluido de criação, captação, ampliação e expressão do conhecimento humano, e assim deve ser nas empresas do conhecimento. O que vem ocorrendo atualmente é que os fenômenos econômicos e sociais exigem métodos de solução de problemas que esgotam as possibilidades do pensamento racionalista e penetram na seara da capacidade intuitiva do homem.

Na epistemologia das organizações concretiza-se a função fundamental do conhecimento e da intuição, como uma de suas formas de externalização: subsidiar decisões e promover ações pessoais autônomas. O processo cognitivo, que pode ser entendido como mecanismo de apreensão de conhecimento abstrato ou técnico pelo indivíduo, deve possibilitar, além de uma ação eficiente do ponto de vista econômico, um movimento crítico, criativo e substantivo do homem.

Ainda que "intuir no espaço organizacional" seja diferente de expressar o conhecimento intuitivo em outros enclaves da vida humana associada, a intuição pode representar um diferencial qualitativo, tanto no que concerne às decisões de cunho econômico quanto na realização do potencial emotivo e subjetivo de cada ser humano.

9.9 Você viu neste capítulo

A despeito da falta de consenso sobre o conceito de intuição, pode-se caracterizá-la como um tipo de conhecimento que emerge espontaneamente, sem a mediação do pensamento analítico e que independe de estimulação sensorial para vir à tona. Sendo oriunda de um nível não consciente da mente humana, a intuição é desprovida de razão lógica que a legitime — embora seja dotada de coerência intrínseca — e representa uma capacidade ou potencialidade mental comum a todos os indivíduos, e não um atributo exclusivo de alguns e ausente nos demais.

Pensar sobre o uso da intuição nas organizações implica compreender o *ethos* organizacional, ou seja, o cerne da ação administrativa que se desenrola em um ambiente voltado à consecução de fins predefinidos. Daí a discussão sobre a racionalidade organizacional, que é eminentemente instrumental e dirige os atos humanos empreendidos com vistas a realizar, eficazmente, os objetivos que norteiam e justificam a existência daquele espaço de produção.

O macroambiente das organizações vem-se apresentando cada vez mais complexo, dinâmico e instável, subjugando o poder de previsibilidade e de eficácia dos tomadores de decisão, quer nos problemas de ordem interna (passíveis de maior controle e estruturação), quer em questões de natureza estratégica e de longo prazo (marcadamente desestruturadas e incontroláveis). A intuição desponta como uma alternativa de resolução de tais problemas. Além disso, as necessidades individuais e coletivas de expressão autônoma e de auto-realização sinalizam a importância da intuição como fenômeno da subjetividade humana.

O processo de geração de conhecimento organizacional proposto por Nonaka (in STARKEY, 1997) situa a intuição como marco iniciador da criação na fase da metáfora, que se compõe de idéias repletas de subjetividade e contradição. Subseqüente a essa etapa, a analogia é a fase da adaptação da formulação teórica à possibilidade de operacionalização da idéia. A fase do modelo é aquela em que se definem os critérios técnicos do projeto e se produz um protótipo.

Nas organizações, para favorecer o uso da intuição, os indivíduos devem assumir atitudes como escutar a si mesmos; confiar em seus palpites; livrar-se de preconceitos; não duvidar das próprias qualificações; valorizar o pensamento subjetivo; deixar a mente brincar; procurar analogias; não ter medo do fracasso; dar ouvidos aos sonhos e transformar adversidades em vantagens.

Não se deve supor que o saber intuitivo é qualitativamente superior ao conhecimento racional-analítico que marca a história do pensamento e das práticas em Administração. Ambos são complementares e válidos na gestão eficaz de recursos em um contexto complexo no qual atuam seres humanos pensantes e emotivos, que raciocinam e intuem.

9.10 Estudo de caso

Anos atrás, a Gradiente, fabricante brasileira de equipamentos eletroeletrônicos, pretendia aumentar suas vendas em canais comerciais não tradicionais do mercado em que atuava. Para tanto, preparava o lançamento de um modelo de aparelho de som do tipo "três-em-um".

A partir do que você imagina ter sido desenvolvido o projeto? Baseando-se em pesquisas de opinião com os consumidores-alvo? Ou no trabalho desenvolvido pelo departamento de pesquisa e desenvolvimento (P&D) da empresa? Na verdade, a idéia do produto surgiu de uma conversa do presidente da Gradiente, Eugênio Staub, com um empresário concorrente. Durante o encontro, esse empresário disse estar surpreso com o volume das vendas de uma estante fabricada sob sua encomenda por uma indústria de móveis, para acomodar os aparelhos de som que sua firma produzia. Staub vislumbrou de imediato um *rack* (uma miniestante), que acompanharia o aparelho de som a ser lançado em breve.

Inicialmente, a idéia não foi bem-aceita por alguns diretores da Gradiente, que entendiam a proposta como um retorno à arcaica vitrola com mesa tão característica da década de 1950. Vencida a resistência, o projeto foi concluído, e o produto lançado com intensa publicidade, enfocando-se especialmente o *rack* que dele fazia parte. Com essa inovação, o aparelho de som da marca Gradiente proporcionou à organização a conquista do segmento de mercado almejado — o dos equipamentos de som três-em-um.

Fonte: Baseado em BLECHER, N. Por que a intuição (e quem sabe lidar com ela) é cada vez mais valorizada no mundo dos negócios. *Revista Exame*, São Paulo, 8 out. 1997.

questões do estudo de caso

1 Você compreende a decisão de Eugênio Staub como assentada em pura intuição? Justifique sua resposta.

2 A idéia de acoplar uma pequena estante a um aparelho de som surgiu de um relato baseado em fatos reais feito ao presidente da Gradiente. Você considera que a experiência e os indícios de demandas ambientais

(internas ou externas) são essenciais à tomada de decisão organizacional, ou pensa ser válido assumir os riscos de uma decisão totalmente fundamentada na intuição, sem o respaldo de bases factuais?

3 Que argumentos você usaria para convencer os demais membros de sua organização de que vale a pena confiar na decisão intuitiva?

9.11 Questões

1 Qual a diferença entre intuição e criatividade?

2 Qual a principal característica da intuição que a diferencia de outros tipos de conhecimento?

3 Como uma decisão intuitiva, notadamente tão subjetiva e espontânea, pode ser convertida em conhecimento organizacional explícito?

4 Em qual das três fases do processo de geração de conhecimento descrito por Nonaka (in STARKEY, 1997) a intuição opera mais significativamente? Indique como e por quê.

5 No mundo empresarial, a intuição é mais importante que a razão? Por quê?

6 Que atitudes deve tomar o ator organizacional que pretenda desenvolver sua intuição no ambiente dos negócios?

7 Quais as similaridades entre a racionalidade substantiva e o fenômeno intuitivo?

REFERÊNCIAS

BENTHAM, J. *Uma introdução aos princípios da moral e da legislação*. 2. ed. São Paulo: Abril Cultural, 1979.

BERGSON, H. *Cartas, conferências e outros escritos*. São Paulo: Abril Cultural, 1979. (Coleção Os Pensadores).

DAMÁSIO, A. *O erro de Descartes*: emoção, razão e o cérebro humano. São Paulo: Companhia das Letras, 1996.

FERREIRA, A. B. H. *Novo diagnóstico da língua portuguesa*. 2. ed. rev. aum. Rio de Janeiro: Nova Fronteira, 1986.

HABERMAS, J. *Conhecimento e interesse*: com um novo posfácio. Rio de Janeiro:Guanabara, 1987.

JUNG, C. G. *Tipos psicológicos*. Rio de Janeiro: Guanabara, 1991.

_____. *Os arquétipos e o inconsciente coletivo*. Rio de Janeiro: Vozes, 2000.

KANT, I. *Crítica da razão pura*. 2. ed. Lisboa: Editora da Fundação Calouste Gulbenkian, 1989.

LANGAN-FOX, J.; SHIRLEY, D. A. Intuition: a review of the literature. *Psychological Reports*, v. 79, p. 563-84, 1996.

LEONARD, D.; SEMSIPER, S. The role of tacit knowledge in group innovation. *California Management Review*, v. 40, n. 3, p. 112-29, 1998.

MANNHEIM, K. *Ideologia e utopia*. 4. ed. Rio de Janeiro: Zahar, 1982.

MOTTA, F. C. P. Alteridade e organização: a associação contra a hierarquia. In:ENANPAD, 16., 1992, Salvador. *Anais...* Salvador: ANPAD, 1992, p. 51-7.

NONAKA, I. A empresa criadora de conhecimento. In: STARKEY, K. *Como as organizações aprendem*: relatos do sucesso das grandes empresas. São Paulo: Futura, 1997, p. 27-43.

NONAKA, I.; TAKEUCHI, H. *Criação de conhecimento na empresa*: como as empresas geram a dinâmica da organização. Rio de Janeiro: Campus, 1997.

PARIKH, J. et al. *Intuição*: a nova fronteira da administração. São Paulo: Cultrix, 1994.

POLANYI, M. *The tacit dimension*. Gloucester, Mass.: Peter Smith, 1983.

RAMOS, A. G. *A nova ciência das organizações*: uma reconceituação da riqueza das nações. Rio de Janeiro: Fundação Getulio Vargas, 1981.

_____. *Administração e contexto brasileiro*: esboço de uma teoria geral da administração. 2. ed. Rio de Janeiro: Fundação Getulio Vargas, 1983.

ROWAN, R. *Gerente por intuição*: a maneira mais certa de administrar empresas. 2. ed. Rio de Janeiro: Record, 1986.

SALM, J. F. Transição organizacional e racionalidade: declínio e restauração da razão no espaço de produção. 1996. Trabalho apresentado como requisito do concurso para professor titular do Departamento de Ciências da Administração/ UFSC, Florianópolis, 1996. Não publicado.

VERGARA, S. C. Sobre a intuição na tomada de decisão. *Revista de Administração Pública*, Rio de Janeiro, v. 27, n. 2, p. 130-57, abr./jun. 1993.

VERGARA, S. C.; BRANCO, P. D. Intuição e programas de treinamento e desenvolvimento. In: ENANPAD, 18., 1994, Salvador. *Anais...* Salvador: ANPAD, 1994, p. 171-185.

WEBER, M. *Economia e sociedade*: fundamentos da sociologia compreensiva. Brasília: UnB, 1991.

TERCEIRA PARTE
A DIMENSÃO TECNOLOGIA

As organizações imbuídas do sentido de sobrevivência e manutenção no ambiente cujo foco é o conhecimento necessitam de práticas organizacionais inovadoras referentes a formas de produção, comercialização e relacionamento com clientes, fornecedores e parceiros, entre outros.

A adoção de novas formas de atuação requer das organizações, em particular, e da sociedade, em geral, o desenvolvimento de tecnologias que permitam captar, acessar e distribuir informações e conhecimentos pertinentes a esse ambiente.

A tecnologia, nesse contexto, é definida como os recursos de *hardware* e *software* que apóiam a tomada de decisão e o gerenciamento de informações e conhecimentos, considerando os indivíduos que participam ativamente desses processos.

Nesse sentido, as tecnologias de informação e comunicação, bem como a sua aplicação às atividades relacionadas ao gerenciamento do conhecimento, constituem o cerne das questões de adaptação da empresa a um ambiente dinâmico e interativo.

Compreende-se que a tecnologia contribui fundamentalmente para a alavancagem dos processos de conversão do conhecimento — como socialização, externalização, combinação e internalização[1] —, na medida em que possibilita a gestão do conhecimento intra e interorganizacional, geralmente sutil e de difícil criação, captação, compartilhamento e armazenamento.

É importante considerar que a tecnologia deve ser aplicada de forma integrada e sistêmica à organização. Dessa forma, além dos objetivos da aplicação tecnológica, deve-se buscar a sua integração com os indivíduos e suas expertises, com a visão, os propósitos e a infra-estrutura organizacional. A simples aplicação da tecnologia não garantirá o sucesso de um projeto de gestão do conhecimento, tendo em vista a amplitude e a complexidade das demais dimensões existentes.

Na dimensão tecnologia, as variáveis consideradas inicialmente como suporte à engenharia do conhecimento são: redes de computadores (Internet,

---

[1] NONAKA, I.; TAKEUCHI, H. *Criação de conhecimento na empresa*: como as empresas japonesas geram a dinâmica da inovação. Rio de Janeiro: Campus, 1997.

intranet e extranet), *groupware*, GED (gerenciamento eletrônico de documentos), *workflow* e *data warehouse*[2].

Na presente edição, o capítulo referente a *data warehouse* foi ampliado para abordar também o *Business Intelligence*. Um capítulo que trata de um portal do conhecimento também foi incluído, considerando a evolução das intranets para portais. O capítulo "As redes como tecnologia de apoio à gestão do conhecimento" foi mantido por considerarmos ser ainda a realidade de grande parte das empresas.

[2] PRAX, Jean Yves. *Manager la connaissance dans l'entreprise*: les nouvelles technologies au service de l'ingenierie de la connaissance. Paris: INSEP, 1997.

CAPÍTULO 10

As redes como tecnologia de apoio à gestão do conhecimento

Rita de Cássia de Faria Pereira e Carlo Gabriel Porto Bellini

> *"Podemos ser conhecedores*
> *com o conhecimento dos outros,*
> *mas não podemos ser sábios*
> *com a sabedoria dos outros."*
> Michel de Montaigne

10.1 Introdução

O novo paradigma de atuação das empresas e as forças macro e microambientais têm enfatizado a importância de um recurso estratégico para as organizações: o *conhecimento*. A preocupação com a criação e a utilização racional do conhecimento e com os impactos que esses processos podem gerar nas organizações não é recente. Em 1970, Zand[1] já anunciava que o futuro da administração seria influenciado pelo desenvolvimento de uma sociedade do conhecimento, e que os empreendimentos comerciais tornar-se-iam organizações de processamento de conhecimento. As organizações podiam (e podem) ser consideradas como caldeirões de conhecimento — ricas em idéias sobre novos produtos, métodos de comercialização e meios de melhorar a eficiência da administração.

Mesmo com outras denominações e em contextos diferentes, o conhecimento vem sendo visto como um recurso empresarial significativo, contrapondo-se à visão econômica tradicional que enfatiza terra, capital e trabalho como fatores de produção, cuja gestão eficiente era a base das organizações de sucesso.

[1] ZAND, E. D. Como dirigir a organização do conhecimento. In: DRUCKER, P. F. (Org.). *Formação de dirigentes*. Rio de Janeiro: Expressão e Cultura, 1970.

A vantagem competitiva das empresas, entendida como o diferencial permanente com relação à concorrência, não reside apenas nos aspectos físicos ou financeiros, mas, sobretudo, em sua capacidade de responder eficazmente às contingências do ambiente — ou seja, na capacidade da empresa de aprender e no conhecimento acumulado a partir de informações e experiências.

O conhecimento é fonte dessa vantagem, dado que, ao contrário dos ativos materiais e físicos, que podem ser adquiridos pelos concorrentes, mas que se depreciam e diminuem à medida que são usados, o conhecimento aumenta com o uso, gera novos conhecimentos e, apesar de compartilhado, permanece com o "doador" ao mesmo tempo em que enriquece quem o "recebe".

Captar, gerenciar, armazenar e permitir uma retroalimentação constante do conhecimento é o desafio das modernas teorias empresariais, as quais vêem na tecnologia uma aliada para a administração dos volumes e formas diversas desse recurso organizacional. A tecnologia deve propiciar, além da coleta, a disponibilização do conhecimento, já que o conhecimento não tem valor a menos que seja aplicado a decisões e ações em um contexto empresarial[2]. Considera-se, assim, a existência de ferramentas de apoio à gestão do conhecimento, as quais compreendem desde recursos originalmente desenvolvidos para esse fim — como os bancos de conhecimentos e experiências — até aplicações de tecnologias de comunicação — como as redes de computadores. As redes de computadores e, por excelência, a Internet, são um recurso bastante poderoso e que se apresenta não apenas como suporte tecnológico, mas também como uma verdadeira forma de organização, que altera as práticas de comunicação entre os atores e a maneira como a informação e o conhecimento transitam dentro da organização e entre organizações distintas.

Assim, objetiva-se, neste capítulo, abordar a gestão do conhecimento do ponto de vista das tecnologias de rede utilizadas em seu apoio, dando-se

---

[2] MARCHAND, D. A; DAVENPORT, T. H. A GC é apenas uma boa gestão da informação? In: MARCHAND, D. A.; DAVENPORT, T. H. (Orgs). *Dominando a gestão da informação.* Trad. C. G. P. Bellini e C. A. S. N. Soares. Porto Alegre: Bookman, 2004.

primazia à Internet e discutindo a relevância dessas aplicações no ambiente empresarial moderno. Destaca-se que as pessoas são consideradas fundamentais à consecução dos objetivos empresariais relacionados à gestão do conhecimento e ao uso de tecnologias para esse fim, entendendo-se as peculiaridades que envolvem a criação e a disseminação do conhecimento intrinsecamente relacionadas ao fator humano.

10.2 A tecnologia como fator-chave na gestão do conhecimento

A **gestão do conhecimento** é entendida como um conjunto de atividades responsáveis por criar, armazenar, disseminar e utilizar eficientemente o conhecimento na organização, atentando para o seu aspecto estratégico tão evidente e necessário no ambiente empresarial moderno. Trata-se de uma expressão com muitos significados, que inclui esforços deliberados para a maximização do desempenho de uma organização por meio da criação, do compartilhamento e da promoção do conhecimento e experiência de fontes internas e externas[3].

Alguns princípios são fundamentais à compreensão da gestão do conhecimento nas organizações[4], tais como: (1) o conhecimento reside e é originado cognitivamente; (2) o desenvolvimento de confiança, estímulos e recompensas são pressupostos para o compartilhamento do conhecimento; (3) o conhecimento é criativo e deve ser estimulado a se desenvolver de formas inesperadas; e (4) a tecnologia possibilita novos comportamentos ligados ao conhecimento.

A tecnologia desempenha papel essencial na Era do Conhecimento, consistindo na adoção de ferramentas e métodos que objetivam facilitar a captação, a estruturação e a disseminação do conhecimento anteriormente desestruturado e disperso na organização ou restrito a poucas pessoas por meio de manuais e normas complexos, tendo em vista a sua utilização de forma estratégica e racional por todos os colaboradores. O atual desenvolvimento tecnológico na área da informação e do conhecimento é um dos

[3] MARCHAND e DAVENPORT, 2004.
[4] DAVENPORT, T. H.; PRUSAK, L. *Conhecimento empresarial*: como as organizações gerenciam seu capital intelectual. Rio de Janeiro: Campus, 1998.

aspectos importantes nessa nova ênfase das organizações[5]. Para Manchester[6], o leque de tecnologia para apoiar a busca do DNA corporativo é amplo, embora ainda não haja empresas que liderem a oferta dessas tecnologias. As três principais linhas de desenvolvimento — recuperação de informação, gestão de documentos e processamento de fluxo de trabalho — têm gerado produtos que apontam na direção da gestão do conhecimento. Segundo o autor, a recuperação de informações — da Internet, das redes corporativas e de outras fontes de dados — é a mais importante dessas tecnologias e forma a base para estratégias de gestão do conhecimento mais abrangentes. Alguns exemplos de aplicativos de recuperação de informações são citados no Quadro 10.1, na página ao lado.

Muitas das tecnologias que apóiam a gestão do conhecimento em cadeias de suprimento ou, mais especificamente, no relacionamento entre empresa e clientes, já existem há algum tempo. Essas tecnologias podem ser classificadas em cinco categorias, conforme suas funções na gestão do conhecimento: armazenagem de conhecimento, intercâmbio de dados, distribuição de informações, colaboração e criação de conhecimento, conforme disposto no Quadro 10.2, apresentado na página 250.

A primeira categoria de tecnologias inclui aquelas responsáveis pelo armazenamento do conhecimento gerado em qualquer elo da cadeia por meio de tecnologias de bancos de dados, sistemas de arquivos e sistemas legados. Quase todas as empresas têm, em seus bancos de dados, dados de operação e outros que podem ser convertidos em informação e conhecimento. O objetivo final desse armazenamento é moldar um servidor de conhecimentos que permita a integração entre múltiplas empresas que usam um servidor de conhecimentos. Ele fornece uma arquitetura extensiva unificando e orga-

---

[5] STEWART, T. A. *A nova vantagem competitiva das empresas*. Rio de Janeiro: Campus, 1998; SVEIBY, K. *A nova riqueza das organizações*. Rio de Janeiro: Campus, 1998; EDVINSONN, L.; MALONE, M. S. *Capital intelectual*. São Paulo: Makron Books, 1998; PRAX, J. Y. *Manager la connaissance dans l'entreprise*. Paris: INSEP, 1997.

[6] MANCHESTER, P. Instrumentos para a gestão de conhecimento. In: MARCHAND, D. A.; DAVENPORT, T. H. (Orgs.). *Dominando a gestão da informação*. Trad. C. G. P. Bellini e C. A. S. N. Soares. Porto Alegre: Bookman, 2004.

Quadro 10.1	EXEMPLOS DE APLICATIVOS PARA RECUPERAÇÃO DE INFORMAÇÕES
Aplicativo	**Funcionamento**
Index Server (Microsoft)	Parte de técnicas tradicionais de recuperação de informações para oferecer um método para busca em muitas fontes de texto diferentes, incluindo o Microsoft Word e o Adobe Acrobat. Usuários do Index Server podem fazer buscas de palavras, frases ou sentenças completas ou buscar propriedades dos arquivos (autor, assunto, tamanho do arquivo e data) a partir de combinações, proximidade de palavras ou lógica booleana. Mais informações em: http://www.microsoft.com.
IDOL™ Server (Autonomy)	Pode ser usado virtualmente em qualquer aplicação que trate informação não estruturada, semi-estruturada e estruturada, incluindo comércio eletrônico, CRM, gestão do conhecimento, inteligência empresarial e portais de informações empresariais. A extensiva funcionalidade inclui *hiperlinks*, agentes, sumarização, geração de taxonomia, recuperação, aglomeração etc. Mais informações em: http://www.autonomy.com.
InQuery (Sovereign Hills)	Não apenas busca padrões específicos de palavras, como também os pontua de acordo com seu valor em uma busca específica. Após verificar um conjunto de documentos, produz pontuação indicando a relevância de textos específicos.
Agentware (Autonomy)	Cria "agentes de conceito" que podem analisar dados novos e classificá-los conforme regras dinâmicas que eles "aprendem". Também realiza novas associações com a informação antiga, modificando continuamente a sua rede de relacionamentos.

Fonte: MARCHAND e DAVENPORT, 2004 e *websites* dos produtos citados.

nizando acesso a repositórios corporativos e recursos de dados na Internet. O intercâmbio de dados, a distribuição de informações e a colaboração desempenham a mesma função no sistema de gestão do conhecimento —

Quadro 10.2	FUNÇÕES RELACIONADAS AO CONHECIMENTO E TECNOLOGIAS DE APOIO				
Funções	**Armazenamento**	**Intercâmbio**	**Distribuição**	**Colaboração**	**Criação**
Tecnologias de Apoio	bancos de dados	intercâmbio eletrônico de dados	correio eletrônico	*groupware*	mineração de dados
	sistemas de arquivos	páginas na Internet	BBS (*Bulletin Board System*)[7]	reunião eletrônica	DSS[8]
	sistemas legados		FTP (*File Transfer Protocol*)[9]	video-conferência	redes neurais
	repositórios de dados			gestão de projetos	agentes inteligentes
	provedores de conhecimento			*workflow*	

Fonte: LIN et al., 2002.

a distribuição de conhecimento. Na primeira função, dados formalmente estruturados (tais como de produto, técnicos ou de engenharia) são transmitidos por meio de tecnologia de EDI ou de páginas na Internet; na segunda função, entretanto, transfere-se informação estruturada formalmente (como documentos e outros arquivos) e informalmente (como correio eletrônico e discussões); já as tecnologias da terceira função referem-se ao processo de criar, compartilhar e aplicar conhecimentos. Atividades baseadas em conhecimento relativas a inovações e à resposta da empresa ao mercado são intensivamente colaborativas, envolvendo pessoas de diferentes localizações e com formações diversas. Tecnologias básicas para apoio à colaboração incluem *groupware*, reuniões eletrônicas e videoconferência. Por fim, a

[7] BBS é um sistema informático precursor de alguns serviços da moderna Internet, permitindo a conexão e interação do computador pessoal via telefone com um sistema de distribuição de mensagens.

[8] O padrão de assinatura digital (DSS) é o padrão que usa o algoritmo de assinatura digital (DSA) para seu algoritmo de assinatura e SHA-1 como algoritmo de *hash* de mensagens.

[9] Protocolo de Transferência de Arquivos — tecnologia para transferência rápida e versátil de arquivos eletrônicos.

criação de conhecimento vincula-se à adição de conhecimento e correção do conhecimento existente e enfatiza interações entre indivíduos e organizações. Essa função inclui tecnologias como sistemas de apoio à decisão, algoritmos genéticos, redes neurais, agentes inteligentes e outras, com o objetivo final de identificar, sumarizar, interpretar e analisar grandes volumes de dados e contextualizar informação de modo eficaz e eficiente[10].

No entanto, em que pese o fato de a tecnologia acelerar atividades com o acréscimo de uma série de dados e informações, uma empresa se torna verdadeiramente voltada para o conhecimento quando se conscientiza e se envolve em um nível mais profundo, no qual se busca a informação por seu valor específico, e não apenas para automatizar atividades. A empresa se envolverá, assim, em novos domínios de atividade, tais como: busca de detalhes valiosos acerca de clientes, realização de simulações e geração de um negócio a partir do conhecimento em si — produtos ou processos baseados em tecnologia[11]. Portanto, tratar o conhecimento apenas como caracteres e números decorrentes de faturas e relatórios, esquecendo-se das habilidades e da perícia dos atores organizacionais, pode levar a graves erros no uso da tecnologia para transmitir o conhecimento e à conseqüente desconsideração do papel humano nesse processo. A aplicação pura e simples da tecnologia pode não surtir os efeitos desejados, dado que há uma série de relações e interações que propicia o desenvolvimento e a captação desse conhecimento. Além disso, apesar de a moderna tecnologia propiciar a transmissão e reprodução de informações em alta velocidade de um computador para outro, as pessoas aprendem principalmente seguindo os exemplos das outras, praticando e conversando[12].

Dessa forma, no contexto da gestão do conhecimento, a tecnologia é, simultaneamente, bem-vinda e motivo de atritos. Enquanto muito do trabalho na área é altamente dependente da tecnologia, os gestores sustentam

---

[10] LIN, C.; HUNG, H.; WU, J.; LIN, B. A knowledge management architecture in collaborative supply chain. *Journal of Computer Information Systems*, v. 42, n. 5, p. 83-94, 2002.

[11] STEWART, 1998.

[12] SVEIBY, 1998, p. 168.

que esta é apenas uma ferramenta e não um fim em si mesmo. Novas tecnologias estão continuamente sendo introduzidas, e a gestão do conhecimento deve ser habilidosa em delas se beneficiar. Os gestores devem, portanto, ver a tecnologia como uma parte dos esforços de melhoria contínua dentro da gestão do conhecimento como um todo, mais do que como a solução para o "problema da gestão do conhecimento"; uma vez isso feito, a tecnologia não dominará o trabalho[13]. Vale notar que já existem no mercado pacotes abrangentes de gestão do conhecimento, como o *Livelink*, da *Open Text*, que se baseia na Internet e inclui recuperação de informações, gestão de documentos e processamento de fluxo de trabalho[14].

Salienta-se que, sendo o valor agregado pelas pessoas — contexto, experiência e interpretação — o fator que transforma dados e informação em conhecimento, é a capacidade de captar e administrar essa atividade humana que torna as tecnologias da informação particularmente apropriadas para lidar com o conhecimento[15]. O ser humano é essencial à transmissão do conhecimento, e essa peculiaridade deve ser salientada quando forem tomadas decisões acerca da tecnologia mais apropriada, devendo-se considerá-lo não como mero usuário do sistema, mas como responsável por sua alimentação com o conhecimento necessário.

Tendo-se em vista a importância das conexões intra e interorganizacionais e a relevância do elemento humano, a Internet desponta como um dos recursos tecnológicos que apóiam e tornam efetiva a gestão do conhecimento.

10.3 A Internet e a gestão do conhecimento

Na década de 1990, a Internet rompeu barreiras importantes e tornou-se uma realidade para milhões de pessoas. Ela passou a ser utilizada comercialmente, expandiu-se além dos limites acadêmicos e militares e alcançou

---

[13] SMITH, H.; MCKEEN, J. D. Developments in practice: the evolution of the KM function. *Communications of the Association for Information Systems*, v. 12, p. 69-79, 2003.

[14] MANCHESTER, 2004.

[15] DAVENPORT e PRUSAK, 1998.

abrangência e utilização dificilmente previstas por seus idealizadores e pelos profissionais das múltiplas dimensões impactadas — como gestão de tecnologia, planejamento de negócios e interação com a natureza humana. A **Internet** é uma *meta-network* internacional de redes computacionais colaborativas multiprotocolos, interconectadas, que suportam a colaboração entre milhares de organizações[16].

Mediante o baixo custo dos computadores e a necessidade crescente das organizações em obter conhecimento e informações ágeis sobre seus concorrentes e o ambiente como um todo, a "rede das redes" conquista espaço na classe empresarial, estimando-se que praticamente todo tipo de atividade esteja descobrindo seus benefícios significativos. Como uma "metarede", o sucesso da Internet não reside em nenhum elo, mas na interligação entre eles[17].

Na gestão do conhecimento, e em consonância com as características das redes, a Internet vem servindo, por um lado, como base para diversos programas e ambientes que propiciam a captação, o armazenamento e, principalmente, a difusão do conhecimento. Por outro lado, o seu potencial de comunicação por meio de terminais *on-line* favorece a interação dos indivíduos organizacionais, colaborando para a criação do conhecimento. Adicionalmente, a Internet impõe novas formas de organização que incluem desde os relacionamentos mais próximos com fornecedores e clientes até a integração virtual da empresa com outras entidades.

Na utilização da Internet, há o problema do julgamento do conhecimento disponibilizado, uma vez que o volume de peças informacionais é elevado e pode obscurecer o que é realmente relevante. Uma solução para isso, além das inovações tecnológicas das ferramentas de busca, é o surgimento de verificadores ou bibliotecários humanos da Internet com reputação para localizar material de relevância e qualidade.

[16] GRANGER e SCHOROEDER, apud ENSSLIN, L. et al. O uso estratégico da tecnologia da informação. In: ENCONTRO DA ASSOCIAÇÃO NACIONAL DE PÓS-GRADUAÇÃO E PESQUISA EM ADMINISTRAÇÃO (EnANPAD), 20., 1996, Angra dos Reis. *Anais...* Angra dos Reis: ANPAD, 1996. p. 215.

[17] MARCHAND e DAVENPORT, 2004.

Um outro aspecto de fundamental importância em que a Internet pode exercer uma influência considerável é a comunicação interorganizacional e o relacionamento com os agentes na indústria e no mercado — clientes, fornecedores, concorrentes e parceiros. A adoção universal da Internet tem oportunizado às organizações estabelecer redes colaborativas de parceiros com as quais podem intercambiar conhecimento estratégico para alcançar objetivos mutuamente benéficos. As redes colaborativas estão evoluindo em todos os setores econômicos de comércio no suporte ao comércio eletrônico nos mercados consumidor e organizacional, na interatividade entre governo e cidadão, nas trocas entre pessoas e na conectividade dentro das organizações por meio de intranets, fazendo da Internet a maior facilitadora de troca de conhecimentos dentro e entre empresas.

Na presente seção, discutem-se aplicações da Internet à gestão do conhecimento, comentando-se tecnologias utilizadas tanto interna como externamente, bem como os grupos a serem considerados nessa gestão (Figura 10.1). Destacam-se exemplos de utilização da rede de computadores entre os colaboradores da organização e entre esta e clientes e fornecedores.

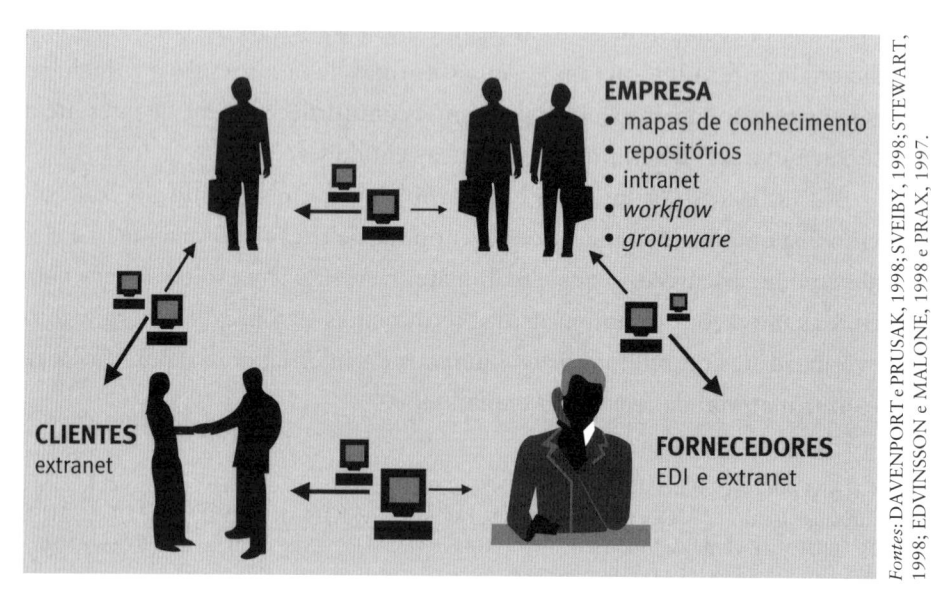

Figura 10.1 TECNOLOGIA EM REDES E GRUPOS NA CRIAÇÃO E DIFUSÃO DO CONHECIMENTO

Fontes: DAVENPORT e PRUSAK, 1998; SVEIBY, 1998; STEWART, 1998; EDVINSSON e MALONE, 1998 e PRAX, 1997.

10.3.1 DENTRO DA EMPRESA

Como já comentado, a comunicação e a troca de conhecimentos entre os colaboradores nas empresas configuram um dos pressupostos para a efetiva gestão do conhecimento organizacional. A seguir, destacam-se exemplos da utilização de páginas amarelas ou mapas do conhecimento, repositórios de conhecimento, workflow, *groupware* e Internet para esse fim.

Páginas amarelas ou **mapas do conhecimento** são bancos de dados *on-line* de colaboradores portadores do conhecimento, acessíveis a todos os usuários para pesquisa, localização e comparação de fontes potenciais do conhecimento. Podem ser editados eletronicamente com freqüência, mantendo-se sempre atualizados. Seu principal objetivo — e benefício mais evidente — é indicar às pessoas da empresa para onde ir quando necessitarem de determinado conhecimento. Servem também como ferramenta para avaliação do estoque de conhecimento corporativo, revelando os pontos fortes a serem explorados e as lacunas a serem preenchidas[18].

Um dos métodos mais conhecidos do uso da tecnologia na gestão do conhecimento é o repositório do conhecimento explícito estruturado, geralmente sob a forma de documentos e utilização de aplicativos como o *Lexis-Nexis*[19]. **Repositórios de conhecimento** são conjuntos de conhecimentos explícitos (estruturados, formatados) obtidos de fontes internas e externas. As empresas estão criando repositórios de conhecimento interno de produtos, conhecimento de marketing e conhecimento de clientes, entre outros. A Internet é um exemplo desse tipo de repositório, que dispõe de uma gama inesgotável de informações e supera a assimetria e o caráter localizado do conhecimento, uma vez que a pesquisa de um assunto traz resultado de todo o sistema[20]. São exemplos de ferramentas para a gestão de repositórios de conhecimento utilizando tecnologias de Internet: intranets e a World Wide

---

[18] DAVENPORT e PRUSAK, 1998.

[19] O *Lexis-Nexis* fornece acesso a milhares de jornais do mundo, boletins da indústria, dados financeiros, registros públicos e legislativos e dados de companhias, fazendo uso de aproximadamente 20 mil fontes de negócios. Mais informações sobre a empresa podem ser obtidas em http://www.lexisnexis.com.

[20] DAVENPORT e PRUSAK, 1998.

Web (serviço de informações mais versátil, poderoso e popular da Internet, que oferece interface gráfica com o usuário e método padronizado para acessar e transmitir recursos informáticos)[21]. Um exemplo de repositório é a "árvore de patentes" da Dow, multinacional estadunidense de produtos químicos, cujo objetivo é mapear a presença da empresa e suas oportunidades de negócio em um mercado, em termos das patentes que possui. Esse repositório é justificado pelo fato de o licenciamento da tecnologia da Dow ser uma das principais fontes de receita da empresa, sendo relevante a disponibilização das informações sobre suas patentes para todos os departamentos. "A empresa também monitora os concorrentes e outros pesquisadores nas áreas em que atua, e desenvolveu uma 'árvore do conhecimento' que reúne ativos intelectuais em vez de patentes. O objetivo da Dow é entender o seu estoque interno de perícias, para explorar potenciais comerciais ocultos."[22]

Workflow é a tecnologia que possibilita automatizar processos, racionalizando-os e potencializando-os por meio de dois componentes: organização e tecnologia[23]. Dessa forma, permite à organização sistematizar o fluxo de documentos, tornando acessível aos colaboradores o conhecimento de uma rotina. Além disso, a rede pode transportar o conhecimento de um processo inteiro de trabalho, como no caso do *workflow*, democratizando, de certa forma, rotinas antes restritas a uma pessoa ou setor, abrindo-as a avaliações e críticas de todos os envolvidos e eximindo algumas pessoas da função de controle e realização de algumas tarefas. Além disso, a tecnologia possibilita que as pessoas dediquem mais tempo às tarefas de pensar e criar, tão essenciais ao desenvolvimento de novas habilidades e práticas. (Ver capítulo 12.)

Groupware é o nome dado a tecnologias de informação de apoio ao trabalho em grupo, tais como em reuniões presenciais ou a distância[24]. Ligados

---

[21] TITTEL, E.; STEWART, J. M. *Intranet Bíblia*. São Paulo: Berkeley Brasil, 1997.

[22] DESPRES, C.; CHAUVEL, D. Como mapear a gestão do conhecimento. In: MARCHAND, D. A.; DAVENPORT, T. H. (Orgs). *Dominando a gestão da informação*. Trad. C. G. P. Bellini e C. A. S. N. Soares. Porto Alegre: Bookman, 2004.

[23] CRUZ, T. *Workflow*: a tecnologia que vai revolucionar processos. São Paulo: Atlas, 1998. p. 72.

[24] TORRES, N. A. *Competitividade empresarial com a tecnologia da informação*. São Paulo: Makron Books, 1995. p. 67.

a esta tecnologia, os **grupos de discussão** na Internet são outra ferramenta importante de aprendizado e criação de conhecimento. A interatividade faz a diferença, pois permite às pessoas obter informações, tirar dúvidas em tempo real, aprender em grupo por meio de questionamentos e percepções diversas, inevitavelmente concorrendo tanto para o desenvolvimento de novos conhecimentos para a empresa como para a sua difusão.

Intranets são redes privadas e completas que permitem o gerenciamento de informações necessário à organização por meio de processos e protocolos de Internet[25]. Os recursos de hipertexto das intranets criam a possibilidade de capturar pelo menos uma fração significativa do conhecimento dos especialistas, explicitando o conhecimento tácito[26]. Por isso, as intranets têm se configurado como uma aplicação tecnológica imprescindível à implementação de programas de gestão do conhecimento de consultorias como Ernest & Young e Arthur Andersen, tanto em nível interno quanto como sugestão para os programas de seus clientes.

Uma intranet possibilita maior aproveitamento da inteligência da empresa, permitindo que os usuários criem, acessem e distribuam informações com facilidade[27]. Pode permitir que os indivíduos nas organizações falem uns com os outros, compartilhem idéias, desafiem-se mutuamente e desenvolvam novos conhecimentos. "A intranet pode tornar-se um solo fértil para experiências com idéias, produtos e serviços novos antes que sejam encaminhados para os clientes. Isso não apenas leva produtos melhores ao mercado, mas também incentiva toda a organização a participar do sucesso da empresa[28]."

O *Knowledge Exchange*, da Andersen Consulting, é um sistema interligado por meio de intranet que tem 800 bases de informação e atende 50 mil

[25] TITTEL e STEWART, 1997.

[26] DAVENPORT e PRUSAK, 1998.

[27] PATTERSON, L. Fique esperto. *InfoExame*, São Paulo, abr./maio 1997. Edição especial Capital Intelectual.

[28] DUTTA, S. Lições dos líderes da Internet. In: MARCHAND, D. A.; DAVENPORT, T. H. (Orgs.). *Dominando a gestão da informação*. Trad. C. G. P. Bellini e C. A. S. N. Soares. Porto Alegre: Bookman, 2004.

colaboradores em 60 países, reunindo todo o conhecimento desenvolvido pela consultoria. O sistema armazena todos os projetos globais da empresa e permite aos profissionais, além da consulta de dados, fazer perguntas a outros que passaram por situações semelhantes[29]. Assim, a intranet também se destaca como uma forma de as pessoas terem acesso a projetos atuais, evitando a duplicação de trabalhos semelhantes e permitindo que indivíduos com afinidades em suas tarefas entrem em contato com outros profissionais e discutam novas idéias.

A Hewlett-Packard é outro exemplo de sucesso da gestão do conhecimento[30]. O ESP (*Eletronic Sales Partner*) é um sistema que contém desde relatórios até apresentações que auxiliam a força de vendas em seus processos. Funciona mundialmente por meio de uma intranet, que permite aos usuários mais distantes o acesso para troca *on-line* de informações e pesquisas. O *Connex*, outro sistema da empresa baseado em intranet, reúne informações acerca de especialistas da empresa, possibilitando que os colaboradores localizem pessoas com determinadas especificações, o que, se feito manualmente, envolveria tempo e recursos substantivos[31].

10.3.2 ENTRE A EMPRESA E SEUS CLIENTES E FORNECEDORES

Lin e seus colegas categorizam as fontes de conhecimento entre empresa e clientes em sete relacionamentos funcionais na cadeia de suprimentos — *design* e desenvolvimento, pré-venda, vendas, manufatura, distribuição, serviço e fornecimento, e finanças —, distinguindo o conhecimento em estruturado formalmente (conhecimento explícito) e estruturado informalmente (conhecimento implícito em processos ou na mente das pessoas). Em se tratando de cadeias de suprimentos ou do relacionamento entre empresas e clientes, o primeiro tipo de conhecimento é usualmente transmitido

[29] MILITELLO, K. Está a salvo o QI da empresa? *InfoExame*, São Paulo, v. 13, n. 148, p. 120-124, jul. 1998.

[30] Fundada em 1939, a Hewlett-Packard fornece produtos e serviços na área de informática, estando presente em mais de 120 países e contando com cerca de 85.400 colaboradores. Mais informações sobre a empresa podem ser obtidas em http://www.hp.com.

[31] DAVENPORT e PRUSAK, 1998.

por tecnologias como EDI, páginas Web e outras tecnologias de Internet, enquanto o segundo é mais usual em tecnologias como correio eletrônico e videoconferências[32].

Uma base comum para o comércio eletrônico e a gestão do conhecimento é a tecnologia da informação. Para apoiar o compartilhamento de recursos e competências interorganizacionais em uma estrutura de rede, comunicação e coordenação devem ser mantidas.

A Internet deve ser vista — e potencialmente utilizada — como um forte apelo à interação com clientes e realizadora de atividades desde as mais objetivas, como vendas e propaganda, até as mais complexas, como a captação do conhecimento do cliente e sua conversão em valor por meio de novos produtos e serviços. A Internet é um meio moderno de interagir com a clientela — uma interface da organização com o seu público-alvo, que pode auxiliar na personalização dos produtos e serviços e na compreensão das necessidades e desejos dos clientes. Graças às páginas Web, as empresas podem ir além da comercialização de produtos, realizando pesquisa e estabelecendo canais diretos com os clientes, os quais, além de fidelidade, trazem consigo (nas reclamações, elogios e pedidos) conhecimentos úteis acerca de suas necessidades e desejos com relação à empresa. O comércio eletrônico desponta como uma maneira eficiente de fazer negócios, ao interligar organizações e clientes por meio da comercialização de produtos e serviços e ao reformular as transações comerciais, exigindo das organizações a implementação de sistemas e métodos que garantam ao cliente economia e satisfação no mundo virtual.

A relação por meio da Internet com fornecedores e com elos da cadeia de distribuição (atacadistas, varejistas e franqueados), por sua vez, vem influenciando a agilidade de compras e contatos, bem como tem permitido alcançar e atender mercados por intermediários diversos. O intercâmbio eletrônico de dados e, crescentemente, as *extranets*, são as principais ferramentas para esse tipo de aplicação.

O **EDI** (intercâmbio eletrônico de dados) é uma forma de as empresas se conectarem a seus revendedores e, por meio dela, dados empresariais

---

[32] LIN et al., 2002.

podem ser intercambiados quase instantaneamente, aumentando as opções de decisão[33]. Trata-se da transmissão eletrônica de documentos através de conexões ponto a ponto, utilizando um conjunto de mensagens, elementos de dados e formulários padronizados; isso pode acontecer por meio de linhas contratadas, redes privadas ou pela Internet[34]. A comunicação direta e automatizada propiciada por EDI permite atualizar constantemente os dados entre intermediários e empresa, bem como planejar e prever com maior exatidão o tempo e a quantidade de reposição, períodos de entrega, entre outros, possivelmente melhorando a qualidade dos produtos e serviços e as condições de barganha.

Uma *extranet* pode ser definida como uma rede que combina os protocolos *Transmission Control* e Internet, interligando colaboradores, fornecedores e outros parceiros comerciais de uma organização. É uma rede de negócio para negócio, que utiliza padrões abertos[35]. A troca eletrônica de informações com fornecedores, varejistas ou parceiros em geral pode agilizar a transmissão de dados, descentralizar atividades e transferir competências dos fornecedores, como a inteligência de um processo de trabalho ou de uma prática empresarial entre eles. A Cisco fez uso substancial de *extranets* para incrementar relacionamentos com clientes e gerenciar sua cadeia de suprimentos. Uma parcela (de aproximadamente 45%) das unidades da Cisco é remetida aos seus clientes sem que ela toque no produto. O pedido *on-line* é transmitido diretamente para os parceiros, que fabricam, montam e remetem o produto aos clientes. Além disso, 69% das receitas totais da empresa são geradas *on-line*; na Europa, 77% das receitas devem-se ao comércio pela Internet[36].

Ling e Yen agruparam as aplicações de *extranet* em algumas categorias, das quais se destacam: (1) vendas e marketing (informações atualizadas para clientes e vendedores da empresa, informações sobre a concorrência,

---

[33] STAIR, R. M. *Princípios de sistemas de informação*: uma abordagem gerencial. 2. ed. Rio de Janeiro: LTC, 1998.

[34] MARCHAND e DAVENPORT, 2004.

[35] PAVANI, L. Os corretores virtuais. *InfoExame*, São Paulo, v. 13, n. 146, abr./maio 1998.

[36] DUTTA, 2004.

especificações de produto, preço, programações de vendas e apresentações de venda úteis na prospecção e venda de produtos); (2) desenvolvimento de produto (gestão de projetos de desenvolvimento de produtos, informações dos canais de marketing e do mercado sobre produtos atuais, necessidades e desejos, reclamações, características principais dos produtos concorrentes etc.); e (3) serviço ao cliente e suporte (melhoria do serviço e da informação para o cliente, compartilhamento de experiências de produtos e serviços implementados, fóruns sobre clientes etc.).

Ademais — e diretamente vinculado ao propósito deste capítulo —, ressalta-se o apoio das *extranets* à aprendizagem acerca de atores externos à empresa (fornecedores, clientes e intermediários) e o conseqüente suporte à definição de estratégias e melhoria de produtos e serviços[37].

Ainda com relação à gestão do conhecimento na Internet e sua aplicação para clientes e fornecedores da empresa, destaca-se a comunidade mediada pela Internet (CMI), definida como um grupo de pessoas que compartilham interesses e que, durante algum tempo, utilizam as mesmas tecnologias de Internet para trocar informações umas com as outras relativamente a esses interesses em comum[38]. As CMIs geram percepções de mercado úteis ao desenvolvimento de novos produtos e serviços e lançamento de inovações no mercado consumidor. Nesse sentido, há um movimentadíssimo mar de conhecimento especializado em CMIs, e as empresas que souberem aproveitar esse conhecimento entenderão melhor a clientela, anteciparão suas necessidades e oferecerão produtos e serviços que a satisfaçam[39].

Para que isso seja possível, uma CMI de orientação comercial pressupõe certos elementos de projeto a serem tomados como estratégia para a geração e a captação de conhecimento dos clientes. Primeiro, a *dife-*

---

[37] LING, R. R.; YEN, D. C. Extranet: a new wave of Internet. *Advanced Management Journal*, v. 66, n. 2, p. 39-44, 2001.

[38] BELLINI, C. G. P.; VARGAS, L. M. Rationale for Internet-mediated communities. *CyberPsychology & Behavior*, v. 6, n. 1, p. 3-14, 2003; BELLINI, C. G. P.; VARGAS, L. M. Internet-mediated communities. In: DASGUPTA, S. (Org.) *Encyclopedia of virtual communities & technologies*. Hershey: Idea Group Reference, 2005. p. 291-295.

[39] HAGEL, J.; ARMSTRONG, A. G. *Net gain* — vantagem competitiva na Internet. Rio de Janeiro: Campus, 1998.

renciação de foco faz de cada CMI uma proposta única no mercado e possibilita a seus integrantes efetivos ou em potencial a rápida assimilação dos serviços oferecidos no *website* da comunidade. Reunindo clientes com semelhantes perfis de compra em categorias específicas, os *websites* de CMIs representam boas oportunidades para transações comerciais segmentadas (por assunto de interesse e por perfil de cliente). Segundo, a *integração de conteúdo e comunicação* em uma CMI revela-se na grande quantidade de conteúdo publicado (e alinhado ao foco da comunidade) que é integrada a um ambiente propício à livre e flexível comunicação, possibilitando que os integrantes maximizem o valor desse conteúdo e avaliem a credibilidade e a relevância das ofertas. Fornecedores (presentes no *website* da CMI) que cativam clientes ganham muitos outros por meio da propaganda individual voluntária e espontânea, pois a troca de informações sobre produtos e serviços é um dos principais motivos para que alguém queira ingressar em uma CMI com fins comerciais; no que diz respeito a compradores eventuais, este aspecto é ainda mais decisivo, pois eles participarão de CMIs sobretudo devido ao apelo às compras, mesmo sem apresentarem interesse por discussões da comunidade. Terceiro, a *geração de conteúdo por indivíduos* constitui o aspecto mais significativo de uma CMI, visto que seus participantes geram e disseminam conteúdo, expandindo, assim, o conjunto de informações disponíveis e criando uma perspectiva independente de anunciantes e fornecedores. É por meio disso que a comunidade desenvolve um conhecimento aprofundado relativamente aos seus interesses particulares e, dessa forma, transforma-se em referência para consultas de origem interna e externa. Tecnologias para apoio à gestão desse conhecimento especializado e em constante evolução devem, então, estar disponíveis e serem de fácil manipulação. Quarto, o *acesso a fornecedores concorrentes* possibilita que, objetivando os maiores benefícios comerciais possíveis para integrantes, fornecedores concorrentes sejam colocados lado a lado e, idealmente, comparados com independência e livremente em atributos de valor para a clientela. Por fim, a própria *orientação comercial* faz de uma CMI um elemento catalisador do poder de barganha de seus integrantes com o mercado.

10.4 Considerações finais

Apesar da ênfase e da notável necessidade do desenvolvimento de novos conhecimentos para o sucesso das organizações, ainda há muito a fazer para que o potencial competitivo desse recurso seja efetivamente utilizado. Se há um tema em que necessitamos de novo conhecimento é sobre como conseguir novo conhecimento[40].

As empresas têm caminhado em busca de novas alternativas que viabilizem uma gama de conhecimentos para competirem com vantagem com seus concorrentes, nisso destacando-se a tecnologia — por permitir às empresas trabalharem com volumes e diversidade de informação e conhecimento que, sem ela, não poderiam ser adquiridos ou processados. Não se deve, no entanto, esquecer as demais variáveis que condicionam a gestão do conhecimento na organização. Nesse sentido, considerar o homem e sua participação fundamental na criação do conhecimento faz ressaltar que, apesar de todo o aporte tecnológico e do desenvolvimento de novas técnicas, processos, *hardwares* e *softwares*, é ele e as suas habilidades intelectuais que definem a conquista de vantagem competitiva para as organizações.

Na Era do Capital Intelectual, a parte mais valiosa do trabalho tornou-se essencialmente tarefa ligada ao cérebro humano: sentir, julgar, criar e desenvolver relacionamentos. Longe de estar alienado das ferramentas e resultados de seu trabalho, o trabalhador do conhecimento os leva consigo, em seu cérebro[41].

O advento das redes de comunicações e do acesso à Internet permitiu maior agilidade e velocidade na comunicação, um mais efetivo compartilhamento de conhecimentos, colaboração, menores custos e maior satisfação por meio da integração de cliente e empresa e auto-serviço[42]. A tecnologia surge, assim, como o meio pelo qual o conhecimento flui da fonte para a necessidade e que possibilita resguardar um ativo, que é volátil e bastante

---

[40] ZAND, 1970, p. 177.

[41] SVEIBY, 1998, p. 47.

[42] MOHAMED, M.; STANKOSKY, M.; MURRAY, A. Knowledge management and information technology: can they work in perfect harmony? *Journal of Knowledge Management*, v. 10, n. 3, p. 103-116, 2006.

escasso nos dias de hoje. As redes têm não apenas o potencial de modificar a forma como o conhecimento percorre a organização, mas também de transformar a ação organizacional, porque diminuem as barreiras do tempo e da distância. Entre elas, a Internet pode ser empregada tanto internamente — para armazenar o conhecimento interno e disponibilizá-lo para toda a organização — como externamente, funcionando como porta de entrada para o conhecimento não só do cliente, mas de fornecedores, varejistas e parceiros em geral.

Vale, assim, compreender a importância das conexões, dos relacionamentos e da tecnologia como forma de obter conhecimento externo e interno e, sobretudo, de difundi-lo, pois de nada vale um recurso se o mesmo não puder ser apreendido e colocado em uso para o adequado exercício empresarial.

10.5 Você viu neste capítulo

O novo momento de atuação das empresas e as forças macro e microambientais têm enfatizado a importância de um recurso estratégico em qualquer indústria: o efetivo conhecimento dos negócios. Captar, armazenar, distribuir, processar e permitir uma avaliação constante do conhecimento é o desafio das modernas teorias empresariais, que vêem na tecnologia uma poderosa aliada, sobretudo quando os volumes, formatos e potenciais usos do conhecimento se revelam tão multiformes.

Entre as tecnologias da informação disponíveis para o apoio à gestão do conhecimento, a Internet representa, além de uma tecnologia, uma verdadeira forma de organização que altera as práticas de comunicação entre os atores e o modo como a informação e o conhecimento fluem dentro das empresas.

Destaca-se que, ainda que a participação do homem seja fundamental para dar sentido à transformação do conhecimento, uma infra-estrutura tecnológica projetada para acessar o conhecimento global disponível, bem como para codificar e distribuir o conhecimento desenvolvido a partir de experiências individuais concretas, pode-se revelar importante para uma maior efetividade dos pontos de tomada de decisão e ação nas empresas.

10.6 Estudo de caso

IMPULSIONANDO O COMÉRCIO POR MEIO DE CMIs

Cinco CMIs de presença internacional e com milhares de membros foram contrastadas quanto à orientação comercial de cada uma. As CMIs estão aqui codificadas como: SN, TW, GW, SM e DC. Para entender a efetividade comercial de cada uma e, por fim, poder compará-las entre si, foram estudados os elementos característicos do Quadro 10.3 e as cinco dimensões comerciais de CMIs vistas neste capítulo. Os quadros 10.4 a 10.9 indicam o resultado dos levantamentos de atributos, e o Quadro 10.10 posiciona as cinco CMIs estudadas conforme sua maior ou menor orientação comercial.

Quadro 10.3	VARIÁVEIS INVESTIGADAS
Variável	**Interesse de análise**
Tema central	Assunto de interesse da comunidade.
Busca	Existência, ou não, de ferramenta para a localização de temas no *website*.
Localização	Estimativa de tempo para se localizar tópico de interesse no *website*.
Base de dados	Existência, ou não, de bases de dados no *website*.
Fórum	Existência, ou não, de fóruns de discussão no *website*.
Bate-papo	Existência, ou não, de ferramenta para bate-papo no *website*.
Anúncios	Possibilidade, ou não, de serem colocados anúncios comerciais no *website*.
Venda direta	Possibilidade, ou não, de serem feitas transações comerciais com os membros da comunidade (excetuando-se a venda de assinaturas para entrada no *website*).

continua

continuação

Variável	Interesse de análise
Venda indireta	Possibilidade, ou não, de serem feitas transações comerciais com empresas, através do *website* da comunidade.
Termos	Clareza, ou não, das definições dadas pela comunidade a termos que a caracterizem (quem seriam os organizadores, membros, moderadores, fornecedores etc.).
Estruturas físicas	Possíveis ramificações da comunidade em estruturas além da Internet.

Fonte: BELLINI, 2000.

Quadro 10.4	**VALORES DAS VARIÁVEIS INVESTIGADAS**				
CMI	**Fórum**	**Bate-papo**	**Anúncios**	**Venda direta**	**Venda indireta**
DC	sim	não	sim	não	sim
GW	sim	não	sim	não	não
SN	sim	não	sim	não	sim
SM	sim	sim	sim	sim	sim
TW	sim	não	não	não	não

CMI	**Termos**	**Estruturas físicas**
DC	Definição obscura	Tem representações em algumas localidades.
GW	Definição clara	Não faz menção a estruturas físicas.
SN	Definição clara	Mantém 160 centros "físicos" de aprendizado.
SM	Definição obscura	Tem escritórios no Brasil, México, Argentina, Chile, Colômbia, Uruguai, Venezuela e EUA.
TW	Definição obscura	Promove a idéia de que a comunidade está exclusivamente presente na Internet.

Fonte: BELLINI, 2000.

Quadro 10.5	ANÁLISE DA DIFERENCIAÇÃO DE FOCO	
CMI	**Verificação**	**Valor**
DC	Não se especializa em nicho de negócios.	🙁
GW	Específico: jardinagem.	🙂
SN	Específico: educação em TI para pessoas com mais de 50 anos de idade.	😐
SM	Não se especializa em nicho de negócios.	🙁
TW	Não há proposta comercial para foco de interesse.	🙁

Fonte: BELLINI, 2000.

Quadro 10.6	ANÁLISE DA INTEGRAÇÃO DE CONTEÚDO E COMUNICAÇÃO	
CMI	**Verificação**	**Valor**
DC	Ambiente ricamente interativo, embora não conte com ferramenta para *chat* para os serviços de estímulo a relacionamentos afetivos.	😐
GW	Vários fóruns. A ausência de ferramenta para *chat* não prejudica seu *website*, que não tem pretensão de estimular relacionamentos afetivos entre membros.	🙂
SN	Vários fóruns. A ausência de ferramenta para *chat* não prejudica seu *website*, que não tem pretensão de estimular relacionamentos afetivos entre membros.	🙂
SM	Ambiente ricamente interativo.	🙂
TW	Vários fóruns, mas pouco mais do que troca de palavras neles acontece. O ambiente poderia agregar outros recursos gráficos interessantes.	😐

Fonte: BELLINI, 2000.

Quadro 10.7	ANÁLISE DA GERAÇÃO DE CONTEÚDO POR MEMBROS	
CMI	**Verificação**	**Valor**
DC	Embora o número de fóruns seja razoável, esses são predefinidos pelos moderadores da comunidade.	😐
GW	As bases de dados não podem ser alteradas por membros.	😐
SN	Membros são estimulados a participar da construção do *website*, como exemplificam os "anfitriões" de discussões e outros serviços de voluntariado.	🙂
SM	Não havendo foco restrito, o conhecimento comunitário fica muito segmentado nos fóruns específicos e a maioria das informações presentes no *website* é disponibilizada apenas por moderadores. Por outro lado, permite-se a construção de páginas pessoais que contenham conferências específicas ao interesse de cada membro.	😐
TW	Não havendo foco restrito, o conhecimento comunitário fica muito segmentado nos fóruns específicos. A possibilidade de criação de fóruns pelos membros é aspecto positivo.	😐

Fonte: BELLINI, 2000.

Quadro 10.8	ANÁLISE DO ACESSO A FORNECEDORES CONCORRENTES	
CMI	**Verificação**	**Valor**
DC	A ausência de um foco comercial mais específico prejudica a especialização do *website* em determinados itens de consumo e a promoção de concorrência entre seus respectivos fornecedores. Por outro lado, veiculam-se comentários sobre empresas concorrentes.	😐
GW	Permite-se a atribuição de notas a fornecedores.	🙂

continua

continuação

CMI	Verificação	Valor
SN	Por não visar ao lucro, há menores interesses da organização por produtos e serviços de fornecedores específicos, permitindo grande independência de opiniões —mesmo das empresas contribuintes.	☺
SM	A ausência de um foco comercial mais específico prejudica a especialização do *website* em determinados itens de consumo e a promoção de concorrência entre seus fornecedores. Além disso, pode não ser neutra em relação a patrocinadores.	☹
TW	Não havendo proposta comercial, não há estímulo à competição por qualidade e preços entre fornecedores, embora isso possa ocorrer livremente dentro dos fóruns.	☹

Fonte: BELLINI, 2000.

Quadro 10.9	ANÁLISE DA ORIENTAÇÃO COMERCIAL	
CMI	**Verificação**	**Valor**
DC	Não há vendas diretas nem estímulo a comércio entre membros. Por outro lado, vendas são intermediadas e há grande apelo a que anunciantes se façam presentes nas páginas da comunidade.	😐
GW	Grande estímulo a transações comerciais entre membros, embora essas não possam ser efetuadas através do *website*. Mesmo reunindo cerca de 200 anunciantes, não há serviço de vendas intermediadas (indiretas).	😐
SN	Há vendas intermediadas, mas a organização mantenedora não visa ao lucro nem possibilita transações comerciais diretas entre membros.	😐
SM	Forte orientação comercial, implementando vendas diretas e intermediadas. No entanto, impedem-se transações entre membros.	😐
TW	Não há interesse comercial.	☹

Fonte: BELLINI, 2000.

Quadro 10.10	POSICIONAMENTO RELATIVO DAS CMIS ESTUDADAS				
CMI	**dim. 1**	**dim. 2**	**dim. 3**	**dim. 4**	**dim. 5**
SN	☺	☺	☺	☺	😐
GW	☺	☺	😐	☺	😐
DC	☹	😐	😐	😐	😐
SM	☹	☺	😐	☹	😐
TW	☹	😐	😐	☹	☹

Fonte: BELLINI, 2000.

questões do estudo de caso

1 Quais tecnologias podem ser encontradas nas CMIs descritas?

2 Quais as vantagens, para os membros dessas CMIs, com a utilização das tecnologias que você mencionou?

3 Comente como, nessas CMIs, as tecnologias facilitam:

- o compartilhamento do conhecimento entre os participantes;
- a disseminação do conhecimento;
- a criação do conhecimento;
- o aprendizado individual; e
- o aprendizado organizacional.

4 Você estimularia a criação de um website para uma CMI de colaboradores na sua empresa?

10.7 Questões

1 Qual o papel das tecnologias informáticas na gestão do conhecimento empresarial? Pode-se prescindir delas?

2 Pode-se automatizar completamente, por meio do uso de tecnologias informáticas, a gestão do conhecimento empresarial?

3 Por que se diz que o elemento humano dá sentido ao uso das tecnologias informáticas na gestão do conhecimento?

4 Que recursos a Internet oferece para apoiar a gestão do conhecimento?

5 Hoje, quais tecnologias de Internet sua empresa poderia utilizar para a gestão do conhecimento empresarial?

REFERÊNCIAS

BELLINI, C. G. P. Estudo de caso múltiplo de comunidades mediadas pela Internet. REAd — *Revista Eletrônica de Administração*, v. 6, n. 5, 2000. Disponível em: <http://www.ea.ufrgs.br/read>.

BELLINI, C. G. P.; VARGAS, L. M. Rationale for Internet-mediated communities. *CyberPsychology & Behavior*, v. 6, n. 1, p. 3-14, 2003.

_____. Internet-mediated communities. In: DASGUPTA, S. (Org.) *Encyclopedia of virtual communities & technologies*. Hershey: Idea Group Reference, 2005 p. 291-295.

CRUZ, T. *Workflow*: a tecnologia que vai revolucionar processos. São Paulo: Atlas, 1998.

DAVENPORT, T. H.; PRUSAK, L. *Conhecimento empresarial*: como as organizações gerenciam seu capital intelectual. Rio de Janeiro: Campus, 1998.

DELL, M. A empresa virtual. *Exame*, São Paulo, v. 32, n. 27, p. 37-38, dez. 1998.

DESPRES, C.; CHAUVEL, D. Como mapear a gestão do conhecimento. In: MARCHAND, D. A.; DAVENPORT, T. H. (Orgs.). *Dominando a gestão da informação*. Trad. C. G. P. Bellini e C. A. S. N. Soares. Porto Alegre: Bookman, 2004.

DUTTA, S. Lições dos líderes da Internet. In: MARCHAND, D. A.; DAVENPORT, T. H. (Orgs.). *Dominando a gestão da informação*. Trad. C. G. P. Bellini e C. A. S. N. Soares. Porto Alegre: Bookman, 2004.

EDVINSONN, L.; MALONE, M. S. *Capital intelectual*. São Paulo: Makron Books, 1998.

ENSSLIN, L. et al. O uso estratégico da tecnologia da informação. In: ENCONTRO DA ASSOCIAÇÃO NACIONAL DE PÓS-GRADUAÇÃO E PESQUISA EM ADMINISTRAÇÃO (EnANPAD), 20., 1996, Angra dos Reis. *Anais...* Angra dos Reis: ANPAD, 1996.

HAGEL, J.; ARMSTRONG, A. G. *Net gain* — vantagem competitiva na Internet. Rio de Janeiro: Campus, 1998.

LIN, C.; HUNG, H.; WU, J.; LIN, B. A knowledge management architecture in collaborative supply chain. *Journal of Computer Information Systems*, v. 42, n. 5, p. 83-94, 2002.

LING, R. R.; YEN, D. C. *Extranet*: a new wave of Internet. Advanced Management Journal, v. 66, n. 2, p. 39-44, 2001.

MANCHESTER, P. Instrumentos para a gestão de conhecimento. In: MARCHAND, D. A.; DAVENPORT, T. H. (Orgs.). *Dominando a gestão da informação*. Trad. C. G. P. Bellini e C. A. S. N. Soares. Porto Alegre: Bookman, 2004.

MARCHAND, D. A; DAVENPORT, T. H. A GC é apenas uma boa gestão da informação? In: MARCHAND, D. A.; DAVENPORT, T. H. (Orgs). *Dominando a gestão da informação*. Trad. C. G. P. Bellini e C. A. S. N. Soares. Porto Alegre: Bookman, 2004.

MILITELLO, K. Está a salvo o QI da empresa? *InfoExame*, São Paulo, v. 13, n. 148, p. 120-124, jul. 1998.

MOHAMED, M.; STANKOSKY, M.; MURRAY, A. Knowledge management and information technology: can they work in perfect harmony? *Journal of Knowledge Management*, v. 10, n. 3, p. 103-116, 2006.

MORAN, J. M. Influências dos meios de comunicação no conhecimento. *Ciência da Informação*, Brasília, v. 23, p. 233-8, maio/ago. 1994.

NONAKA, I.; TAKEUCHI, H. *Criação de conhecimento na empresa*: como as empresas geram a dinâmica da organização. Rio de Janeiro: Campus, 1997.

PATTERSON, L. Fique esperto. *InfoExame*, São Paulo, abr./maio 1997. Edição especial Capital Intelectual.

PAVANI, L. Os corretores virtuais. *InfoExame*, São Paulo, v. 13, n. 146, abr./maio 1998.

PRAX, J. Y. *Manager la connaissance dans l'entreprise*. Paris: INSEP, 1997.

SMITH, H.; MCKEEN, J. D. Developments in practice: the evolution of the KM function. *Communications of the Association for Information Systems*, v. 12, p. 69-79, 2003.

STAIR, R. M. *Princípios de sistemas de informação*: uma abordagem gerencial. 2. ed. Rio de Janeiro: LTC, 1998.

STEWART, T. A. *A nova vantagem competitiva das empresas*. Rio de Janeiro: Campus, 1998.

SVEIBY, K. *A nova riqueza das organizações*. Rio de Janeiro: Campus, 1998.

TITTEL, E.; STEWART, J. M. *Intranet Bíblia*. São Paulo: Berkeley Brasil, 1997.

TORRES, N. A. *Competitividade empresarial com a tecnologia da informação*. São Paulo: Makron Books, 1995.

ZAND, E. D. Como dirigir a organização do conhecimento. In: DRUKER, P. F. (Org.). *Formação de dirigentes*. Rio de Janeiro: Expressão e Cultura, 1970.

CAPÍTULO 11

Business intelligence: tecnologia alavancando a criação de conhecimento

Mário de Souza Almeida e Eduardo Sguario dos Reis

> *"O desafio para a próxima década não é apenas oferecer às pessoas telas maiores, melhor qualidade de som e um painel gráfico de comando mais fácil de usar. É fazer computadores que conheçam o usuário, aprendam quais são suas necessidades e entendam linguagens verbais e não-verbais."*
> **Nicholas Negropont**

11.1 Introdução

O desenvolvimento de novas tecnologias tem sido uma constante, especialmente se forem consideradas as últimas seis décadas, a partir da criação do primeiro computador. Essas máquinas maravilhosas estão se tornando cada dia mais populares, poderosas e compactas, executando operações anteriormente inimagináveis dentro e fora das organizações, normalmente visando a obtenção de diferenciais competitivos.

As tecnologias que têm sido desenvolvidas em todas as áreas, e muito especialmente para a manipulação e uso das informações e do conhecimento, têm propósitos específicos. Se não atenderem a esses propósitos, sua validade e utilidade começam a ser questionadas, o que ainda se observa em relação à tecnologia de informação, visto que grande parte dos dados processados em organizações de todos os tipos e tamanhos não chega a constituir informações úteis à tomada de decisões.

Constata-se que muitas organizações ainda armazenam enormes quantidades de dados sobre as suas operações, sem, entretanto, chegar a dispor de cruzamentos desses dados que proporcionem informações relevantes aos decisores. Com isso, elevados investimentos em equipamentos e em desenvolvimento de sistemas podem não gerar retorno à organização na mesma proporção em que são feitos, acarretando frustrações e descrédito quanto à eficiência da informática ou mesmo quanto à sua eficácia.

No que diz respeito à Gestão do Conhecimento, que deve ser muito auxiliada pela TI, a ênfase está no estabelecimento de elevados padrões no sentido de "criar novo conhecimento, difundi-lo na organização como um todo e incorporá-lo a produtos, serviços e sistemas"[1] . Os conhecimentos tácitos, que indivíduos incorporaram ao longo de toda a sua experiência, precisam ser transformados em conhecimentos explícitos, expressos tradicionalmente em manuais e normas das organizações, cada vez mais na forma digital, a fim de que sejam compartilhados entre todos os colaboradores.

Novos conceitos e ferramentas surgiram para solucionar o problema da produtividade da tecnologia da informação e para auxiliar no processo de criação, compartilhamento, utilização e armazenagem das informações e do conhecimento dentro das organizações, com o intuito de alavancar o processo decisório. Esse é o contexto em que se apresenta o *business intelligence*, que passa a ser tratado mais detalhadamente a seguir.

11.2 O que é *business intelligence*?

O termo *business intelligence* (BI) foi criado nos anos 1980 pelo Gartner Group, que é especializado em pesquisas de mercado na área de Tecnologia da Informação. Diversos autores procuram conceituar essa ferramenta e, nesse sentido, BI pode ser entendido, em uma de suas vertentes, como diretamente relacionado ao apoio e subsídio aos processos de tomada de decisão baseados em dados trabalhados especificamente para a busca de vantagens competitivas[2].

Em outra vertente, alguns autores[3] apresentam BI como um conjunto de tecnologias que agrupam e analisam dados para melhorar a tomada de

---

[1] NONAKA, I.; TAKEUCHI, H. *Criação de conhecimento na empresa*: como as empresas japonesas geram a dinâmica da inovação. Rio de Janeiro: Campus, 1997, p. 1.

[2] BARBIERI, C. *BI — Business Intelligence — modelagem & tecnologia*. Rio de Janeiro: Excel Books, 2001, p. 424.

[3] HERSCHEL, R. T.; JONES, N. E. Knowledge management and business intelligence: the importance of integration. *Journal of Knowledge Management*, v. 9, n. 4, p. 45-55, 2005.

decisões. No BI, inteligência é entendida como a descoberta e explicação de contextos ocultos, inerentes e relevantes ao processo decisório, em grandes quantidades de dados relacionados a negócios e economia.

Business intelligence pode ser traduzido como inteligência de negócios ou inteligência empresarial, e compõe-se de um conjunto de metodologias de gestão implementadas por meio de ferramentas de *software*, cuja função é proporcionar ganhos nos processos decisórios gerenciais e da alta administração nas organizações, com base na capacidade analítica das ferramentas que integram em um só lugar todas as informações necessárias. Nesse sentido, é formado por um mosaico de *data warehouse* (DW), *data mart* e ferramentas de *data mining*.

11.3 O que é *data warehouse*?

Para que seja possível analisar os recursos de uma ferramenta como o *data warehouse*, é imprescindível buscar uma definição, ou um conceito, que deixe claro o objeto de tal análise. Dessa forma, diversos conceitos de *data warehouse* podem ser observados na literatura, sendo todos eles muito parecidos ou de sentido semelhante. Um *data warehouse* (que pode ser traduzido como armazém de dados) é um banco de dados que armazena informações sobre as operações da empresa, como vendas e compras, extraídas de uma fonte única ou múltipla, oferecendo um enfoque histórico, para permitir um suporte efetivo à decisão[4]. Dados anteriormente independentes podem ser integrados para compor informações relevantes, até mesmo com múltiplas visões ou enfoques, em conformidade com as necessidades dos diferentes decisores.

Pode-se também definir *data warehouse* como um banco de dados destinado a sistemas de apoio à decisão, cujas informações foram armazenadas em estruturas lógicas dimensionais, possibilitando o seu processamento analítico por ferramentas especiais (OLAP e *mining*)[5].

---

[4] OLIVEIRA, A. G. *Data warehouse*: conceitos e soluções. Florianópolis: Advanced Editora, 1998, p. 3.

[5] BARBIERI, 2001.

Em um entendimento complementar, DW é um conjunto de diversas tecnologias, como ferramentas de extração e conversão, bancos de dados voltados para consultas complexas, ferramentas inteligentes de prospecção e análise de dados e ferramentas de administração e gerenciamento[6].

Podemos dizer que *data warehouse* é um conjunto de técnicas e base de dados integrados, projetados para suportar as funções dos sistemas de apoio à tomada de decisões, em que cada unidade de dados está relacionada a um determinado assunto ou fato; é integrado, não volátil e variável em relação ao tempo, proporcionando apoio às decisões gerenciais[7]. Este banco de dados é que dará subsídio de informações aos gestores para que possam analisar tendências históricas dos seus clientes e, com isso, melhorar os processos que aumentem a satisfação e a fidelidade destes.

Talvez seja mais relevante buscar a compreensão das características e da forma de funcionamento de um *data warehouse* do que estabelecer o seu conceito definitivo.

11.4 Características do *data warehouse*

O objetivo de um *data warehouse* é fornecer uma imagem única da realidade do negócio. De uma forma geral, sistemas de *data warehouse* compreendem um conjunto de programas que extraem dados do ambiente de dados operacionais da empresa, um banco de dados que os mantém e sistemas que fornecem esses dados aos seus usuários[8].

Em sua operação, os bancos de dados transacionais, ou operacionais, armazenam as informações das transações diárias da organização e são utilizados por todos os colaboradores para registrar e executar operações predefinidas e, por isso, seus dados podem sofrer constantes mudanças. Por não ocorrer redundância nos dados e as informações históricas não ficarem

---

[6] SERRA, L. *A essência do Business Intelligence*. São Paulo: Berkeley, 2002.

[7] Bill Inmon, um dos pioneiros em *data warehouse* (in HARRISON, T. H. *Intranet data warehouse*. São Paulo: Berkeley Brasil, 1998, p. 48).

[8] HACKATHORN, R. D. *Enterprise database connectivity*: the key to enterprise aplications on the desktop. Nova York: John Wiley & Sons, 1993, v. 1, p. 251-267.

armazenadas por muito tempo, este tipo de BD não exige grande capacidade de armazenamento.

Já um DW armazena dados analíticos, destinados às necessidades da gerência no processo de tomada de decisões. Isso pode envolver consultas complexas que necessitam acessar um grande número de registros, por isso é importante a existência de muitos índices criados para acessar as informações da maneira mais rápida possível. Um DW armazena informações históricas de muitos anos e, portanto, deve ter uma grande capacidade de processamento e armazenamento dos dados que se encontram de duas maneiras: detalhados e resumidos[9].

Nesse processo de alimentação do DW, são carregados dados das bases internas da organização (operacionais) e dados externos (informações não estruturadas). Sobre o armazém de dados que desta forma é estruturado, são aplicados geradores de relatórios e ferramentas de consulta, ferramentas OLAP (*Online Analytical Processing*) ou rodados aplicativos específicos escritos para recuperar os dados, gerando informações para apoio à decisão.

Dessa forma, o DW, que normalmente é central, torna-se gigantesco ao receber os dados históricos de toda a organização, devendo ser acessado com o auxílio de ferramentas de análise e busca de informações, tais como os OLAPS (planilhas Excel, por exemplo) e os *data mining*s (ferramentas de mineração de dados), a fim de que seja possível encontrar correlações e tendências anteriormente desconhecidas. É importante ainda que essas ferramentas privilegiem flexibilidade ao usuário para solicitar informações e relatórios pouco estruturados. As informações e os conhecimentos, integrados e disponíveis a todos os usuários da organização, passam a ser muito mais valorizados, superando a antiga visão compartilhada por muitos analistas e programadores de que o *software* seria mais importante do que as informações ou os processos, mesmo que tivesse sido desenvolvido de forma rígida e tendo por base as necessidades de informações de uma ocasião específica.

---

[9] O'BRIEN, J. A. *Sistemas de informação e as decisões gerenciais na era da Internet*. Trad. Cid Knipel Moreira. São Paulo: Saraiva, 2002.

É nesse sentido que se caracteriza uma grande diferença entre os sistemas de informações convencionais e os *data warehouse*s associados a suas ferramentas de busca, especialmente em relação à mudança no refinamento do processamento dos dados para obter informações relevantes e integradas, e que geram conhecimento do negócio. Grande parte do processamento de dados era feito (e ainda é, em grande número de organizações) apenas como um suporte às atividades operacionais, repassando ao nível gerencial (e somente a ele) informações que pouco auxiliavam na efetiva tomada de decisões, visto que tratavam de dados isolados de uma só área da organização.

Os estudos de administração de empresas, em sua maioria, bem como a forma com que tal ciência é apresentada nos cursos superiores, também auxiliam na manutenção da visão fragmentada das atividades organizacionais. O *data warehouse* vem quebrar essa forma de trabalho, uma vez que reúne em um grande banco de dados os registros sobre todas as ocorrências da organização, a fim de fazer cruzamentos entre eles e buscar informações que antes seriam de difícil visualização. Com toda essa integração, é possível ao dirigente desenvolver uma visão holística (ou sistêmica), contemplando a organização toda, suas relações com o ambiente externo e, sempre que necessário, visualizando cada uma de suas partes, tomando decisões com maior segurança.

O esforço envolvido nessa mudança de paradigma é recompensado. As decisões tomadas com base em informações e conhecimentos resultantes da implementação de um *data warehouse* podem redundar em um grande retorno financeiro sobre o investimento, ultrapassando os 400% dentro do prazo de um ano[10]. Entretanto, a implementação de tal sistema (*data warehouse* associado a suas ferramentas de busca) nem sempre ocorre com rapidez e facilidade, e seu custo pode ser muito alto. Os custos variam, principalmente, de acordo com a escala do esforço inicial, os passos envolvidos na construção de um *data warehouse*, a aquisição de ferramentas OLAP e a instalação de aplicativos. Em um sistema empresarial completo,

---

[10] GUROVITZ, H. O que cerveja tem a ver com fraldas? *Exame*, São Paulo: Abril, 9 abr. 1997.

gastam-se, em média, incluindo *hardware*, *software* e recursos, de 3 a 5 milhões de dólares[11].

Uma forte característica do *data warehouse* é armazenar os dados como fatos individuais, associando-os ao período de tempo em que efetivamente ocorreram. Com isso, cria-se um histórico do desempenho organizacional que pode ser utilizado para compreender o passado e predizer comportamentos futuros, especialmente em se tratando dos clientes de uma organização ou dos consumidores de um produto.

A confiabilidade do armazém de dados é imprescindível, e a resposta a uma pergunta como "Qual foi o total de vendas do produto X na região Y no ano de 2006?" deve ser a mesma, seja qual for a ocasião em que se faça tal questionamento, ou quem o faça. Os dados históricos não mudam.

De igual modo, o *data warehouse* não pode ser implementado à revelia da organização. Ele deve estar diretamente ligado ao estabelecimento da missão e dos objetivos corporativos, até mesmo para que se saiba se a ferramenta está sendo bem-sucedida. Todo o processo decisório deve ser contemplado, tanto no nível estratégico como no tático e no operacional, verificando os tipos de perguntas que poderão aparecer, se estarão relacionados a produtos ou serviços, quais suas características e as informações que serão necessárias aos tomadores de decisões.

Não se pode esquecer as mudanças que todo esse processo ocasiona nas estruturas organizacionais. O desenvolvimento do *software*, a preparação e o envolvimento dos futuros usuários, bem como o redesenho da estrutura organizacional, devem constituir um processo simultâneo, sempre visando a atividade-fim que figura na missão e nos objetivos da empresa. A participação das pessoas que atuam na organização é imprescindível, uma vez que elas já têm incorporado o conhecimento sobre seu funcionamento e suas operações, e normalmente conhecem os melhores meios para atingir os objetivos.

Da mesma forma que se prepara a organização para a implementação do *data warehouse*, deve-se prever também a possibilidade de crescimento

[11] HARRISON, 1998, p. 17.

exponencial do número de usuários. Nem todos utilizam o armazém de dados quando é posto em operação. Muitos possíveis usuários somente vislumbram as vantagens de utilizá-lo depois que seus colegas já começaram a obter respostas antes inimagináveis, juntamente com as vantagens e retornos políticos e financeiros a elas associadas.

Nem tudo é positivo na implantação de um DW. Dentre as possíveis dificuldades podem ser destacadas: complexidade de desenvolvimento, sendo necessária a construção de um ambiente composto de *hardware* e *software* com bases de dados, ferramentas de extração e de recuperação de dados, entre outros; tempo de desenvolvimento, em função da complexidade, levando em média dois a três anos para que o ambiente completo de DW fique pronto; alto custo de desenvolvimento e administração, pois o DW consome recursos durante a montagem e ao longo de sua vida útil, pois requer manutenções; e necessidade de capacitações periódicas para atualização dos seus usuários quanto aos conhecimentos que estão em constante evolução[12].

Dentre as principais características de um DW que podem ser consideradas vantajosas estão: simplicidade na apresentação da realidade organizacional integrada; boa qualidade dos dados; facilidade de uso; separação entre as operações de decisão e as operações de produção (evitando sobrecarga dos sistemas); vantagem competitiva, pois auxilia o gestor a utilizar melhor o conhecimento incorporado e a entender as necessidades dos clientes e alterações do mercado; redução no custo unitário de operação, em função da centralização de todas as informações; melhor visualização e administração do fluxo de informações; possibilidade de processamento paralelo, evitando prejuízos ao trabalho com as bases transacionais e proporcionando segurança; apresentação de valores quantitativos com retrospecto realista da evolução da organização; e acesso rápido, pois, por ser uma base dimensional, os dados já se encontram no formato de acesso, fazendo com que o tempo de resposta ao usuário seja o menor possível[13].

[12] SERRA, 2002.
[13] Ibid.

Chega a ser impressionante o desempenho do *data warehouse*, especialmente porque algumas respostas a questionamentos de gerentes e diretores, que levavam dias ou semanas para serem obtidas, e ainda assim figuravam de forma estática, passam a ser visualizadas em poucos minutos. Para o usuário, o desempenho de consulta depende da facilidade de utilização e efetividade de um *data warehouse*. Os tempos de resposta devem ser rápidos (próximos do tempo real), a fim de sustentar um processo interativo de descobertas. À medida que os analistas ou gerentes progridem nesse processo de descobertas, passam a explorar os aspectos qualitativos específicos dos negócios[14]. Os conhecimentos adquiridos suscitam novos questionamentos e dúvidas.

Muitas das respostas alcançadas podem já fazer parte do conhecimento tácito dos indivíduos mais experientes da organização, sem, entretanto, proporcionar muita confiança para a tomada de decisões, uma vez que se caracterizariam como um saber subjetivo, pouco analisado. A partir da exploração das informações com o auxílio das ferramentas de busca e do *data warehouse*, os resultados do processo decisório passam a ser altamente vantajosos para a empresa, mas para chegar a esse ponto há que se trabalhar o insumo básico, isto é, a própria informação.

11.4.1 O *DATA WAREHOUSE* E A BUSCA POR INFORMAÇÕES

Por envolver elevadas somas monetárias e constituir um esforço organizacional com repercussões de longo prazo, a seriedade deve permear todas as etapas da construção e implementação do *data warehouse*. Por exemplo, é essencial a estruturação das informações a serem alcançadas, estabelecendo fontes confiáveis para a obtenção dos dados a serem trabalhados a fim de que não haja redundâncias ou inconsistências.

Muitas organizações armazenavam (ou ainda armazenam) repetidamente os dados em vários sistemas isolados, buscando-os em fontes nem sempre confiáveis; em alguns casos, setores diferentes de uma mesma organização coletam dados sobre determinada atividade em locais diversos, sem verificar se são confiáveis, armazenando-os e processando-os sem

---

[14] HARRISON, 1998, p. 143.

compará-los com os resultados obtidos pelos demais setores, gerando inconsistências que podem aparecer, por exemplo, em reuniões de cúpula, quando são debatidos os desempenhos de cada departamento. O *data warehouse* é utilizado como uma solução para essa falta de cuidado no uso de informações, uma vez que constitui um grande depósito de dados central, aberto ao acesso por múltiplos aplicativos que compartilham seu conteúdo.

O tamanho do banco de dados deve receber atenção especial de quem implanta um *data warehouse*. Para armazenar os dados de toda a organização, referentes a um período de vários anos, e com a finalidade de atender a um número variável de usuários com crescente complexidade nas necessidades de análises, deve-se planejar cuidadosamente a escalabilidade do banco de dados, isto é, sua capacidade de ampliação em tamanho, sem diminuição do desempenho e da confiabilidade. De igual modo, deve-se pensar na granularidade das informações, ou seja, o nível de detalhamento em que serão requeridas, também gerando impacto sobre o tamanho da base de dados.

As informações procuradas a partir do banco de dados central podem demandar diferentes níveis e formas de análise dos dados armazenados. Assim, um recurso do *data warehouse* é a análise multidimensional, que permite aos usuários acessar o sistema a partir de qualquer dimensão para iniciar a análise, navegando, então, para outras dimensões a fim de analisar posteriormente as informações. Por exemplo, um usuário pode iniciar a análise da perspectiva do produto, repetindo, então, a análise em cada segmento de mercado[15]. Se essa flexibilidade não fosse oferecida aos usuários, em pouco se poderia diferenciar o *data warehouse* (associado a suas ferramentas de busca) dos sistemas de apoio a decisões convencionais. As necessidades de informação são cada dia menos previsíveis em função da agilidade do mercado consumidor e das iniciativas da concorrência, alavancadas pela globalização, demandando consultas normalmente menos estruturadas e quase sempre urgentes.

Para que os usuários mais exigentes sejam sempre atendidos de forma satisfatória, os dados usualmente são carregados e acessados em massa.

---

[15] HARRISON, 1998, p. 11.

Apesar de toda a evolução na capacidade de processamento dos computadores, a resposta a um simples questionamento que tenha por base um grande volume de dados poderia ser muito demorada. Por esse motivo, as atualizações de dados só acontecem de tempos em tempos, normalmente ao final do dia, a fim de que as consultas sejam sempre rápidas, utilizando os totais e subtotais encontrados, ainda que tratando de todos os dados existentes até o fechamento das atividades do dia anterior. Para o sucesso do *data warehouse*, não basta disponibilidade, precisão e confiabilidade, pois o elemento tempo também é fundamental ao eficiente compartilhamento de informações e conhecimentos.

De igual modo, é necessário considerar as limitações organizacionais por ocasião da implantação do DW. Em muitos casos, é preciso trabalhar apenas com uma parte dos dados que são gerados, correspondentes a um setor da empresa, ou fazer a implantação do *data warehouse* de forma fracionada, com um acompanhamento minucioso de cada parte implantada, até que se forme um sistema corporativo confiável. Nesse sentido, desenvolveu-se o conceito de *data mart*, explorado a seguir.

11.4.2 *DATA MARTS*

Quando existem necessidades especiais de pequenos grupos ou segmentos de uma organização, podem-se criar pequenos *data warehouse*s a que se denominam *data mart*s (DM). Enquanto um *data warehouse* oferece informações a toda a empresa, um *data mart* é desenvolvido para encontrar informações necessárias a uma unidade ou função específica de negócios[16]. Ele pode constituir parte do desenvolvimento do *data warehouse*, quando a estratégia é começar pelos dados de uma área da organização antes de partir para as demais, o que ajuda na redução das possíveis resistências. Nesse caso, o dirigente responsável pela área em que teve início o trabalho passa a testar o sistema, e os resultados positivos são divulgados para animar os colegas das demais áreas. Os bancos de dados assim subdivididos são chamados *data mart*s por serem especializados em fornecer infor-

[16] OLIVEIRA, 1998.

mações para determinada área da organização, mas ainda assim utilizam os dados históricos e fazem cruzamentos com outros dados, a fim de analisar as correlações e tendências, o que, na verdade, está disponível nos dados da própria organização.

Os *data mart*s requerem os mesmos processos utilizados nos *data warehouse*s centralizados, no sentido de transformação de dados, validação, depuração e integração, para garantir a integridade do banco de dados. Oferecem, entretanto, uma solução mais rápida às exigências do apoio a decisões, bem como envolvem um compromisso financeiro menor, adequando-se aos fluxos de caixa de organizações que não teriam como instalar o *data warehouse* completo, mas não abrem mão da qualidade de suas informações.

A construção do *data warehouse* também pode contar com outras estruturas alternativas, além do depósito central de dados e dos *data mart*s: pode ser uma mescla de ambos, que corresponderia a um depósito central suprido por diversas fontes de dados (OLTPs — *Online Transaction Processing*) e repassando informações aos *data mart*s, a partir dos quais seriam feitas as consultas para a tomada de decisões. Nesse caso, há redundâncias na armazenagem de dados, o que é compensado pela confiabilidade e rapidez da obtenção das informações nos departamentos, quando necessitam tomar decisões.

Há que se considerar ainda um recurso de grande valor, mencionado anteriormente, que tem sido incorporado aos *data warehouse*s: as ferramentas de busca de informações, que fazem mais do que totalizar e resumir as ocorrências, como se observa no caso do *data mining*.

11.4.3 *Data mining*

A disponibilidade de um grande banco de dados central na organização, em que são registradas absolutamente todas as ocorrências, fornece memória à empresa. Essa memória, entretanto, tem pouca relevância se não for utilizada com inteligência, observando modelos, estabelecendo mecanismos e tendo novas idéias para fazer previsões sobre o futuro. Tudo isso já foi incorporado ao *data mining*, e tem gerado resultados extraordinariamente positivos.

Um forte exemplo do que acaba de ser mencionado foi a constatação alcançada por uma rede varejista norte-americana, que já se tornou célebre por relacionar as vendas de cerveja com as vendas de fraldas descartáveis, característica que poucos poderiam imaginar, mas que era verídica, obtida por meio da análise dos dados operacionais armazenados em um *data warehouse*, em que foram utilizadas ferramentas de mineração de dados (*data mining*)[17]. Isso é possível a partir de um grande volume de dados armazenados, em que se aplica inteligência artificial. Quando os armazéns de dados atingem um determinado porte, é possível usar neles as ferramentas de mineração, ou *data mining*, que são *software*s desenvolvidos com base em técnicas de inteligência artificial e que vasculham os dados em busca das informações que podem ser de interesse, de acordo com critérios predeterminados[18]. Essa determinação antecipada de critérios constitui uma forma de explicitação de conhecimentos por parte dos colaboradores da organização.

Dessa forma, *data mining* é um processo não trivial de identificar em dados padrões válidos, novos e potencialmente úteis e compreensíveis. Ressalte-se que ele vale-se de diversos algoritmos que processam dados e encontram padrões válidos, novos e valiosos. Embora os algoritmos descubram os dados novos, ainda não se tem uma solução eficaz para identificar os padrões valiosos. Por essa razão, o *data mining* ainda requer uma grande interação de analistas humanos[19].

Trata-se de um tipo complexo de função analítica, que utiliza sofisticados modelos para o reconhecimento de padrões e algoritmos de aprendizado, identificando relações entre elementos de dados. A análise estatística é direcionada ao usuário, pois este especifica as variáveis dependentes e independentes incluídas na análise. Já os aplicativos *data mining* são agentes trabalhando em favor do usuário para descobrir detalhes ocultos não

---

[17] GUROVITZ, 1997.

[18] OLIVEIRA, 1998, p. 8.

[19] FAYYAD, U. et al. *From data mining to knowledge discovery*: an overview, advances in knowledge discovery and data mining. Menlo Park: AAAI/MIT Press, 1996, p. 1-34.

reconhecidos por este[20]. Com tal finalidade, essa poderosa ferramenta projeta problemas não-lineares com grande número de variáveis, executa análise multiautomática e usa técnicas como algoritmos de árvores de decisões, redes neurais, lógica difusa e algoritmos genéticos.

De forma simplificada, pode-se dizer que o *data mining* é a exploração e a análise de grandes quantidades de dados para descobrir modelos e regras significativas. Aplica-se bem a tarefas como classificação, estimativas, previsões, agrupamentos por afinidades, reunião e descrição, que são técnicas existentes há décadas, mas que somente nos últimos anos estão sendo exploradas com o uso da TI, principalmente em virtude do armazenamento de grandes volumes de dados em meio digital, do aumento da pressão competitiva e da enorme capacidade de processamento dos computadores a um preço acessível.

O processo de *data mining* pode ser considerado uma etapa de outras formas de descobrimento de conhecimento em banco de dados (KDD — *Knowledge Discovery in Data Base*), envolvendo Inteligência Artificial — IA e banco de dados[21]. O termo KDD é definido como o processo não trivial de extração de informações implícitas, previamente desconhecidas e potencialmente úteis, a partir dos dados armazenados em um banco de dados[22].

Para Fayyad et al. (1996), são necessários cinco passos para a concretização do KDD. São eles: a definição dos objetivos, a preparação dos dados, o *data mining*, a interpretação e avaliação dos resultados e a fase de utilização do conhecimento.

Na Figura 11.1, observa-se o fluxo do processo KDD com outra prescrição (Berry e Linoff), mostrando como acontecem os eventos desde a identificação das necessidades até a descrição dos resultados.

Trata-se de um processo em seis etapas, iniciando pela (1) coleta de dados armazenados em um banco, de onde são (2) selecionados os dados

---

[20] HARRISON, 1998, p. 12.
[21] SERRA, 2002.
[22] FAYYAD et al., 1996.

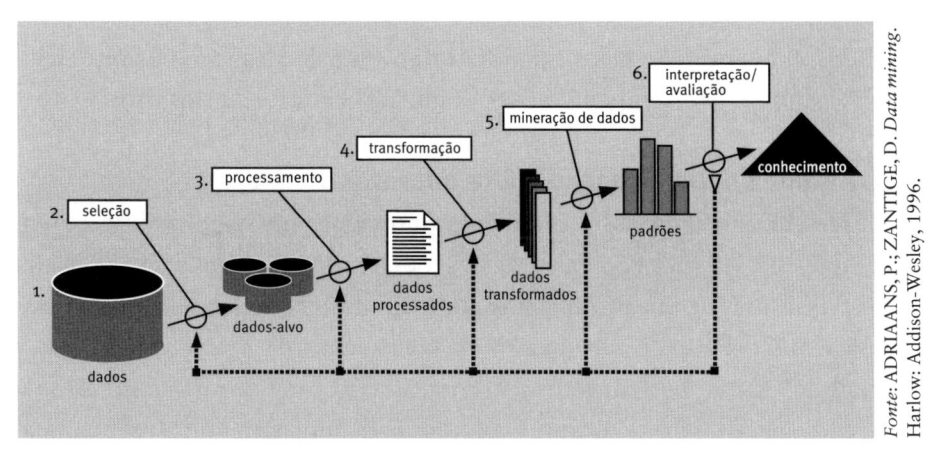

Figura 11.1 ETAPAS DE UM PROCESSO **KDD** DE BERRY E LINOFF

que constituem os dados-alvo do tema em estudo, que são (3) processados para sofrer uma ação de limpeza de não-conformidades com os limites esperados para aquela seleção, sendo posteriormente (4) transformados em estruturas logicamente arranjadas em um banco de dados, para ficar à disposição dos (5) algoritmos de mineração, que identificarão padrões a serem disponibilizados para analistas de informação, que (6) avaliarão o conhecimento obtido.

Não é necessário ter um *data warehouse* para realizar um procedimento de *data mining*, mas se uma organização qualquer resolver efetuar um processo de extração de conhecimento em um determinado domínio de aplicação e ela possuir um DW, grande parte do tempo dedicado ao pré-processamento estará realizada.

A exploração e a análise dos dados e informações corporativos são feitas normalmente de forma pouco estruturada, ou até inconsciente pelas pessoas que lidam diariamente com elas, gerando conhecimento tácito. Esse conhecimento normalmente é subjetivo e difícil de expressar, conforme foi mencionado anteriormente. A atuação do *data mining* é semelhante aos processos cerebrais, mas ocorre de forma mais estruturada e consciente, proporcionando maior confiança quando se pretende tomar decisões.

Observe-se que a etapa final da mineração é o reconhecimento de padrões existentes na organização, que correspondem a conhecimentos que devem ser assimilados pelos colaboradores, a fim de alcançar melhor desempenho e vantagem competitiva, isto é, inteligência de negócios (BI).

11.5 Fontes de informação sobre *data warehouse*

A apresentação feita neste capítulo proporciona um vislumbre do potencial que está à disposição das organizações, sendo recomendável a consulta aos fabricantes de tais ferramentas por meio dos *sites* relacionados a seguir, para manter-se atualizado quanto ao lançamento de novas ferramentas e atualizações das existentes. Essa recomendação fundamenta-se no fato de a tecnologia estar em constante evolução, podendo, entretanto, ser acompanhada com muita facilidade na *World Wide Web*, onde são disponibilizadas informações sobre as ferramentas de *business intelligence*, *data warehouse*, *data mining* e *data mart*[23].

www.oracle.com
www.ibm.com
www.hyperion.com
www.redbrick.com
www.microsoft.com/sql

Outros sites ainda oferecem informações adicionais, tais como:
http://www.dw-institute.com
http://indigo.ie/~dataware
http://www.computerwire.com
http://www.tdan.com

11.6 Considerações finais

As organizações dispõem atualmente de ferramentas poderosas para auxiliar em seus processos decisórios, não somente agilizando os processamentos de dados, como gerando conhecimento sobre as operações que foram feitas ao longo dos anos. Muitas relações impossíveis de ser visualizadas

---

[23] Cabe salientar que os *sites* relacionados estavam disponíveis para consulta até o fechamento desta edição, mas podem ser retirados da rede em qualquer ocasião, a critério dos seus proprietários.

sem complexos processamentos lineares e não-lineares passaram a ser conhecidas, e mesmo perguntas que nunca foram formuladas começaram a ser respondidas. O desempenho das organizações é alavancado, tornando quase obrigatória a adoção dessas sofisticadas tecnologias, sob pena de obsolescência operacional e mercadológica ou de continuidade da incerteza na tomada de decisões.

Muitos conhecimentos que estão à disposição em meio aos dados históricos das organizações, e que muitas vezes podem até estar disponíveis na mente de alguns colaboradores mais experientes na forma tácita, passam a se tornar explícitos e são compartilhados com todos os integrantes da organização.

A rapidez com que ocorrem as mudanças no mundo todo, referentes a mercado consumidor, concorrentes, necessidades de desenvolvimento da mão-de-obra, novos materiais, tecnologias, processos produtivos e relações internacionais, entre outros, leva a uma crescente necessidade de criação de subsídios à tomada de decisões dentro das organizações. Os dirigentes organizacionais precisam de informações com rapidez e confiabilidade e, nesse sentido, podem ser atendidos por meio da aquisição de poderosas ferramentas, como o *business intelligence*, fazendo uso do *data warehouse* e do *data mining*. Para isso, entretanto, ainda é necessário que se desenvolva nas organizações uma cultura de investimento em tecnologia e de administração das informações e dos conhecimentos, pois os valores envolvidos podem ser muito elevados. As tecnologias já existem, e muitas organizações começaram a perceber que o retorno sobre o investimento pode ser muito rápido.

11.7 Você viu neste capítulo

As organizações tradicionalmente têm investido muitos recursos financeiros em tecnologia, sem que tenha sido gerado um diferencial competitivo. O *data warehouse* foi criado para solucionar esse tipo de problema, sendo utilizado para gerar inteligência de negócios (*business intelligence* — BI). No BI, inteligência é entendida como a descoberta e explicação de contextos ocultos, inerentes e relevantes ao processo decisório, em grandes quantidades de dados relacionados a negócios e economia.

Data warehouse é um grande banco (ou "armazém") de dados, normalmente centralizado, que armazena todas as informações sobre as operações da organização, formando uma base histórica. Requer a utilização de ferramentas que organizem e façam buscas nesses dados, tais como o OLAP e o *data mining*. O custo de sua implantação é geralmente elevado, mas proporciona um retorno muito bom, visto que faz cruzamentos de dados anteriormente desconexos, gerando respostas rápidas, com flexibilidade, a perguntas de difícil resposta.

A implantação de um *data warehouse* deve respeitar a forma de operar e a missão organizacional, bem como prever suas possibilidades de expansão (escalabilidade) e os níveis de detalhes com que os dados serão consultados (granularidade). As consultas aos dados podem começar de diferentes pontos e seguir diversos caminhos, conforme a curiosidade de quem as faz (análise multidimensional), apresentando facilidade de uso, flexibilidade e grande rapidez (o mais próximo possível do tempo real). Para que se chegue a tão grande rapidez, os maiores processamentos (totalizações) são feitos durante a noite, de modo que as consultas dizem respeito ao período que se encerra com o dia anterior.

O armazém de dados pode guardar informações e conhecimentos interessantíssimos à tomada de decisão, mas que nem sempre são fáceis de vislumbrar. Para buscá-los, pode ser usado o *data mining*, sistema que faz verdadeiras minerações atrás de correlações entre itens aparentemente desconexos, que se ocultam em grandes quantidades de dados.

Tendo em vista a grande complexidade e os elevados valores envolvidos, o *data warehouse* pode ser implantado em partes (ou módulos), denominadas *data mart*s. Trata-se de um banco de dados específico de uma área que pode servir para adquirir conhecimentos sobre o funcionamento da ferramenta em sua totalidade, a fim de proporcionar maior segurança em sua implantação, ou para melhorar o fluxo de caixa, por começar a gerar retorno em um módulo antes de investir nos demais.

11.8 Estudo de caso

Bradesco implementa *data warehousing* para conhecer seu cliente

Com 2.100 agências e mais de 20 milhões de clientes espalhados por todo o país, o Bradesco investiu R$ 1 bilhão nos últimos quatro anos nas áreas de informática e telecomunicações. Todo esse volume tem uma razão muito simples: a manutenção de um banco que quer permanecer competitivo. Mas, para que isso aconteça, é preciso que a instituição financeira conheça melhor o cliente e o seu perfil consumidor. Pensando nisso, o banco decidiu iniciar a construção de um *data warehouse*, agregando informações das áreas de poupança, cartão de crédito e previdência privada.

O primeiro passo para o projeto, estimado em R$ 10 milhões, foi dado há dois anos. Naquela data, a equipe de TI do Bradesco estava dedicada à extração e ao armazenamento de informações sobre comportamento, histórico de compras e serviços usados por cada cliente em um banco de dados corporativo.

"Essas informações nos permitiram saber quais são as preferências de nossos clientes, quanto eles gastam e o que compram. Com isso, podemos criar produtos que atendam às suas necessidades, além de usar de forma mais otimizada o sistema de mala direta, atingindo o público certo", explica Alcino Assunção, diretor executivo de tecnologia do banco. "O volume de dados do *data warehouse* pode ser dimensionado a partir de números: 357 mil clientes da área de cartão e 15 mil contas-poupança, além dos registros em fundo de investimento, previdência e conta-corrente. Então, administrar tudo isso é um pouco complicado, principalmente na hora de atender cada segmento de forma eficiente", diz o executivo. Segundo Assunção, os dados obtidos ainda não foram cruzados, mas a expectativa é de que até a conclusão do projeto as informações possam ser analisadas para o surgimento de novos serviços e produtos adequados ao perfil dos clientes.

O próximo passo do banco é incluir os dados de conta-corrente e fundos de investimentos no sistema de *data warehouse*. O objetivo é obter um histórico do comportamento financeiro dos correntistas e observar quais aplicações têm tido maior preferência. Para o executivo, esses dados permitirão que o banco obtenha um perfil mais detalhado dos usuários do Bradesco, o que vai acabar reduzindo os custos com campanhas de marketing, que passam a ser direcionadas a quem realmente compra determinado produto.

O banco também está trabalhando com o conceito de *data mart*s, que tem permitido extrair dados do *data warehouse*, criando uma visão geral das bases departamentais. Para a execução do projeto, foi contratada a empresa norte-americana ISI, responsável pelo desenvolvimento da metodologia utilizada no processo. O sistema está sendo implantado pela CPM.

Em números:

Custo de aplicação: R$ 10 milhões

Investimentos em tecnologia: R$ 1 bilhão

Número de agências: 2.100

Tempo de implementação: 3 anos

Áreas de implementação do DW: poupança, conta-corrente, previdência privada, cartão de crédito e fundos de investimento

Desenvolvimento do projeto: feito em parceria com a ISI e a CPM

Fonte: GIARDINO, Andrea. Bradesco implementa *data warehousing* para conhecer seu cliente. Disponível em: <www.computerworld.com.br>. Acesso em: 3 maio 2001.

questões do estudo de caso

1 O que caracterizaria a inteligência de negócios para um banco? O que constitui o seu diferencial competitivo?

2 Em sua opinião, que nível de detalhamento deve ser requerido no armazenamento dos dados no *data warehouse* (granularidade) do Bradesco?

3 Que perguntas você acredita que possam ser respondidas pelo *data warehouse* e que auxiliariam as campanhas de marketing?

4 Que outros conhecimentos podem ser buscados e compartilhados por um *data warehouse* de um banco?

5 Tendo em vista os valores envolvidos nesse caso, como você acredita que esteja sendo considerada a possibilidade de expansão (escalabilidade) dos sistemas?

6 Quais conhecimentos, dentre os que devem ser gerados e compartilhados internamente pelo *data warehouse* do Bradesco, você imagina que poderiam ser levados aos clientes?

11.9 Questões

1 Os empresários têm conhecimento sobre ferramentas tecnológicas que proporcionem inteligência de negócios?

2 O que leva uma organização a adotar um *data warehouse*?

3 Quais as principais características de um *data warehouse*?

4 O que é um *data mart*?

5 O que é um *data mining*?

6 Qual é a relação entre *data mining* e a criação de conhecimento em organizações?

REFERÊNCIAS

ADRIAANS, P.; ZANTIGE, D. *Data mining.* Harlow: Addison-Wesley, 1996.

BARBIERI, C. BI — *Business intelligence* — modelagem & tecnologia. Rio de Janeiro: Excel Books, 2001, p. 424.

FAYYAD, U. et al. *From data mining to knowledge discovery*: an overview, advances in knowledge discovery and data mining. Menlo Park: AAAI/MIT Press, 1996, p. 1-34.

GIARDINO, A. Bradesco implementa *data warehousing* para conhecer seu cliente. Disponível em: <www.computerworld.com.br>. Acesso em: 3 maio 2001.

GUROVITZ, H. O que cerveja tem a ver com fraldas? *Exame*, São Paulo: Abril, 9 abr. 1997.

HACKATHORN, R. D. *Enterprise database connectivity*: the key to enterprise aplications on the desktop. Nova York: John Wiley & Sons, v. 1, p. 251-267, 1993.

HARRISON, T. H. *Intranet data warehouse.* São Paulo: Berkeley Brasil, 1998.

HERSCHEL, R. T.; JONES, N. E. Knowledge management and business intelligence: the importance of integration. *Journal of Knowledge Management*, v. 9, n. 4, p. 45-55, 2005.

NONAKA, I.; TAKEUCHI, H. *Criação de conhecimento na empresa*: como as empresas japonesas geram a dinâmica da inovação. Rio de Janeiro: Campus, 1997.

O'BRIEN, J. A. *Sistemas de informação e as decisões gerenciais na era da Internet*. Trad. Cid Knipel Moreira. São Paulo: Saraiva, 2002.

OLIVEIRA, A. G. *Data warehouse*: conceitos e soluções. Florianópolis: Advanced Editora, 1998.

SERRA, L. *A essência do business intelligence*. São Paulo: Berkeley, 2002.

CAPÍTULO 12

A tecnologia de *workflow* e a transformação do conhecimento

Juarez Jonas Thives Jr.

"O verdadeiro perigo não é que os computadores comecem a pensar como seres humanos, mas que os seres humanos comecem a pensar como computadores."
Sydney J. Harris

12.1 Introdução

As grandes transformações ocorridas nos últimos anos, impulsionadas principalmente pelo avanço da tecnologia, provocaram a passagem da antiga sociedade industrial para uma nova sociedade baseada na informação e no conhecimento.

A dinâmica desta nova sociedade impõe a necessidade de reestruturação das organizações em torno de seus processos de negócio, em detrimento da perspectiva tradicional baseada em funções. Há necessidade de se estruturar as atividades empresariais não mais em termos de funções, departamentos ou produtos, mas sim em torno de processos-chave, sendo necessário o emprego de todas as tecnologias e recursos organizacionais disponíveis para a melhoria contínua desses processos[1]. Essa reestruturação tem como base a *Gestão da Informação*, a qual é um dos pontos fundamentais na perspectiva da Gestão do Conhecimento, dada a sua importância e relevância como técnica de gestão empresarial.

Para a gestão do conhecimento, é necessária a sua caracterização a partir da distinção entre os dois tipos de conhecimento presentes nas organizações — o conhecimento tácito e o conhecimento explícito[2] — e do

---

[1] DAVENPORT, T. H. *Reengenharia de processos*. Rio de Janeiro: Campus, 1994.

[2] POLANYI, apud NONAKA, I.; TAKEUCHI, H. *Criação do conhecimento na empresa*. Rio de Janeiro: Campus, 1997.

modelo de interação e transformação desses dois tipos de conhecimento[3]: socialização (conhecimento compartilhado), externalização (conhecimento conceitual), combinação (conhecimento sistêmico) e internalização (conhecimento operacional).

Na abrangência da tecnologia da informação, a tecnologia de *workflow* é talvez uma das mais excitantes e desafiadoras quanto aos avanços tecnológicos já atingidos no campo da imagem e gerência da informação e conhecimento[4].

A grande inovação da tecnologia do *workflow* está na utilização da tecnologia da informação para integração das atividades organizacionais, otimizando o fluxo da informação e dos processos organizacionais[5].

Dentro do contexto descrito, a tecnologia de *workflow* assume o papel de um instrumento tecnológico para a transformação do conhecimento nas organizações, caracterizando-se como um dos aspectos presentes na dimensão tecnológica dessas entidades.

A tecnologia de *workflow* corresponde, genericamente, a um conjunto de ferramentas que possibilita a automação dos processos da organização. Essa automação poderá ser total ou parcial, na qual os documentos, as informações ou as tarefas percorrem vários estágios, passando de um participante a outro, com o objetivo de agilizar as transações empresariais, a comunicação interna e com clientes, bem como o desenvolvimento de produtos.

Com a tecnologia de *workflow*, acrescenta-se uma nova dimensão à Gestão da Informação, pois são administrados também as informações e o conhecimento sobre o funcionamento dos processos, incluindo todas as regras que controlam sua execução: prazos, prioridades, encaminhamentos, autorizações, procedimentos de segurança e o papel de cada elemento envolvido no processo[6].

---

[3] NONAKA e TAKEUCHI, 1997.

[4] FRUSCIONE, J. *Workflow automatizado*. São Paulo: Cenadem, 1996.

[5] D'ALLEYRAND, M. *Workflow em sistemas de gerenciamento eletrônico de imagens*. São Paulo: Cenadem, 1995.

[6] KOULOPOULOS, T. M. *The workflow imperative*: building real work business solutions. Nova York: John Wiley & Sons, 1995.

Este capítulo irá analisar os principais conceitos de *workflow*, seguindo pela análise de seus aspectos relevantes, suas características e implicações. Por fim, serão apresentadas observações realizadas em um estudo de campo que procurou analisar uma aplicação do *workflow* em um contexto organizacional.

12.2 Conceituando a tecnologia de *workflow*

No conjunto das tecnologias que compõem a dimensão tecnológica das organizações do conhecimento, a tecnologia de *workflow*, dadas as suas características, é singular para a transformação do conhecimento tácito em conhecimento explícito. Essa distinção deve ser feita visto que essa tecnologia oferece os mecanismos necessários para o acompanhamento, o registro e a coordenação das funções desempenhadas pelos colaboradores da organização, transformando sistematicamente o conhecimento, que antes era restrito à mente da cada um, em conhecimento para a empresa, permitindo sua disseminação, compartilhamento e conseqüente aprendizado por todos na organização.

As referências sobre a tecnologia de *workflow* como ferramenta de apoio à gestão do conhecimento são encontradas em diversas literaturas[7] e em publicações de organizações, como a revista *Kmword*[8] , o Grupo Delphi[9] e o Cenadem[10] (Centro Nacional de Desenvolvimento do Gerenciamento da Informação).

O termo *workflow* (em português, fluxo de trabalho) é relativamente novo no universo da tecnologia da informação. Surgiu juntamente com outras

---

[7] Entre as quais podemos citar Prax (1997), Borghoff e Pareschi (1998).

[8] Publicação técnica internacional na área de gestão do conhecimento.

[9] O Delphi Group é reconhecido internacionalmente como líder em serviços de consultoria, pesquisas de mercado, seminários e conferências nas áreas de gestão do conhecimento, gerenciamento eletrônico de documentos, *workflow* e Business Process Redesign, tendo realizado trabalhos de grande porte para mais de 80% das 500 maiores empresas listadas pela revista *Fortune*.

[10] O Cenadem, fundado em 1976, é uma organização voltada ao desenvolvimento e à aplicação de programas de treinamento na área de tecnologia e sistemas de imagem e informação, organização de sistemas e métodos, arquivologia, documentação, informática, administração e *workflow*. Promove a Infoimagem, que é o segundo maior evento mundial em sua área de atuação.

tecnologias da informação que possibilitaram o trabalho em grupo de forma integrada, interativa e ativa. Essas tecnologias são designadas genericamente como tecnologias de *CSCW* (*Computer Supported Cooperative Work*), isto é, tecnologias de suporte computacional ao trabalho cooperativo.

Há várias definições utilizadas e aceitas para a tecnologia de *workflow*, como se pode observar a seguir:

- conjunto de ferramentas que possibilita análise proativa, compressão e automação de atividades e tarefas baseadas em informação[11];
- tecnologia que possibilita automatizar processos, racionalizando-os e potencializando-os por meio de dois componentes implícitos: organização e tecnologia[12];
- tecnologia que ajuda a automatizar políticas e procedimentos em uma organização[13];
- automação de um processo de negócio (no sentido lato), totalmente ou em partes, em que documentos, informações ou tarefas são passadas de um participante para outro para que sejam tomadas ações, de acordo com um conjunto de regras e procedimentos[14].

A tecnologia de *workflow* refere-se à sucessão de tarefas necessárias para processar documentos durante sua tramitação através da organização[15].

O *workflow* também é descrito como um avanço tecnológico que, por meio da combinação do processamento eletrônico de imagens de documentos e diversas ferramentas de processamento da informação, permite às organizações construírem fluxos de trabalho automatizados com o objetivo

[11] KOULOPOULOS, 1995, p. 11.

[12] CRUZ, T. *Workflow*: a tecnologia que vai revolucionar processos. São Paulo: Atlas, 1998, p. 72.

[13] KHOSHAFIAN e BUCKIEWICZ, apud CRUZ, 1998, p. 72.

[14] Workflow Management Coalition, organização sem fins lucrativos criada em agosto de 1993, com o objetivo de promover a exploração das oportunidades da tecnologia de *workflow* por meio do desenvolvimento de padrões e terminologia comuns e facilitar a convergência entre os sistemas de *workflow* dos vários fabricantes. Possui centenas de membros, incluindo empresas e universidades.

[15] D'ALLEYRAND, 1995.

de diminuir o tempo de processamento das transações empresariais críticas, melhorar a comunicação com os clientes e reduzir o tempo de desenvolvimento de produtos[16].

Diante das definições propostas, percebe-se a evidência dada ao apoio proporcionado pela tecnologia de *workflow* à automação dos processos organizacionais, buscando agilizá-los e determinando um diferencial competitivo.

As estruturas organizacionais sugeridas às organizações da era do conhecimento referenciam uma forte relação com uma estrutura orientada a processos, reforçando o papel da tecnologia de *workflow* como instrumento de apoio à gestão do conhecimento.

Observa-se que, apesar dos esforços realizados nos últimos anos pelas grandes empresas norte-americanas para melhoria no desempenho de seus negócios, os resultados ainda mantinham-se insatisfatórios[17]. Essa situação ocorreu pelo fato de serem aplicadas soluções de tarefas a problemas de processos. Assim, as organizações[18] vêm passando por uma transição para uma nova estrutura organizacional, na qual os processos desempenham papel fundamental na sua operação e gestão.

Dessa forma, a tecnologia de *workflow*, na medida em que representa a coordenação e o controle dos processos organizacionais, torna-se um apoio importante para o novo modelo de gestão empresarial.

12.3 O *workflow* comparado ao processo manual

O exemplo a seguir apresenta o procedimento organizacional de alterações de preços de duas abordagens: o processo manual (Figura 12.1) e a aplicação da tecnologia de *workflow* (Figura 12.2).

Com a aplicação da tecnologia de *workflow* no processo, as informações sobre alterações de preços são automaticamente enviadas aos

[16] FRUSCIONE, 1996.

[17] HAMMER, M. *A revolução da reengenharia*: um guia prático. Rio de Janeiro: Campus, 1995.

[18] Organizações como American Standard, Ford, GTE, Delco, Chrysler, Shell Chemical, Ingersoll-Rand, Levi Strauss, entre outras.

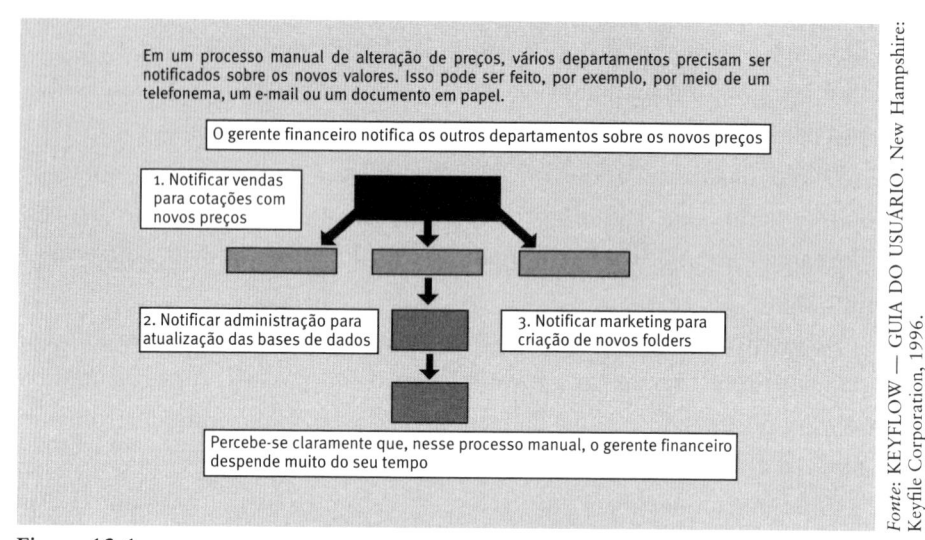

Fonte: KEYFLOW — GUIA DO USUÁRIO. New Hampshire: Keyfile Corporation, 1996.

Figura 12.1 O PROCESSO MANUAL DE ALTERAÇÃO DE PREÇOS

Fonte: KOCH, Walter. Arquitetura dos sistemas. *Mundo da Imagem,* n. 25, São Paulo: Cenadem, jan./fev. 1998.

Figura 12.2 O PROCESSO DE ALTERAÇÃO DE PREÇOS COM A UTILIZAÇÃO DO *WORKFLOW*

departamentos de vendas e de marketing, sendo o banco de dados atualizado imediatamente.

12.4 Os tipos de *workflow*

As diferentes estruturas de processos encontradas na prática fazem com que alguns modelos de *workflow* apresentem características que os distinguem entre si. A identificação dos diferentes tipos de *workflow* permitirá a escolha do modelo mais adequado para representação do processo a ser implantado. Na literatura, há pequenas diferenças para caracterização dos tipos de *workflow*.

Apresentam-se a seguir as classificações que cobrem praticamente quase todos os tipos disponíveis no mercado. De modo geral, consideram-se as seguintes caracterizações para a tecnologia de *workflow*: *workflow ad hoc*[19], *workflow* administrativo, *workflow* baseado em transações, *workflow* orientado a objetos e *workflow* baseado em conhecimento[20]. Esses tipos podem ser aplicados em três modelos de processos: centrado em correio eletrônico, centrado em documentos e centrado em processos.

A Figura 12.3 apresenta uma perspectiva sobre o ambiente de desenvolvimento e o modelo de processo para a implantação do *workflow*. O ambiente de desenvolvimento está representado pelos cinco tipos de aplicação de *workflow*, e os modelos de processos estão descritos pelas três categorias apresentadas.

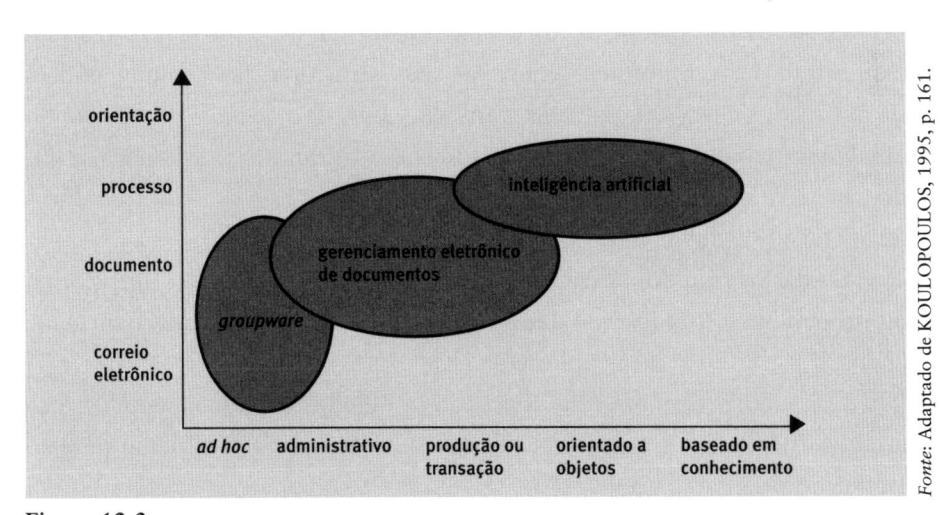

Fonte: Adaptado de KOULOPOULOS, 1995, p. 161.

Figura 12.3 TIPOS DE *WORKFLOW*

[19] *Ad hoc* é uma expressão latina que significa *para isto*, para este caso.

[20] É importante ressaltar que o termo "conhecimento", utilizado para caracterizar este tipo de *workflow*, está relacionado ao uso de técnicas de inteligência artificial e não tem o significado utilizado neste livro.

O *workflow ad hoc* é o tipo mais elementar que existe, utilizado em processos em que não há um padrão preestabelecido de fluxo da informação entre as pessoas. Nesse tipo de *workflow*, a ordenação e a coordenação das tarefas não são automatizadas. Ele é composto por regras que raramente se repetem cada vez que uma nova atividade é executada.

Embora elementar, a implantação desse modelo de *workflow* requer a mesma infra-estrutura tecnológica que os demais tipos. O *workflow ad hoc* é uma forma eficiente para a racionalização do processo de comunicação na empresa e, em muitos casos, pode ser o primeiro passo para a implantação de tipos mais elaborados de *workflow*.

O *workflow* administrativo envolve processos repetitivos, que, aparentemente sem complexidade, precisam ser executados corretamente. O tipo administrativo tem características de correio eletrônico com funcionalidades a mais, como permitir a automação da ordenação e a coordenação das tarefas, e o tratamento de documentos e de formulários como suporte ao processo.

Pode-se fazer distinção entre *workflow* orientado à produção e orientado à transação. Entretanto, dadas as suas características comuns, podem ser agrupados como orientados à transação. Esse tipo de *workflow* difere do administrativo por envolver o processamento de grandes quantidades de dados, acesso a múltiplos sistemas de informação para execução do trabalho e recuperação de dados para tomada de decisão[21].

Os dados tratados nesse tipo de *workflow* possuem duas origens: uma no próprio fluxo (dados que dão origem ao fluxo) e a outra nos bancos de dados, que dão suporte às aplicações ligadas ao sistema.

Os sistemas de *workflow* orientados a objetos são um aprimoramento do tipo orientado a transações, que utiliza como base a tecnologia de programação orientada a objetos[22].

---

[21] CRUZ, 1998.

[22] Um objeto é a combinação de dado e código (função) em um único elemento. A programação orientada a objetos estimula a reutilização de partes (objetos) de códigos, diminuindo o tempo de desenvolvimento pela diminuição da quantidade de códigos que um desenvolvedor precisa criar e manter.

O *workflow* baseado em conhecimento tem características e ferramentas que permitem aprender com seus próprios erros e acertos. As tecnologias-base nesse tipo de *workflow* são a da inteligência artificial e a dos sistemas especialistas, as quais possibilitam aos sistemas de *workflow* aprenderem por si próprios e inferir soluções a partir da vivência de fatos do cotidiano[23].

A tecnologia de *workflow* integra uma grande variedade de aplicações com características e funções distintas, que dependem da abrangência do processo que está sendo implementado, do grau de automação empregado e também das funcionalidades implementadas pelo fabricante da tecnologia.

Entretanto, a tecnologia de *workflow* não pode ser implementada isoladamente. É necessária uma infra-estrutura composta de várias tecnologias já bastante difundidas e outras relativamente pouco conhecidas. Dentre essas tecnologias, podemos citar:

- redes de computadores (LANs, MANs ou WANs)[24];
- arquitetura cliente-servidor;
- tecnologia de *groupware*[25], entre outras.

A tecnologia de *workflow* possui uma infinidade de aplicações nas empresas, uma vez que é implementada diretamente em quaisquer processos de negócios. Para a gestão do conhecimento, apresenta-se a seguir um extrato das conclusões em pesquisa realizada no Conselho Estadual de Educação de Santa Catarina.

---

[23] KOULOPOULOS, 1995; CRUZ, 1998.

[24] LANs (*Local Area Networks*) são redes locais, cuja abrangência não se estende além dos limites físicos de uma edificação qualquer. MANs (*Metropolitan Area Networks*) são redes metropolitanas com a abrangência de alguns quilômetros em uma região geográfica preestabelecida. WANs (*Wide Area Networks*) são redes de longa distância, que interligam diversos sistemas de computadores localizados em regiões fisicamente distantes, como estados ou países.

[25] "É qualquer sistema computadorizado que permite que grupos de pessoas trabalhem de forma cooperativa a fim de atingir um objetivo comum" (CRUZ, 1998, p. 76).

12.4.1 Considerações sobre o uso prático do WORKFLOW: conclusões de uma experiência

A pesquisa realizada no Conselho Estadual de Educação de Santa Catarina permitiu verificar, em um caso prático, as potencialidades da tecnologia de *workflow* apresentadas em termos teóricos. Teve ainda como propósito avaliar a contribuição dessa tecnologia à gestão do conhecimento nas organizações e como instrumento para a transformação do conhecimento tácito em conhecimento explícito.

A pesquisa demonstrou que a tecnologia de *workflow* constitui-se em um instrumento tecnológico decisivo para a gestão da informação, na medida em que registra ativamente e com detalhes todas as informações referentes ao funcionamento e à estrutura dos processos da organização. Permite ainda o acesso rápido e compartilhado dessas informações em toda a organização de forma estruturada, oportuna e íntegra.

A aplicação da tecnologia de *workflow* permitiu a reestruturação da organização na perspectiva dos seus processos, mudando o enfoque de uma visão direcionada à especialização por funções para uma visão ampla em torno das atividades a serem realizadas dentro dos processos de normatização, consulta e assessoramento do sistema educacional.

A tecnologia estudada permitiu a administração das informações e do conhecimento sobre o funcionamento do processo, bem como das regras que o controlam. É importante destacar que esse gerenciamento é contínuo, ou seja, não há como alterar o funcionamento sem que essas mudanças sejam registradas e controladas pela tecnologia. Ressalte-se também que todas essas informações permanecem registradas por meio da tecnologia da informação, em que se constata que a memorização da informação e do conhecimento representa um ganho considerável.

Essa tecnologia indiretamente estimula os processos de interação e transformação do conhecimento: socialização, externalização, combinação e internalização[26].

---

[26] Propostos por Nonaka e Takeuchi (1997).

A socialização é estimulada na medida em que, para a definição inicial do processo e para futuras melhorias, são necessários a interação e o compartilhamento de experiências entre os indivíduos do grupo para estabelecer quais alterações devem ser realizadas. O processo de socialização foi facilitado pela melhoria na comunicação e no compartilhamento das informações por meio dos recursos de *groupware* disponibilizados pela tecnologia de *workflow*.

A externalização, processo de transformação do conhecimento tácito em conhecimento explícito, foi observada na aplicação da tecnologia de *workflow* da seguinte forma:

- o funcionamento do processo pesquisado está documentado integralmente na tecnologia de *workflow*, implementada com o conhecimento obtido com os colaboradores da organização. Esse conhecimento, antes da aplicação da tecnologia, não estava disponível formalmente, ou seja, explicitamente; consistia no conhecimento tácito das pessoas. Com a pesquisa, ele está disponível a todos, o que representou claramente a transformação do conhecimento;
- na execução do processo são registradas explicitamente informações que anteriormente não eram registradas, que ficavam no conhecimento somente de quem executava a atividade e perdiam-se com o tempo.

O processo de combinação, a transformação do conhecimento implícito em conhecimento explícito, também foi observado nesse estudo de caso. As estatísticas geradas diretamente pela tecnologia de *workflow*, bem como a possibilidade de utilização dessas informações, agregando-se outras tecnologias, permitem a criação de novos conhecimentos explícitos a partir dos conhecimentos explícitos existentes.

O processo de internalização, incorporação do conhecimento explícito em conhecimento tácito, é verificado quando da análise dos conhecimentos gerados no processo de combinação. Esses conhecimentos incorporam os conhecimentos tácitos das pessoas, criando novos conhecimentos tácitos.

Foi observado que a aplicação da tecnologia de *workflow* possibilitou a discussão sobre o funcionamento do processo pesquisado, resultando no redesenho dele para a implementação da tecnologia.

A pesquisa demonstrou que a tecnologia de *workflow* apresentou características importantes para a transformação do conhecimento, bem como elementos essenciais para a implantação da gestão do conhecimento[27].

12.5 Considerações finais

A tecnologia de *workflow* apresenta um grande crescimento de aplicações em organizações dos mais diferentes ramos de negócios. Esse crescimento, tanto em número de aplicações como em importância, é verificado por meio dos esforços para disseminar o seu uso no âmbito das organizações.

A disseminação da tecnologia de *workflow*, aliada ao apoio proporcionado à gestão do conhecimento, permite às organizações a automatização dos relacionamentos entre os usuários, informações e processos; o compartilhamento da experiência e especialização dos colaboradores da instituição; e contribui para o gerenciamento do ambiente tecnológico na conversão do conhecimento em suas quatro fases (socialização, externalização, combinação e internalização).

12.6 Você viu neste capítulo

A sociedade do conhecimento e da informação conduz à reformulação dos processos de negócios nas organizações, calcados na gestão da informação, por meio da utilização de tecnologias que permitem a melhoria desses negócios.

Nesse contexto, a tecnologia de *workflow* apresenta-se como um instrumento tecnológico para a transformação do conhecimento nas organizações. Por tecnologia de *workflow* entende-se um conjunto de ferramentas que possibilita a automação dos processos da organização. Essa automação poderá ser total ou parcial, na qual os documentos, as informações ou as tarefas percorrem vários estágios, passando de um participante a outro, com

---

[27] Segundo o modelo proposto por Nonaka e Takeuchi (1997).

o objetivo de agilizar as transações empresariais, a comunicação interna e com clientes, bem como o desenvolvimento de produtos.

A utilização da tecnologia de *workflow* pretende alcançar agilidade nos processos e, com isso, obter um diferencial competitivo. A tecnologia de *workflow* possui uma infinidade de aplicações nas empresas, uma vez que é implementada diretamente em quaisquer processos de negócios.

De modo geral, consideram-se as seguintes caracterizações para a tecnologia de *workflow*: *workflow ad hoc*, *workflow* administrativo, *workflow* baseado em transações, *workflow* orientado a objetos e *workflow* baseado em conhecimento.

O presente capítulo buscou apresentar uma descrição detalhada dos aspectos conceituais e funcionais da tecnologia de *workflow*, bem como as vantagens de sua aplicação para as organizações da era do conhecimento, contribuindo de certa forma para o desenvolvimento desse importante tema, assim como para a disseminação da tecnologia para a gestão das atuais organizações.

Por fim, apresenta-se um relato de uma experiência de implementação da tecnologia de *workflow* no Conselho Estadual de Educação de Santa Catarina, mostrando suas potencialidades e como ocorrem os processos de interação e transformação do conhecimento.

12.7 Estudo de caso

Um dos processos mais comuns nas organizações é o processo de compras. Na maioria das empresas, o processo de compra de um ou mais itens exige os seguintes passos básicos:

- preencher e encaminhar uma ordem de compra;
- enviar a ordem de compra ao seu gerente para aprová-la e assiná-la;
- encaminhar a ordem de compra ao Departamento de Administração de pedidos para que o item seja comprado.

Além disso, sua organização requer a assinatura do controlador para compras acima de R$ 8.000,00, o qual pode aprovar ou não o seu pedido, bem como solicitar mais informações que fundamentem sua decisão.

questão do estudo de caso

1 Para criar um fluxo de trabalho (*workflow*) com a finalidade de automatizar o processo descrito acima, quais etapas serão necessárias?

12.8 Questões

1 De que maneira o *workflow* pode facilitar a transformação do conhecimento na organização?

2 Qual a relação existente entre estrutura orientada para processos e *workflow*?

3 Quais as semelhanças e as diferenças entre o processo manual e o processo com a utilização do *workflow*?

4 Quais os critérios que podem auxiliar o gestor no processo de escolha sobre que tipo de *workflow* utilizar; *workflow ad hoc*, administrativo, baseado em transações, orientado a objetos e baseado em conhecimento?

5 Quais pontos você destacaria no texto, quando este trata do relato de uma experiência no uso prático do *workflow*?

REFERÊNCIAS

BORGHOFF, U.; PARESCHI, R. *Information technology for knowledge management*. Alemanha: Springer, 1998.

CRUZ, T. *Workflow*: a tecnologia que vai revolucionar processos. São Paulo: Atlas, 1998.

D'ALLEYRAND, M. *Workflow em sistemas de gerenciamento eletrônico de imagens*. São Paulo: Cenadem, 1995.

DAVENPORT, T. H. *Reengenharia de processos*. Rio de Janeiro: Campus, 1994.

FRUSCIONE, J. *Workflow automatizado*. São Paulo: Cenadem, 1996.

HAMMER, M. *A revolução da reengenharia*: um guia prático. Rio de Janeiro: Campus, 1995.

KEYFLOW — GUIA DO USUÁRIO. New Hampshire: Keyfile Corporation, 1996.

KOULOPOULOS, T. M. *The workflow imperative*: building real work business solutions. Nova York: John Wiley & Sons, 1995.

NONAKA, I.; TAKEUCHI, H. *Criação do conhecimento na empresa*. Rio de Janeiro:Campus, 1997.

PRAX, J. Y. *Manager la connaissance dans l'entreprise*: les nouvelles technologies au service de l'engénierie de la connaissance. Paris: INSEP, 1997.

CAPÍTULO 13

Gerenciamento eletrônico de documentos e sua inter-relação com a gestão do conhecimento

Rogério Brasiliense Machado

> *"A grande finalidade do conhecimento não é conhecer, mas agir."*
> **Thomas Henry**

13.1 Introdução

O objetivo deste capítulo é proporcionar ao leitor uma elucidação sobre dois conceitos: **gerenciamento eletrônico de documentos** (GED) e **gerenciamento do conhecimento** ou *knowledge management* (KM), bem como mostrar suas inter-relações.

A necessidade da tecnologia GED dentro das organizações pode ser percebida por meio da curva de informações, que tem crescido de maneira exponencial. Nos últimos 30 anos do século XX, foram produzidas mais informações do que nos cinco mil anos anteriores. Uma edição de dia de semana do *The New York Times* contém mais informações do que um cidadão médio do século XVI poderia obter em toda a sua vida; o volume de informações disponível dobra a cada cinco anos[1].

Com essa quantidade crescente de informações, cada vez mais são gerados documentos em papel de forma mais rápida e eficiente. Segundo estudos da AIIM (*Association for Information and Image Management International*), 95% das informações, nos Estados Unidos, estavam em papel em 1990 contra 92%, de um volume muito maior de informações, em

---

[1] GUNS, B. *A organização que aprende rápido*: seja competitivo utilizando o aprendizado organizacional. São Paulo: Futura, 1998.

2000. Essa avalanche de papel gera, a cada dia, problemas maiores para os profissionais que dependem das informações neles registradas. Entre os problemas, podemos citar: um executivo gasta em média quatro semanas por ano procurando documentos; em média, são feitas 19 cópias de cada documento; gastam-se 250 dólares para recriar cada documento perdido[2].

Esse contexto torna clara a necessidade da implantação do gerenciamento eletrônico de documentos para facilitar o fluxo de informações e conhecimento nas organizações. Entretanto, não são raras as interpretações errôneas quanto ao que é, bem como qual a aplicação do GED para o gerenciamento do conhecimento nas organizações. Também será visto ao longo deste capítulo, por meio dos conceitos e definições abordados, que o primeiro trata realmente das tecnologias associadas ao gerenciamento do conhecimento, sendo este último mais um processo que rege práticas e políticas que influenciam o conhecimento.

13.2 Gerenciamento eletrônico de documentos: conceituação, caracterização e especificação

O **GED** é definido como o reagrupamento de um conjunto de técnicas e de métodos que tem por objetivo facilitar o arquivamento, o acesso, a consulta e a difusão dos documentos e das informações que ele contém. Pode-se entender, então, que o gerenciamento eletrônico de documentos é o somatório de todas as tecnologias e produtos que buscam gerenciar informações e conhecimentos de forma eletrônica[3].

É interessante especificar que o objetivo do GED não é unicamente arquivar os documentos (objetos), mas, igualmente, tratar das informações nele contidas. Por outro lado, não é objetivo do GED eliminar totalmente a manipulação de papéis, mas propor modos alternativos para a utilização de informações documentárias. O gerenciamento eletrônico de documentos como tecnologia permite, dentre outras coisas, evitar a duplicação abusiva

---

[2] COOPERS e LYBRAND, uma das maiores empresas de consultoria do mundo.

[3] PRAX, J. Y. *Manager la connaissance dans l'entreprise*: les nouvelles technologies au service de l'ngénierie de la connaissance. Paris: INSEP, 1997.

de documentos; classificar segundo diversos critérios cruzados; autorizar o acesso a informações e conhecimentos pertinentes; conter dados não vinculados por papel, como vídeo/som; acabar com o problema de tempo e lugar; implementar novos modos de navegação não-linear; permitir e melhorar a segurança e a perenidade dos arquivos[4].

Quando se fala em informações e conhecimentos, torna-se essencial caracterizá-las para uma melhor compreensão desses recursos. Informações e conhecimentos podem estar registrados de diversas formas, como livros ou textos, imagens, sons[5]. Segundo a Cenadem, abrangem geralmente:

- **voz**: informações e conhecimentos gerados de forma oral. Cada vez mais informações e conhecimentos orais estão deixando o caráter informal e assumindo importância no mundo dos negócios (você solicita uma refeição, aplica no banco e altera a sua apólice de seguro utilizando o recurso da voz, por meio de alguma mídia);
- **texto**: informações e conhecimentos normalmente mais formais. Vão de cartas a contratos, planilhas, manuais, dentre outros;
- **imagem**: informações e conhecimentos que não podem ser representados nas formas anteriores (mapas, fotografias, assinaturas).

O GED visa a gerenciar o ciclo de vida das informações e dos conhecimentos desde sua criação até o seu arquivamento. As informações e os conhecimentos podem, originalmente, estar registrados em mídias analógicas, como o papel, ou digitais, que serão tratadas pelos computadores em todas as fases de sua vida.

Podem também ser criadas em mídias eletrônicas. Um engenheiro, por exemplo, gera um desenho em CAD — *Computer Aided Design*, um *software* específico para gerar desenhos técnicos em computadores.

Existem situações em que pode haver combinações de mídias analógicas e digitais. Por exemplo: informações e conhecimentos criados e revisados em sistemas eletrônicos são impressos para o seu processamento

---

[4] PRAX, 1997.
[5] Ibid.

e arquivamento em papel. Ou, criados e revisados em mídia papel para, então, serem digitalizados por meio de um *scanner* e processados e arquivados eletronicamente.

Para iniciar a caracterização do GED, pode-se definir que o ciclo de vida das informações e dos conhecimentos é gerenciado por dois macrogrupos de soluções: o de gerenciamento de documentos (*document management*, no original) e o de gerenciamento de imagens de documentos (*document imaging*). No primeiro grupo, as informações e os conhecimentos estão em estado dinâmico, enquanto no segundo são estáticos.

A esses dois mundos — o analógico e o digital — podem ainda ser agregados outros produtos como *workflow* e *Cold* (*Computer output to laser disc*). Existem ainda recursos como EDM (*Engineering Document Management*), OCR (*Optical Character Recognition*), ICR (*Intelligent Character Recognition*), HSM (*Hierarchical Storage Management*) e FTR (*Full Text Retrieval*), entre outros.

Nesse sentido, pode-se fazer um comparativo entre sistemas tradicionais de processamento de documentos e sistemas de tratamento de documentos. Nos sistemas de processamento de dados, as informações e os conhecimentos são transcritos de suas fontes originais para o sistema via teclado. Nos sistemas de tratamento de documentos, as informações e conhecimentos são captados via *scanner*.

Uma página A4 gerada em um editor de textos de microcomputador ocupa aproximadamente 3 Kb. Essa mesma página impressa e depois captada por um *scanner* ocupará, no mínimo, dez vezes mais área de armazenamento, devido à forma interna de representação da informação.

Para exibir as informações e os conhecimentos nos sistemas de gerenciamento de imagens de documentos, são necessários monitores de alta resolução, com tamanho que permita exibir um documento A4 por inteiro e, para a impressão, impressoras com resolução e memória suficiente para poder reproduzir a imagem. Na saída em sistemas de processamento de dados, obtemos a informação representada por meio de tipos de impressão. Já em sistemas de gerenciamento de imagens de documentos, a informação é reproduzida fielmente.

Todo esse processo necessita de *hardware* específico, como *scanners* para a captação, discos ópticos para o armazenamento, *jukebox* para armazenamento de grandes volumes, placas de compressão para a otimização do tráfego de rede e de armazenamento. Ou seja, para a implementação de um sistema de GED, é necessário unir novos recursos aos já existentes nos tradicionais sistemas de processamento de dados.

13.3 Tipos de soluções de gerenciamento eletrônico de documentos

O mercado atualmente oferece diversos tipos de ferramentas para a aplicação de GED. Os mais comumente utilizados e difundidos serão discutidos a seguir.

O **gerenciamento de documentos** (*document management*) é um dos produtos voltados ao gerenciamento do ciclo de criação/revisão dos documentos, em que dados do tipo número da versão/revisão, data de criação, autor, data de expiração são os mais relevantes. Ou seja, o tipo de informação aqui é mais dinâmico, pois está em constante processo de alteração. Os produtos de gerenciamento de documentos não gerenciam obrigatoriamente imagens, já que estas são somente um tipo de documento. Gerenciam arquivos oriundos de editores de texto, planilhas e outras formas de documentos. Exemplos de uso dessa tecnologia são o gerenciamento de documentos para efeito da certificação ISO 9000 e fórmulas de produtos farmacêuticos. O gerenciamento de documentos visa a apontar todas as propriedades do documento.

Outra ferramenta destinada ao tratamento de imagens (*document imaging*) é um produto que armazena imagens de documentos em estruturas predefinidas de índices. Boa parte dos produtos reproduz estruturas do tipo pasta/subpasta/documento. Outros indexam documentos diretamente. O foco dos produtos de tratamento de imagens é o gerenciamento de documentos estáticos, pois ninguém processa e arquiva documentos que não estejam concluídos. Podemos até fazer uma comparação com os tradicionais arquivos de aço, dizendo que esse tipo de solução é mera substituição de mídias com alguma sofisticação adicional, como múltiplos índices. Podemos citar como exemplo aplicações do tipo: recursos humanos, contabilidade e pastas de cadastros com informações para efeito de crédito.

A **integração com sistemas de processamento de dados** (*imaging enable*) normalmente constitui-se em bibliotecas de sub-rotinas de produtos de tratamento de imagens que podem ser integradas em programas tradicionais de processamento de dados, permitindo o acesso a funções de imagem (*imaging*) a partir destes. Essa integração de imagem e processamento de dados pode ser feita por meio de uma série de recursos como DDE, DLL, API, entre outros. Com esse tipo de solução temos informações e conhecimentos em forma de dados e de imagem sobre determinado assunto sendo exibidas simultaneamente. Por exemplo, nos casos em que se controla o acesso de pessoas por meio de imagem, dados e impressão digital, os dados necessitam ser complementados com imagens de documentos.

A ferramenta EDM (*Engineering Document Management*) é um produto voltado ao gerenciamento de documentos técnicos. Esses produtos possuem algumas características adicionais quando comparados a produtos de *imaging* no que diz respeito a controle de versões; manuseio de arquivos em formato TIFF (*Tagged Image File Format*), CALS (*Computer Aided Acquisition and Logistic Support*) e gerados por CAD; funções de *red-line* (*fazer marcas nos desenhos para futuras revisões*); gerenciamento de periféricos com capacidade de manusear documentos do tamanho A0 etc.

Os produtos de EDM possuem recursos para gerenciar tanto arquivos imagem (*raster*) como arquivos CAD (*vector*). Esse tipo de produto é normalmente utilizado para o gerenciamento de documentos técnicos, como plantas de engenharia, manuais e listas de materiais.

As ferramentas OCR (*Optical Character Recognition*) e ICR (*Intelligent Character Recognition*) são utilizadas para obter dados processáveis por sistemas de processamento de dados a partir de imagens. Pode-se utilizar o OCR para a conversão de caracteres gerados de forma mecânica (datilografada, impressa). Já para a conversão de caracteres gerados de forma manuscrita, o ICR é o mais indicado.

Deve-se salientar, no entanto, que um dos fatores de sucesso no reconhecimento dessa tecnologia é a existência de uma base de grafia que contenha a grafia a ser reconhecida (o que nem sempre ocorre com os produtos importados). Ou seja, se na minha base eu não tiver o "Ç", não tenho como reconhecê-lo.

As tecnologias de OCR e ICR podem ser aplicadas a formulários desenvolvidos com o objetivo de efetuar a automação da entrada dos dados destes. Os produtos que fazem esse tipo de processamento são chamados de *forms processing*, ou seja, processamento de formulários, em que o campo a ser reconhecido é localizado, e então se faz o reconhecimento e o eventual batimento contra uma tabela de possíveis alternativas para detectar eventuais inconsistências. Como exemplo do uso desses tipos de recursos, citamos a carga de bases de bancos textuais (veja a seguir), a entrada de dados de informações de formulários de cadastro, questionários, cheques.

Outra ferramenta, o FTR (*Full Text Retrieval*) é um recurso para recuperar documentos a partir de qualquer palavra de seu conteúdo. Para tanto, os documentos são digitalizados e submetidos a um processamento de OCR para a extração de seu conteúdo e criação da base de índices. Existem produtos de FTR independentes ou integrados a soluções de *imaging* ou gerenciamento de documentos. Entre os usos de FTR, citamos a criação de bases de informações sobre setores econômicos, legislação e seleção em recursos humanos.

O Cold (*Computer Output to Laser Disc* ou *Computer Online Data*) cuida do gerenciamento de relatórios oriundos de sistemas de processamento de dados. Esse tipo de ferramenta armazena arquivos com relatórios em forma de dados, permitindo a recuperação por diversos índices e a sua apresentação nas mais diversas formas: servidor de fax, monitor, impressora. Aceita integração com recursos de imagem para o armazenamento de máscaras de relatórios pré-impressos. Os relatórios gerados no sistema de processamento de dados são gravados em mídia óptica para posterior consulta *off-line* ou via rede.

Um dos usos mais populares dos sistemas Cold é o armazenamento de extratos de conta-corrente; segundas vias de notas fiscais e relatórios contábeis também são aplicações interessantes.

A ferramenta *workflow* de produção é um produto voltado ao gerenciamento de fluxos de trabalho e à integração de ferramentas em processos estruturados. Como principais diferenciais em relação aos produtos de *workflow ad hoc*, os de produção possuem interface gráfica para o desenho do fluxo e mecanismos de controle do processo bem mais sofisticados.

As ferramentas de *workflow* de produção são empregadas para a automação de processos que envolvem altos valores e volumes. Entre os principais exemplos existentes no mercado nacional estão os processos de concessão de crédito, câmbio e sinistro em seguros.

Outra ferramenta, o *workflow ad hoc* — produtos voltados ao roteamento de informações e conhecimentos em processos não estruturados — não possui interface gráfica para a fluxogramação de processos (não é possível elaborar o fluxograma de processos não estruturados).

Boa parte do universo de produtos de *groupware* pode ser caracterizada dessa forma.

Produtos de *workflow ad hoc* são basicamente utilizados para gerar infra-estrutura de comunicação e integração de ferramentas de automação de escritórios.

A ferramenta *produtos integrados* aparece na comparação: como no mundo real, necessitamos muitas vezes unir em uma peça única várias aplicações; situação semelhante ocorre no mundo do GED. Podemos ter combinações de produtos/ferramentas, por exemplo, integração de CAD (*vector*) com *imaging* (*raster*); *imaging* com estrutura de recuperação *Full Text Retrieval*, em que os índices foram obtidos com o uso de OCR; *imaging* com Cold e *workflow* de produção com *imaging*.

Como podemos observar, são várias as tecnologias que podem ser aplicadas ao GED. Para decidir qual deverá ser implementada, é necessário primeiro um detalhado estudo por profissional habilitado para identificar todas as necessidades do projeto. Além disso, devem-se observar as características das mídias para GED, como demonstrado no Quadro 13.1.

Quadro 13.1	CARACTERÍSTICAS DAS MÍDIAS PARA GED
Tipo	**Características**
CD-ROM — *Compact Disc — Read Only Memory*	Discos ópticos gerados por meio de um processo de masterização a partir de um original. Esse processo é efetuado em instalações industriais sofisticadas. A capacidade de um CD-ROM é de aproximadamente 650 MB de informações, sejam elas em forma de dados e/ou imagens em suas 4 3/4 polegadas de diâmetro. Nesses discos, após gravados, não é possível ser acrescentada ou alterada qualquer informação.
CD-R — *Compact Disc — Recordable —* ou *Writable*	Discos ópticos com o mesmo padrão de leitura do CD-ROM. Porém, a gravação dessa mídia pode ser feita em instalações próprias.
CD-RW — *Compact Disc — Rewritable*	Discos ópticos com o mesmo padrão de leitura do CD-ROM. A gravação dessa mídia também pode ser feita em instalações próprias. A diferença entre o CD-R e o CD-RW é que o último é regravável, enquanto o primeiro não é.
DVD — *Digital Video Disc* ou *Digital Versatil Disc*	Discos ópticos mais recentes que vêm sendo apontados como os substitutos do CD. Possuem exatamente a mesma dimensão do CD (4 3/4 polegadas). Podem ser gravados em uma face, uma camada, uma face, duas camadas ou duas faces, duas camadas por meio de feixes de *laser* mais fracos ou mais intensos. A capacidade máxima hoje anunciada no mercado é de 4,7 GB para uma face, uma camada, 9 GB para uma face, dupla camada, 17 GB para duas faces, duas camadas.
Discos ópticos WORM —*Write Once, Read Multiple*	Essa sigla é utilizada para designar discos ópticos em que o processo de gravação é físico, alterando a superfície destes. Essa gravação não pode ser alterada, tornando os discos passíveis de ser gravados somente uma vez, mas com ilimitadas leituras. São encontrados normalmente em tamanhos de 5 1/4, 12 e 14 polegadas, com capacidades variando de 650 MB a 25 GB.
Discos ópticos regraváveis	Esses discos, com tamanhos de 3 1/2, 5 1/4 e 12 polegadas, com capacidades entre 128 MB e 15 GB, podem ser apagados para novo processo de gravação, ou seja, após o expurgo da informação, a mídia pode ser reaproveitada.

13.4 Metodologia e legislação de gerenciamento eletrônico de documentos

Um dos principais motivos para o insucesso de projetos envolvendo tecnologias de GED é que as organizações adquirem soluções antes de efetivamente conhecerem as suas necessidades. Na tentativa de evitar erros como os descritos anteriormente e outros, os consultores do mercado de GED recomendam a adoção de cinco passos bastante claros que serão discutidos a seguir.

O primeiro passo é o *aculturamento*, a introdução dos conceitos do GED na organização. Nessa etapa, as pessoas passam a descobrir que existem as tecnologias, as diferenças entre elas e a sua aplicabilidade. Uma boa dose de capacitação, participação em palestras, congressos e demonstrações de produtos e visitas a instalações já em uso ajuda nesse aculturamento.

O segundo passo é o *levantamento*. Após ter sido identificado o primeiro processo com potencial para a automação, inicia-se a obtenção de informações sobre este. Entre as informações, citamos os tipos de documentos envolvidos, volumes, acessos, usuários, plataforma de processamento de dados disponível, infra-estrutura, requerimentos legais, tabelas de temporalidade. Esses dados não só darão subsídios ao projeto, mas também ao estudo custo/benefício.

O próximo passo, a *análise*, é calcado nos dados obtidos. Avalia-se o custo/ benefício do projeto em relação à efetiva aplicabilidade da tecnologia e a sua viabilidade. Pode ser que nesta etapa se chegue à conclusão de que não vale a pena mexer na forma atual de trabalho.

O quarto passo é o *projeto*. É o efetivo detalhamento do projeto com caracterização de recursos de *hardware* (*scanner*, mídia para armazenamento, exibição, impressão, redes de comunicação) e *software* (produto, estrutura de indexação, gerenciamento de mídias e serviços, digitalização, melhoria da imagem, indexação, customização de produtos, desenvolvimento de interfaces, capacitação de usuários) necessários. Os procedimentos operacionais também deverão ser revistos, pois agora não existe mais a necessidade de se ter protocolos, aguardar a liberação de um documento por terceiros, fotocópias.

Normalmente, fala-se em redesenhar o processo, adequando-o às ferramentas empregadas. Com o projeto em mãos, pode-se ir efetivamente ao mercado em busca de soluções e fazer a seleção do produto/fornecedor que melhor atenda aos requerimentos do projeto.

O quinto e último passo é a *construção*, a contratação do(s) fornecedor(es) para a implementação do projeto. Nessa fase, entra a instalação de *hardware*, a instalação de *software*, o desenvolvimento da aplicação, o treinamento dos usuários, a conversão do acervo existente (se for o caso e tiver sido justificado) e a produção assistida.

Levando em consideração esses passos, a próxima etapa para a implantação do GED é o cuidado com a legislação vigente.

Mundialmente, boa parte dos países já possui alguma legislação para regulamentar a digitalização de informações. Os Estados Unidos possuem derivações jurídicas como *best evidence* (melhor evidência) e *regular course of business* (curso regular dos negócios), que acabam fazendo com que juízes indiretamente aceitem documentos oriundos de sistemas eletrônicos. O México possui legislação desde 1993; a Argentina, desde 1992 para o sistema financeiro; diversos países da Europa também já a possuem. O número de legislações é tão grande e variado que a ISO acabou elaborando, em 1995, uma sugestão do que deveria ser uma legislação que permitisse aos países, futuramente, a troca de imagens de documentos com valor legal, já que as exigências seriam parecidas. Infelizmente, não teve muito sucesso.

No caso do Brasil, temos atualmente as legislações publicadas no *DOU — Diário Oficial da União*, citadas a seguir.

Em 1994, surgiu a legislação específica para Juntas Comerciais (Lei nº 8.934, de 18 de novembro de 1994) e para cartórios (Lei nº 8.935, da mesma data).

Em 1995, com a Portaria nº 1.121/95, o Ministério do Trabalho autorizou o uso de meios ópticos para efetuar o registro de empregados.

No novo Código de Trânsito Brasileiro (Lei nº 9.503, de 23 de setembro de 1997), já existe amparo para a guarda dos documentos relativos à habilitação em meios magnéticos ou ópticos.

Em 1996, com o Projeto de Lei nº 22, o senador Sebastião Rocha quis trazer legislação ampla e geral sobre esse tema. Ela foi aprovada pelo Senado e tramita na Câmara dos Deputados sob nº 3.173/97.

Deve-se manter um acompanhamento constante no que se refere à legislação para maximizar a implantação do GED na organização.

13.5 Gerenciamento eletrônico de documentos e o gerenciamento do conhecimento

Desde o fim de 1997, tem-se assistido a uma mutação muito forte no mercado do gerenciamento eletrônico de documentos. A revista *Imaging Business* mudou o nome para *InfoVar*. O jornal *Imaging World* transformou-se em *Knowledge Management World*. O antigo congresso *Imaging Expo* foi rebatizado como *Knowledge Management Expo*. Qual a razão dessas mudanças?

Em primeiro lugar, a restrição natural da expressão *imaging*. Ela leva todos a pensar simplesmente em imagens de documentos, mesmo que a tecnologia seja muito mais do que isso.

Os **documentos** são meios formatados para a distribuição da informação[6]. Isso proporciona o surgimento de expressões e áreas como a de gerenciamento de documentos.

Alguns partiram para gerenciamento da informação. Porém, essas expressões também não representam tudo o que está envolvido nessas tecnologias. Por exemplo, o *know-how* que está embutido na definição do fluxo de um documento em um processo, com as devidas tomadas de decisão, já não é mais informação, e sim conhecimento.

O gerenciamento de conhecimento pode ser definido como um conjunto de ferramentas para a automação dos relacionamentos entre informações, usuários e processos. O conhecimento é a informação residente na mente das pessoas, utilizada para a tomada de decisões em contextos desconhecidos, ou seja, o gerenciamento do conhecimento visa a conectar detentores do conhecimento e usuários deste por meio do uso de tecnologias[7].

---

[6] Essa definição é de John Mancini, presidente da AIIM (Association for Information and Image Management).

[7] Definição proposta por Carl Frappaolo, vice-presidente do Grupo Delphi.

O gerenciamento do conhecimento envolve o processo de obter, gerenciar e compartilhar a experiência e a especialização dos funcionários, utilizando-se de tecnologias para alavancar isso de forma corporativa[8]. O conhecimento pode ser classificado em dois tipos[9]:

- explícito: quando é facilmente mapeado e passível de ser aprendido por terceiros;
- tácito: refere-se ao conhecimento pessoal, calcado em experiências pessoais com insumos subjetivos.

Obviamente, o maior desafio para as organizações é a captação do conhecimento tácito, seu armazenamento e disseminação por meio das tecnologias apropriadas.

13.6 Arquitetura dos sistemas de gerenciamento do conhecimento

Existem as mais diversas formas de se desenhar tecnologicamente a arquitetura do conceito de gerenciamento do conhecimento. Elas podem ser classificadas em[10]:

- **definição** — você define a melhor forma de se executar determinado processo para replicá-la entre a sua força de trabalho. Essas melhores formas de se fazer as coisas precisam ser guardadas;
- **gerenciamento das formas de fazer** — utiliza-se de gerenciamento de documentos e *groupware* para armazenar, recuperar e gerenciar essas formas;
- **captação e recuperação** — todas as maneiras que permitem "captar" o conhecimento, indo de uma simples transcrição de algo que está na mente de um colaborador para um arquivo do Word até o uso de gerenciamento de imagens de documentos, OCR e ferramentas de automação de processos, como *workflow*;

---

[8] Esse conceito foi proposto por Jay Bromberek, da Doculabs.

[9] NONAKA, I.; TAKEUCHI, H. *Criação de conhecimento na empresa*: como as empresas japonesas geram a dinâmica da inovação. Rio de Janeiro: Campus, 1997.

[10] Essa classificação foi proposta por Andy Moore, da KM World.

- **disponibilização** — não adianta deter o conhecimento sem compartilhá-lo com quem dele efetivamente necessita. Essa disponibilização pode ser feita, por exemplo, via CD-R, DVD-R ou HTML;
- **infra-estrutura** — todos os componentes anteriores não têm sentido se não possuirmos uma infra-estrutura que permita mapear interrelacionamentos de pessoas e coisas. Para tanto, podem ser utilizados bancos de dados relacionais até intra/extranets.

Quadro 13.2	FERRAMENTAS PARA O GERENCIAMENTO DO CONHECIMENTO	
	Explícitas	**Tácitas**
Intermediação	*Workflow*, ferramentas de busca, Internet, *groupware*	Linguagem o **Práticas**
Externalização	*Imaging, workflow*, ferramentas de busca, gerenciamento de documentos	
Internalização	*Data warehouse*, ferramentas de busca	
Tomada de decisão	Sistemas especialistas	1 **Intuição**

Fonte: Delphi Group.

O grupo Delphi agrupa as fases de gerenciamento do conhecimento da seguinte forma:

- **intermediação** — a transferência de conhecimento entre seus detentores e usuários. Essa intermediação pode ser feita por meio de intranets, *groupwares*, ferramentas de pesquisa, *workflow* e até de forma verbal;
- **externalização** — a transferência do conhecimento da mente de alguém para um repositório da forma mais eficiente possível. Para tanto podem ser usadas ferramentas de *workflow* (alguém definindo uma forma de trabalho), gerenciamento de imagens de documentos, gerenciamento de documentos e pesquisa para a sua classificação;

- **internalização** — a extração do conhecimento do repositório e o uso de filtros para obter o de maior relevância para os usuários. Ferramentais de *data warehousing* e de pesquisa fazem parte desse grupo;
- **tomadas de decisão** — a funcionalidade de sistemas em tomar decisões sobre o conhecimento existente. É a aplicação da tecnologia sobre o conhecimento obtido nas três etapas anteriores. Para isso, utilizam-se sistemas especialistas/inteligência artificial.

13.6.1 Como as tecnologias existentes se integram

Como acabamos de ver, na verdade não existem novas tecnologias por trás de gerenciamento do conhecimento e, sim, um novo conceito com novas aplicações. E, para conseguir usufruir ao máximo esses conceitos, devemos utilizar melhor as ferramentas disponíveis no mercado, como podemos observar a seguir:

- *groupware* e intranets: nas aplicações de gerenciamento do conhecimento, normalmente são utilizadas para a disseminação do conhecimento;
- *workflow*: utilizado para a captura de conhecimento explícito e para iniciar a captura e execução de conhecimento tácito;
- ferramentas de busca: localizar, seja dentro da organização em intranets, seja no mercado em extra ou Internet o conhecimento desejado;
- gerenciamento de imagens de documentos e gerenciamento de documentos — são duas alternativas utilizadas para registrar o conhecimento;
- Cold: forma para armazenar conhecimento oriundo de sistemas de processamento de dados.

Exemplos de uso

Um dos primeiros ramos em que os conceitos de gerenciamento do conhecimento está despertando atenção é no gerenciamento do relacionamento com clientes. Segundo a *Harvard Business Review*, as organizações norte-americanas perdem metade dos seus clientes a cada cinco anos. Dados do

The Yankee Group apontam que conseguir um novo cliente é seis a sete vezes mais caro do que manter um. Conseqüentemente, vale a pena lutar pelo cliente até o fim. Esse tipo de aplicação de gerenciamento de conhecimento está sendo batizado de *enterprise customer management*.

Por exemplo, o Chase passou a tratar o abono de tarifas de clientes especiais a partir de um programa chamado de sistema de gerenciamento de relacionamentos (*relationship management system*), que possui todas as informações dos clientes e serve de subsídio aos operadores nas tomadas de decisão de abonar tarifas, com o apoio do *Lotus Notes*.

Um grande banco canadense passou a monitorar os tipos de transações (eletrônicas, Web, telefone e fax) que os seus clientes estavam fazendo para redirecionar os seus esforços de serviços e prioridades para melhor atendê-los.

Outro tipo de aplicação em que o gerenciamento de conhecimento passa a ter representatividade é nos chamados *Knowledge ManageNets*, nos quais usuários podem definir quem deverá receber o conteúdo de determinado documento e em que processos ele deveria estar presente. Produtos voltados a esse tipo de aplicação possuem fortes mecanismos de integração com aplicações comerciais tradicionais, Cold, bancos de dados e *data warehouse* para permitir uma visão total do conhecimento corporativo.

13.7 Do gerenciamento eletrônico de documentos ao gerenciamento de conteúdos[11]

As tecnologias evoluem e, recentemente, o mercado introduziu um novo termo: ECM — *Enterprise Content Management* (gerenciamento de conteúdo). Surgiu então a grande pergunta: GED é o mesmo que ECM?

O ECM, cuja definição é a mesma do que GED, veio dar ao GED a "roupa" da Internet e inclui em sua conceitualização tecnologias de plataformas web.

Passou também a considerar questões como acesso, integração, segurança e, principalmente, a disponibilização das informações corporativas

---

[11] REVENDO o GED. *Jornal do GED*, Ano 12, n. 72, p. 11-13, nov./dez. 2005.

em portais e intranets, bem como os mecanismos de publicação e repositórios para o conteúdo não estruturado, o que implica, sem dúvida, utilizar de modo adequado e integrado as demais tecnologias que compõem o GED/ECM.

A grande estrela da transição do GED para o ECM é a palavra conteúdo. Em 2001, a AIIM Internacional cunhou o termo e iniciou o trabalho de disseminação do conceito Enterprise Content Management.

A princípio, o que despontou no mercado foram as soluções Web Content Management, baseadas em interface web que gerenciam o conteúdo dos sites. Mas, devido ao crescimento de transações via Internet, as empresas sentiram a necessidade de fundir as informações de seus sites com as de suas empresas físicas para concretizar seus negócios eletrônicos.

As empresas precisam de modelos organizacionais diferentes, que tenham integração entre sistemas ou, no mínimo, sistemas que levem a um ambiente de cooperação, gerenciamento do conhecimento, trabalho em equipe e busca de alto desempenho para não perderem suas chances e clientes.

Informação corporativa e gerenciamento do conteúdo são muito mais do que o gerenciamento de conteúdo web, apesar de ser um componente essencial. Também são muito mais que gerenciamento de documentos, apesar de ter suas raízes em muitas tecnologias que são a principal parte do gerenciamento de documentos. O gerenciamento do conhecimento também é um componente importante para a captação dos conhecimentos tácito e implícito, e para combiná-los com os repositórios de informação.

Além disso, todas essas disciplinas precisam estar diretamente ligadas aos objetivos e processos da organização. O uso de estratégia de gerenciamento do conteúdo e de informações da empresa significa alavancar repositórios corporativos para crescer, ser competitivo e sobreviver.

13.8 Considerações finais

Conclui-se, portanto, que gerenciamento do conhecimento não é uma tecnologia, mas uma seleção adequada de tecnologias, entre elas a do GED, usando um enfoque/acesso muito pragmático, que possibilita a entrega da informação certa à pessoa certa e no tempo certo.

O gerenciamento do conhecimento rege as práticas e as políticas que influenciam o conhecimento que, na maioria das empresas, reside na mente dos seus diretores ou está encravado em seus processos.

Entende-se, então, o gerenciamento do conhecimento como um processo de localização, transformação e uso da informação dentro de uma organização, e o GED como parte da tecnologia que, como outras, vão interagir no processo de gerenciamento do conhecimento, visando propiciar a disseminação do conhecimento nas organizações.

13.9 Você viu neste capítulo

O gerenciamento eletrônico de documentos (GED) constitui-se em um conjunto de técnicas e métodos utilizados com o objetivo de facilitar o arquivamento, o acesso, a consulta e a difusão dos documentos e informações em uma organização. Podem-se encontrar no mercado diversos tipos de ferramentas para aplicação de GED. Os mais comumente utilizados e difundidos são: *document management*, *document imaging*, *imaging enable*, *Engineering Document Management* (EDM), *Optical Character Recognition* (OCR) e *Intelligent Character Recognition* (ICR), *Full Text Retrieval* (FTR), *Computer Output to Laser Disc* (Cold).

O *document management* é um produto voltado ao gerenciamento do ciclo de criação e revisão dos documentos, e o *document imaging* é um produto que armazena imagens de documentos em estruturas predefinidas de índices. A integração com os sistemas de processamento de dados (*image enable*) normalmente constitui bibliotecas de sub-rotinas de produtos de *document imaging* que podem ser integradas em programas tradicionais de processamento de dados, permitindo o acesso a funções de imagem a partir destas. A ferramenta EDM é um produto voltado ao gerenciamento de documentos técnicos. As ferramentas OCR e ICR são utilizadas para obter dados processáveis por sistemas de processamento de dados a partir de imagens. A ferramenta de FTR envolve recursos para recuperar documentos a partir de qualquer palavra do conteúdo desses documentos. O Cold é utilizado no gerenciamento de relatórios oriundos de sistemas de processamento de dados.

Para a implementação de projetos de GED recomenda-se a adoção de cinco passos: o aculturamento, o levantamento, a análise, o projeto e a construção. Além disso, é importante considerar a legislação vigente.

O gerenciamento do conhecimento pode ser definido como um processo de localização, transformação e uso da informação em uma organização. Nesse contexto, o GED constitui-se em uma tecnologia de suporte à gestão do conhecimento.

13.10 Estudo de caso

O GERENCIAMENTO ELETRÔNICO DE DOCUMENTOS
PARA A RACIONALIZAÇÃO DE TAREFAS

Com 6.700 participantes vinculados às empresas Eletrosul e Gerasul, a Fundação Elos, no ano de 1997, decidiu iniciar um projeto de implantação de uma solução de Gestão Documental, visando à modernização das atividades de tratamento das informações armazenadas em documentos que tinham o papel como suporte.

Dentro das tecnologias disponíveis que compõem uma solução de GED, adotou, em primeiro lugar, a de *document imaging*, para organizar, preservar e disponibilizar as informações contidas em seu acervo documental. Para esta primeira etapa, a Elos investiu na aquisição de tecnologia e terceirizou toda a execução do processo de conversão dos documentos do seu formato analógico para o digital, ou seja, a digitalização.

O ambiente tecnológico da solução de *document imaging* na Elos é constituído por *software*s como o VisualDoc, da Compuletra Ltda., de Porto Alegre (RS), que gerencia a solução de *document imaging*, o SQL Server, da americana Microsoft, que é o sistema gerenciador de banco de dados e o Netware, da Novell, que é o ambiente de rede empregado. A implementação do *software* VisualDoc foi realizada pela empresa RBM Soluções em Informática Ltda., representante da Compuletra Ltda. para o Estado de Santa Catarina.

Com um volume de mais de um milhão de páginas digitalizadas, a fundação adotou como mídias para o armazenamento de imagens discos rígidos nos servidores, que viabilizam a consulta através de estações de trabalho, sendo os *backups* executados em fita DAT e mídia óptica tipo CD-R.

Como ainda é incerto o tratamento aos documentos originais, devido a fatores legais, culturais e políticos, após concluída a primeira etapa de implementação do GED, e com a solução já em funcionamento em toda a fundação, a Elos contratou a empresa catarinense RBM Soluções em Informática Ltda. para os serviços de guarda e armazenamento, em local apropriado, de seus documentos no formato analógico.

O primeiro passo para o projeto de GED na Elos foi dado há quatro anos, quando uma equipe da fundação foi destacada para avaliar as tecnologias disponíveis com fins de aplicação na instituição. Após colhidas as informações, avaliados os produtos e a performance dos fornecedores, essa equipe pôde identificar quais as vantagens que tal aplicação poderia proporcionar aos seus colaboradores e participantes. Com a adoção do GED, o tempo e a exatidão do processo de busca e acesso às informações seriam otimizados.

Com a implantação da solução e a remoção dos arquivos físicos, a fundação ganhou em organização e liberação de espaço físico, até então ocupado por enormes arquivos de aço que cederam lugar a móveis adequados ao trabalho dos seus colaboradores e ao atendimento dos participantes.

Explica Analúcia Boeing, integrante da equipe que iniciou o processo de conhecimento e aculturamento da solução de GED na Fundação Elos, que

> o volume de documentos anteriormente existentes impedia um atendimento rápido e ágil. Atualmente, temos mais de 30 estações conectadas ao sistema, através das quais os colaboradores da fundação acessam diretamente as informações contidas nos documentos, sem a necessidade de se deslocar ou ficar aguardando demoradas pesquisas nos arquivos para localizar a informação desejada.

Fonte: Dados primários.

questões do estudo de caso

1 Quais as vantagens que a Fundação Elos obteve com a utilização das tecnologias de GED?

2 Comente como essas tecnologias facilitaram, na Fundação:
- o compartilhamento do conhecimento;
- a disseminação do conhecimento;
- a criação do conhecimento.

3 Você adotaria essas tecnologias na sua empresa? Por quê?

13.11 Questões

1 Como o GED pode auxiliar o gestor no processo de gerenciamento das informações e por que esse processo é tão importante nos dias atuais?

2 Por que a legislação pode se tornar um entrave para o GED?

3 Quais são os passos ou as formas de se desenhar a arquitetura dos sistemas de gerenciamento do conhecimento?

4 Que ferramentas tecnológicas podem ser utilizadas na conversão do conhecimento (intermediação, externalização, internalização e tomada de decisão)?

5 Explique como as ferramentas citadas a seguir favorecem a gestão do conhecimento:
- ferramentas de busca;
- *document imaging* e *document management*;
- Cold.

REFERÊNCIAS

GUNS, B. *A organização que aprende rápido:* seja competitivo utilizando o aprendizado organizacional. São Paulo: Futura, 1998.

NONAKA, I.; TAKEUCHI, H. *Criação de conhecimento na empresa*: como as empresas japonesas geram a dinâmica da inovação. Rio de Janeiro: Campus, 1997.

PRAX, J. Y. *Manager la connaissance dans l'entreprise*: les nouvelles technologies au service de l'ngénierie de la connaissance. Paris: INSEP, 1997.

REVENDO o GED. *Jornal do GED*. Ano 12, n. 72, p. 11-13, nov./dez. 2005.

CAPÍTULO 14

Portal do conhecimento: integrando estratégias, pessoas e informações

Maria Terezinha Angeloni, Fábio Leandro Moratti Teixeira
e Eduardo Sguario dos Reis

> *"O conhecimento é o ouro fluido, o Eldorado da nova organização. Que, todavia, se transforma em mera miragem quando dissociado do humano. Nunca a humanização dos recursos foi tão importante como agora, quando o poder das empresas está no conhecimento que flui em suas veias. Ele brota de fontes humanas, alimentadas de nutrientes que encontram fora e dentro de seu ambiente, formando um organismo vivo, fértil e fertilizador. Nunca a empresa precisou ser tão viva para sobreviver."*
>
> **Mario Persona**

14.1 Introdução

Um olhar retrospectivo mostra que as organizações sempre capitalizaram seus conhecimentos em suas estruturas, em seus processos, em seus produtos e em seus documentos. Todavia, a maior parte dos processos de trabalho não é centralizada no conhecimento, mas nos produtos, serviços ou clientes, mais palpáveis nos resultados e nos ativos da organização. O conhecimento é um ativo, mas tratado de maneira subterrânea e até mesmo inconsciente pela maior parte das organizações. É considerado como um *input* e um *output* da função produção e seguidamente negligenciado na cadeia de valor da organização[1].

Tratar o conhecimento de forma articulada e integrada à estratégia organizacional pode se caracterizar como um diferencial de competição global.

---

[1] BALLAY, J. François. *Tous managers du savoir!* Paris: Éditions d'Organisation, 2002.

Considerando que o conhecimento é inerente às pessoas, observamos também, nas organizações, com relação à gestão das competências, que a situação não é melhor. A gestão de pessoas ainda é centralizada. Os modelos utilizados para caracterizar as competências são muito genéricos. Os diferentes processos se revelam rapidamente insuficientes para fazer face às conseqüências humanas da pressão econômica: reorganizações destruidoras de *savoir faire* (saber fazer), *turnovers* (rotatividade de empregados), saída de especialistas, lenta profissionalização dos jovens contratados, fraca capacidade coletiva de aprendizagem e de inovação, entre outros.

Propiciar aos indivíduos organizacionais a estrutura necessária ao seu desenvolvimento e uso de seu potencial é um processo que deve ser explorado pelas organizações da era da informação e do conhecimento.

As organizações da era da informação e do conhecimento consomem uma grande quantidade de ativos intangíveis, entre eles informações e conhecimentos. Geralmente esses ativos não estão integrados de uma maneira que facilite sua utilização no dia-a-dia das organizações.

Uma maneira de facilitar o trânsito desses ativos nos processos organizacionais pode ocorrer pela integração das estratégias organizacionais, das pessoas e das informações em um portal corporativo visando gerar, compartilhar, utilizar e armazenar o conhecimento tanto da organização como das pessoas que a compõem.

Diante do exposto, este capítulo objetiva apresentar uma proposta de portal do conhecimento com base em três pilares: a estratégia como alvo a ser alcançado, as pessoas como geradoras de conhecimento e a informação como conhecimento explícito e fonte de novos conhecimentos.

14.2 Portais — um desafio nas organizações?

A implantação de portais nas organizações ainda se constitui em um grande desafio. Por um lado, devido ao seu custo de implantação; por outro, pela sua baixa utilização.

Reforçando esses fatores, destacamos ainda a pouca compreensão do que é um portal. Os autores variam suas definições de portal, uns focando em tecnologia, outros em processos.

Entre os que trabalham com foco tecnológico, destacam-se Shilakes e Tylman, e Collins[2], que consideram os portais aplicações que permitem às organizações liberar informações armazenadas interna e externamente, provendo aos usuários um local de acesso e compartilhamento das informações importantes para apoiar a tomada de decisões, independente da localização física destas e de sua formatação. Para eles, os portais são a combinação dos sistemas que consolidam, gerenciam, analisam e distribuem informação dentro e fora da organização, incluindo *business intelligence*, gestão de conteúdo e *data warehouse*. (Ver capítulos 11 e 13.)

Nessa mesma perspectiva, para Gant e Gant[3], um portal é um meio de acesso integrado, fornecendo um ponto único para disponibilização de informações e serviços.

Já em relação aos que entendem os portais como uma organização dos processos e, portanto, buscam somente apoio na tecnologia, há os trabalhos de Choo et al. e de Murray[4]. Para eles, os portais são ambientes ricos de trabalho virtual, e não apenas ferramentas de disseminação de informação. Com isso, o portal passa a ser um espaço informacional de trabalho compartilhado que facilita os processos de criação, intercâmbio, retenção e reuso da informação e do conhecimento, facilitando tudo o que seja necessário aos trabalhadores do conhecimento. É composto por um espaço de conteúdo, para facilitar o acesso e a recuperação de informação; por um espaço de comunicação, para suportar a negociação de interpretações e significados coletivos e por um espaço de coordenação, para permitir a ação e o trabalho

---

[2] SHILAKES, C. C.; TYLMAN, J. *Enterprise information portals*. Nova York: Merril Lynch, 1998. Disponível em <http//www.sagemaker.com/home.asp?id=500&file=Company/WhitePapers/lynch.htm>; COLLINS, H. *Enterprise knowledge portals*: next generation portal solutions for dynamic information access, better decision making and maximum results. Nova York: Amacon, 2003.

[3] GANT e GANT, apud SIMÃO, J. B.; RODRIGUES, G. Acessibilidade às informações públicas: uma avaliação do portal de serviços e informações do governo federal. *Ciência da Informação*, v. 34, n. 2, maio/ago. 2002.

[4] CHOO, C. W. et al. *Web Work*: information seeking and knowledge work on the World Wide Web. Boston: Kluwer Academic Publishers, 2000; MURRAY, G. The portal is the desktop. *Intraspect*, out. 1999. Disponível em: <http://archives.groupcomputing.com//index.cfm?fuseaction=viewarticle&ContentID=166>.

cooperativo. Para Saldanha[5], desde o final da década de 1990 o termo portal tem sido utilizado para designar um novo enfoque da intranet e apresenta a figura (14.1) que demonstra a escala evolutiva da intranet ao portal.

Figura 14.1 ESCALA EVOLUTIVA DA INTRANET AO PORTAL

Para o autor, os portais corporativos trazem toda a potencialidade da tecnologia da informação para as intranets e fazem uma conexão mais forte com o negócio da empresa. Apóiam processos, realizam controles (sim, controles são fundamentais, desde que não sejam uma obsessão) e fazem maravilhas. Portanto, pensar em intranets e portais levará sempre a pensar em administração de empresas, *endomarketing*, processos, comunicação interna, cultura organizacional, gestão do conhecimento e afins. É neste contexto que eles ganham destaque e deixam de ser "mais um sistema". Aliás, o termo "Portal Corporativo" representa um avanço já que deixa claro que não estamos mais falando de rede física (portais evocam a idéia de sites grandes) e nem de algo pontual.

Quanto à classificação[6], os portais podem ser: de informações ou de conteúdo, de negócios, de suporte à decisão, de especialistas, cooperativo, de informações gerenciais e do conhecimento.

[5] SALDANHA, R. Como definir sua estratégia de portal. Disponível no site: <http://webinsider.uol.com.br/index.php/2003/08/17/afinal-o-que-e-uma-intranet/>. Acesso em: 3 ago. 2007.

[6] DIAS, C. A. Portal corporativo: conceitos e características. *Ciência da Informação*, v. 30, n. 1, 2001.

Para se definir que tipo de portal a organização necessita, devem ser observados alguns requisitos mínimos, que servem para orientar os gestores quando da escolha do tipo de portal e do aplicativo indicado para suas organizações. A Tabela 14.1 apresenta 15 requisitos para a definição do portal[7].

Tabela 14.1	REQUISITOS MÍNIMOS PARA UM PORTAL CORPORATIVO: 15 REGRAS DE ECKERSON
Requisito	**Descrição**
Fácil para usuários eventuais	Os usuários devem conseguir localizar e acessar facilmente a informação correta, com o mínimo de capacitação, não importando o local de armazenamento dessa informação. Encontrar informações de negócios no portal deve ser tão simples quanto usar um navegador Web. O portal deve servir como uma ponte para os usuários migrarem de métodos básicos de acesso e análise de informação para métodos mais sofisticados.
Classificação e pesquisa intuitiva	O portal deve ser capaz de indexar e organizar as informações da organização. Seu mecanismo de busca deve refinar e filtrar as informações, suportar palavras-chave e operadores booleanos, e apresentar o resultado da pesquisa em categorias de fácil compreensão. Tanto usando um mecanismo de busca ou navegando em uma estrutura de classificação, os usuários devem poder visualizar descrições coerentes de objetos antes de recuperá-los.
Compartilhamento colaborativo	O portal deve permitir aos usuários publicar, compartilhar e receber informações de outros usuários. Deve prover um meio de interação entre pessoas e grupos na organização. Na publicação, o usuário deve poder especificar quais usuários e grupos terão acesso a seus documentos/objetos.
Conectividade universal aos recursos informacionais	O portal deve prover amplo acesso a todo e qualquer recurso informacional, suportando conexão com sistemas heterogêneos, tais como correio eletrônico, bancos de dados relacionais e multidimensionais, sistemas de gestão de documentos, servidores Web, groupware, sistemas de áudio, vídeo etc. Para isso, deve ser capaz de gerenciar vários formatos de dados estruturados e não estruturados.

continua

[7] ECKERSON, W. 15 rules for enterprise portals. *Oracle Magazine*, v. 13, n. 4, p. 13-14, jul./ago. 1999.

continuação

Requisito	Descrição
Acesso dinâmico aos recursos informacionais	Por meio de sistemas inteligentes, o portal deve permitir acesso dinâmico às informações nele armazenadas, fazendo com que os usuários sempre recebam informações atualizadas. O portal deve prover também acesso dinâmico a objetos criados por fornecedores de ferramentas de administração de documentos e business intelligence. Este acesso requer o desenvolvimento de interfaces de integração.
Roteamento inteligente	O portal deve ser capaz de direcionar automaticamente relatórios e documentos a usuários selecionados como parte de um processo bem definido de fluxo de informações.
Ferramenta de business intelligence integrada	Para atender às necessidades de informação dos usuários, o portal deve integrar os aspectos de pesquisa, relatório e análise dos sistemas de business intelligence.
Arquitetura baseada em servidor	Para suportar um grande número de usuários e grandes volumes de informações, serviços e seções concorrentes, o portal deve basear-se em uma arquitetura Web.
Serviços distribuídos	Para melhor balanceamento da carga de processamento, o portal deve distribuir os serviços por vários computadores ou servidores. Preferencialmente, os intra e interprocessos de comunicação devem ser gerenciados por protocolos-padrão (TCIP/IP, CORBA, DCOM etc.) e em produtos baseados nesses serviços.
Flexibilidade na definição das permissões de acesso	O administrador do portal deve ser capaz de definir permissões de acesso para usuários e grupos da organização, por meio dos perfis de usuário. Essas permissões definem os tópicos ou categorias aos quais os usuários têm acesso, canais que podem subscrever, funções que podem usar, dados que podem ver e nível de interatividade com relatórios.

continua

continuação

Requisito	Descrição
Interfaces externas	O portal deve ser capaz de se comunicar com outros aplicativos e sistemas, sendo possível ler e sincronizar outros serviços de diretório e interagir com os demais repositórios de informação.
Interfaces programáveis	O portal também deve ser capaz de ser "chamado" por outros aplicativos, tornando pública sua interface programável (API — Application Programming Interface). Essa característica permite às organizações embutir um portal empresarial em um website já existente ou criar um portal customizado.
Segurança	Para salvaguardar as informações corporativas e prevenir acessos não autorizados, o portal deve suportar serviços de segurança, como criptografia, autenticação, firewalls etc. Deve também possibilitar auditoria dos acessos a informações, das alterações de configuração etc.
Fácil instalação e administração	Deve ser de fácil instalação, configuração e manutenção, e aproveitar, na medida do possível, a base instalada de hardware e software adquirida anteriormente pela organização. Deve ainda prover um meio de gerenciar todas as informações corporativas e monitorar o funcionamento do portal de forma centralizada e dinâmica.
Customização e personalização	O administrador do portal deve ser capaz de customizá-lo de acordo com as políticas e expectativas da organização, assim como os próprios usuários devem ser capazes de personalizar sua interface para facilitar e agilizar o acesso às informações consideradas relevantes. Além disso, os usuários devem poder personalizar o portal, tornando-o mais fácil para seu próprio uso.

Fonte: Eckerson, 1999.

Entendido o que é um portal corporativo, as características e requisitos mínimos para sua implantação em uma organização, passaremos a buscar sua compreensão no contexto da Gestão do Conhecimento.

14.3 Portal do conhecimento

O portal do conhecimento é uma forma mais abrangente de portal, englobando informações e pessoas em um ambiente único, fornecendo métodos e ferramentas que possibilitem a captura, armazenagem, organização e acessibilidade ao conhecimento, informações e experiências[8].

Um portal do conhecimento é o ponto de convergência dos portais de informações ou conteúdo (que organizam grandes acervos de conteúdo a partir de temas neles contidos), cooperativos (utilizam ferramentas cooperativas de trabalho e fluxo de documentos) e especialistas (relacionam e unem pessoas com base em suas habilidades), sendo capazes de implementar todos os serviços simultaneamente com conteúdo personalizado conforme o perfil dos usuários[9].

Para Bück[10], um portal do conhecimento é constituído por um conjunto organizado de conhecimentos transcritos em diferentes suportes que poderão ser acionados por diferentes ferramentas, permitindo a exploração, no momento oportuno, das competências existentes no interior das organizações.

Diríamos mais. Além dos conhecimentos explícitos (informações) passíveis de serem transcritos, o portal do conhecimento deve propiciar a interação das pessoas que compõem a organização, permitindo o compartilhamento do conhecimento tácito e a criação de novos conhecimentos, possibilitando que a organização realize suas estratégias em um processo contínuo de transformação organizacional.

Pela visão tecnológica, o portal do conhecimento é uma forma moderna de agregação de tecnologias da informação composta pela Internet e intranet, que reuniu outros produtos e serviços como acesso único às bases

---

[8] DIAS, 2001.

[9] MURRAY, 1999.

[10] BÜCK, J. Y. *Le management des connaissances* — mettre en oeuvre un projet de knowledge management. Paris: Éditions d'Organisation, 1999.

de dados corporativas, gestão de conteúdo, gerenciamento eletrônico de documentos, automação de escritórios, *groupware*, *workflow*, mapas do conhecimento, mecanismos de busca, personalização e sistemas de *business intelligence*.

No sentido amplo do termo, um portal de conhecimento é uma interface informatizada que permite a cada usuário acessar facilmente diferentes fatores, humanos ou informacionais, de que necessita para o desenvolvimento de suas atividades na organização. É um lugar universal, acessível em rede, onde cada um pode buscar ou trazer informações profissionais e de sua competência, propor ou utilizar serviços, discutir ou trocar informações e conhecimentos com seus pares, clientes e fornecedores.

Apresentada a definição teórica de um portal do conhecimento, é necessário destacar que, na prática, o portal não é ainda algo tão evidente em razão de as organizações não darem a devida importância à questão das pessoas como agentes do conhecimento.

A Figura 14.2 apresenta uma proposta de portal do conhecimento, baseada em três pilares — estratégias, pessoas e informações — integrados em um único espaço e estruturado em processos, facilitando o gerenciamento do conhecimento individual e organizacional.

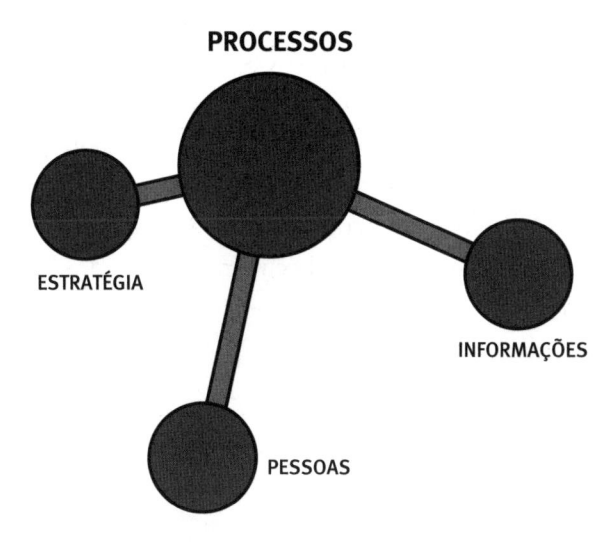

Figura 14.2 PROPOSTA DE PORTAL DO CONHECIMENTO

Para uma total integração com as necessidades organizacionais, um portal do conhecimento deve atender a algumas características:

- estar centrado nos processos;
- estar alinhado com a definição estratégica;
- integrar todas as pessoas envolvidas;
- facilitar o fluxo das informações.

14.4 Processos organizacionais para apoiar o conhecimento

Na proposta de portal apresentada, utiliza-se a estrutura de processos organizacionais, considerando que estes são regidos por estratégias que envolvem pessoas, geram e utilizam informações, integrando todas as atividades relacionadas ao conhecimento organizacional.

Nesse sentido, a definição para Gestão do Conhecimento que melhor caracteriza esta afirmação é a de Davenport e Prusak[11]: "Gestão do Conhecimento é uma coleção de processos que governa a criação, disseminação, utilização e armazenamento de conhecimentos". Processos organizacionais bem-sucedidos dependem de interações bem-sucedidas entre seus participantes[12].

Deve-se salientar que os processos permeiam todas as organizações, mesmo as não estruturadas em processos, pois são formas de agrupar as atividades organizacionais conforme uma lógica procedural.

Estruturar o portal por processos facilita a visualização de quais estratégias regem esses processos, quais pessoas possuem conhecimentos sobre eles e quais informações são geradas e utilizadas durante a sua execução.

Assim, falar de gestão do conhecimento é falar de gestão dos processos de conhecimento. Se souberem alimentar esses processos, as organizações obterão uma melhor performance.

---

[11] DAVENPORT, T. H.; PRUSAK, L. *Conhecimento empresarial*: como as organizações gerenciam o seu capital intelectual. Rio de Janeiro: Campus, 1998.

[12] PROBST, G. et al. *Gestão do conhecimento*: os elementos construtivos do sucesso. Porto Alegre: Bookman, 2002.

14.5 Estratégia como alvo a ser alcançado

O pilar *estratégia* compreende a estratégia do conhecimento, o mapa de competências e a informação e o conhecimento estratégico para a execução dos processos organizacionais, como pode ser observado na Figura 14.3.

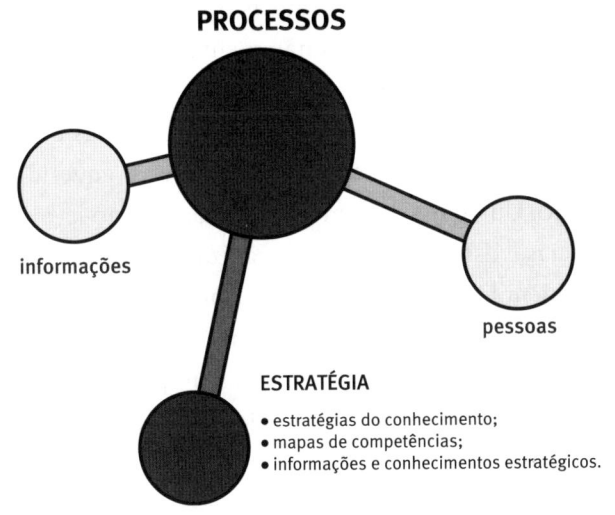

Figura 14.3 PORTAL DO CONHECIMENTO — PILAR ESTRATÉGIA

As **estratégias do conhecimento** devem estar vinculadas às estratégias da organização. É preciso ter uma macrovisão da missão da organização, conhecer sua visão, seus objetivos e metas.

Segundo Probst et al.[13], as metas do conhecimento garantem que as competências se desenvolvam de maneira coerente e consistente.

As estratégias do conhecimento dão suporte à definição do plano de aprendizagem, necessário para produzir, responder e antecipar, acrescentando, cada vez mais, valor às organizações e fortalecendo a vantagem competitiva desenvolvida de uma forma inovadora e vinculada às reais necessidades do negócio.

O plano de aprendizagem é definido com base nas competências essenciais e os mapas de competências ajudam a organização a visualizar suas

---

[13] Ibid.

estratégias e freqüentemente expõem suas lacunas, possibilitando que se adotem ações corretivas. Esses mapas são críticos para a implementação da estratégia, pois fazem com que todos na organização tenham uma percepção clara do modo como podem contribuir para que a organização alcance seus objetivos estratégicos. Provavelmente as organizações falharão na execução da estratégia se os colaboradores não a entenderem, ou não saberem como podem contribuir para que ela aconteça[14].

Mapas de competências: vinculadas às estratégias organizacionais e do conhecimento estão as competências essenciais e as requeridas aos integrantes da organização. Um mapa de competência consiste no levantamento de todas as competências existentes em uma organização. Aumentam a transparência e auxiliam a identificação de especialistas ou fontes de conhecimento[15].

Segundo Probst et al., poucas organizações possuem, atualmente, um entendimento claro dos ativos intelectuais importantes para seu sucesso e como esses ativos estão distribuídos pelos indivíduos que compõem a organização. Para os autores, a matriz estratégica do conhecimento é formada por quatro tipos de competências.

Na Figura 14.4, ao lado, podem ser observados os tipos de competências e quais estratégias devem ser adotadas para cada um.

Competência sem valor — força não essencial, vocacionada à terceirização, pois não possui condições de ser utilizada como vantagem competitiva.

Competência básica — força baixa. Se não necessária à aplicação interna, deve ser objeto de terceirização, caso contrário deve ser melhorada para se transformar em uma alavancagem competitiva.

Competência de alavancagem — é o impulsionador competitivo já em uso no mercado e superior ao dos concorrentes. Deve ser utilizada para encontrar opções inovadoras para entrar em novas áreas de negócios.

Competência não utilizada — é o potencial inexplorado que deve ser utilizado por representar uma vantagem competitiva superior à dos concorrentes[16].

---

[14] LIMA, 2005.
[15] PROBST et al., 2002.
[16] PROBST et al, 2002.

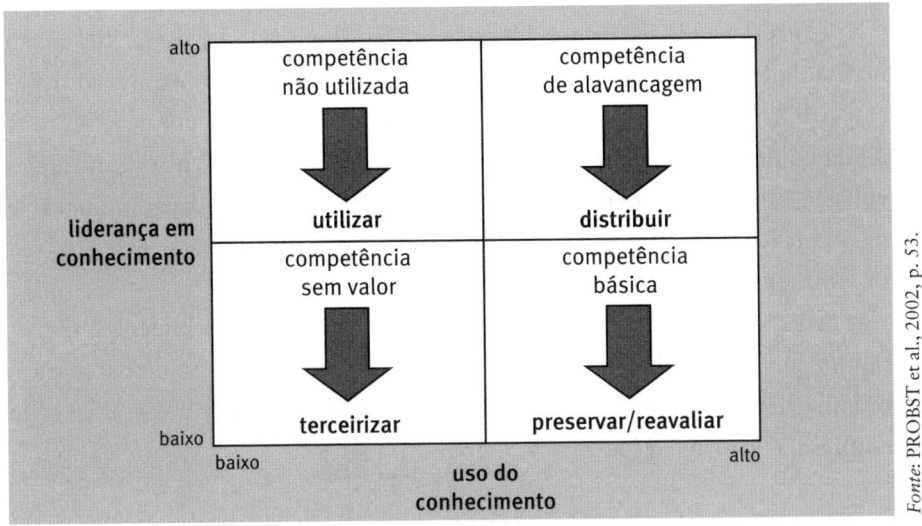

Figura 14.4 MATRIZ DE ESTRATÉGIA DE CONHECIMENTO

Além de se mapear quais competências e conhecimentos são essenciais para a organização, torna-se necessário definir uma escala que possibilite a avaliação do nível de desenvolvimento em que se encontram essas competências e conhecimentos.

Uma vez mapeadas e quantificadas as competências, é possível definir metas estratégicas que direcionem a gestão do conhecimento.

As **informações e conhecimentos estratégicos** consistem na definição de quais informações e conhecimentos são estratégicos para o gerenciamento competitivo da organização.

Para Moresi, a informação e o conhecimento assumem um papel de destaque, passando a se constituir em um dos recursos de grande importância para a sobrevivência e prosperidade de uma organização[17].

Na mesma linha de pensamento, Stewart coloca que a informação e o conhecimento, além de se constituírem em elementos estratégicos essenciais para as organizações, devem ser considerados mais importantes que a matéria-prima e até mais importantes, muitas vezes, que os recursos financeiros[18].

---

[17] MORESI, 2001.

[18] STEWART, T. A. *Capital intelectual*: a nova vantagem competitiva das empresas. Rio de Janeiro: Campus, 1998.

Considerando esta nova hierarquização dos recursos, Reis[19] destaca a necessidade de proporcionar condições favoráveis para o uso da informação e do conhecimento no trabalho criativo e gerador de conhecimento, e ainda compartilhá-lo dentro da organização. Dessa forma, as organizações voltadas ao conhecimento surgem para gerar condições de administrar a informação e o conhecimento como um recurso estratégico essencial da organização.

Miranda[20] faz uma ressalva quanto ao uso do conhecimento, ressaltando que nem toda informação e conhecimento são estratégicos para a organização, mas que devem ser tratados e estar alinhados às estratégias da empresa, conforme a Figura 14.5, abaixo.

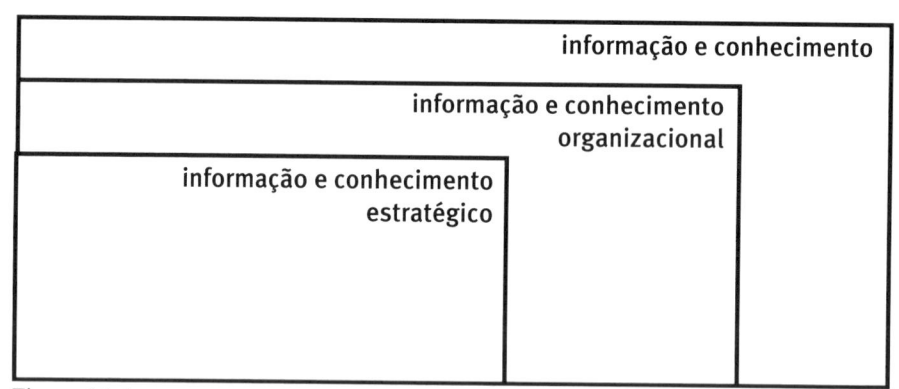

Fonte: Adaptado de MIRANDA, 2004.

Figura 14.5 INFORMAÇÃO E CONHECIMENTO ESTRATÉGICO

Analisando a Figura 14.5, podemos inferir que, do volume de informações e conhecimentos disponíveis, apenas uma parte se constitui em recursos estratégicos para a organização. Desse modo, é importante definir quais informações e conhecimentos são essenciais para a competitividade organizacional.

[19] REIS, E. S. dos. O business intelligence *como tecnologia de suporte a definição de estratégias da capacitação docente: um estudo de caso na administração pública catarinense.* Florianópolis, 2004. 220 f. Dissertação (Mestrado em Administração) — Centro Socioeconômico, Universidade Federal de Santa Catarina.

[17] MIRANDA, 2004.

Abordado o pilar referente às estratégias organizacionais com seus desdobramentos em estratégias do conhecimento, mapas de competências, informações e conhecimentos estratégicos, deve-se destacar o agente humano nas organizações, pois este é o elemento básico da geração do conhecimento organizacional.

14.6 Pessoas como agentes do conhecimento

Criar um ambiente propício à conversão do conhecimento (socialização, externalização, combinação e internalização) é o objetivo das ações que compõem o pilar *pessoas* do portal do conhecimento.

Esses quatro modos de conversão do conhecimento são responsáveis pelo compartilhamento do conhecimento entre indivíduos, sendo esta a principal função do pilar pessoas. A constante resolução de problemas em grupo melhora a eficiência nas atividades organizacionais e as habilidades dos indivíduos na formação de um conhecimento organizacional novo[21].

No pilar referente às pessoas (Figura 14.6) apresentam-se algumas das ações existentes para potencializar o conhecimento tácito e torná-lo acessí-

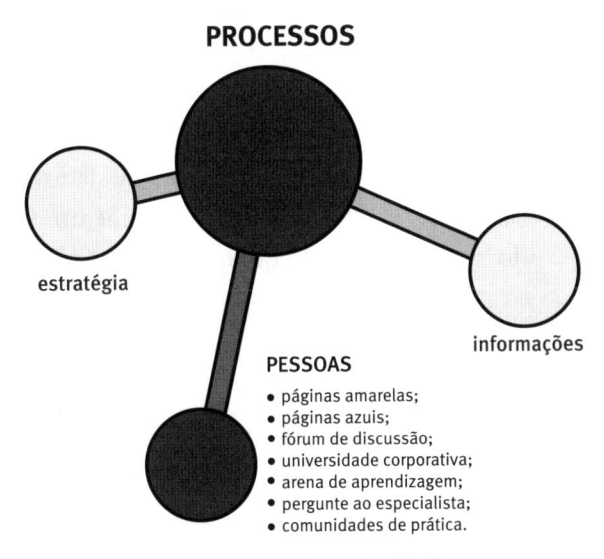

Figura 14.6 PORTAL DO CONHECIMENTO — PILAR PESSOAS

[21] PROBST et al., 2002.

vel aos demais integrantes da organização. Tem por objetivo identificar o conhecimento tácito sem a necessidade de sua explicitação, ou seja, possibilitando a sua acessibilidade por meio da interação social. Estas ações são apresentadas a seguir.

PÁGINAS AMARELAS — consiste em um mapa contendo todos os indivíduos da organização, suas respectivas competências e áreas de atuação, oferecendo um método eficiente e relativamente barato de localizar especialistas[22]. As páginas amarelas são uma ferramenta de auxílio na localização das pessoas detentoras do conhecimento tácito e, por isso, facilitam a obtenção de informações sobre as competências existentes na organização. Páginas amarelas e outros sistemas de buscas de especialistas promovem o encontro e estimulam as trocas, o uso e o reuso do conhecimento[23].

PÁGINAS AZUIS — uma página azul é semelhante a uma página amarela. A grande diferença entre uma e outra é que as páginas azuis contêm informações sobre pessoas externas à organização (ex-colaboradores, consultores, fornecedores, clientes etc.). Uma das grandes preocupações das organizações, depois do fim dos anos 1980, é a de rever o problema da perda do conhecimento dos especialistas. Essas perdas podem ocorrer por demissões, pela saída dos especialistas para outra organização e por aposentadoria. As páginas azuis têm como objetivo definir uma base de dados com informações referentes a essas pessoas, constando o conhecimento de um determinado indivíduo e a forma de contatá-lo quando necessário.

FÓRUM DE DISCUSSÃO — é um ambiente eletrônico de colaboração que permite a criação de comunidades virtuais com o intuito de compartilhar o conhecimento, sendo fonte de informações e contatos. O fórum é uma ferramenta tecnológica capaz de favorecer a interação entre diferentes pessoas

---

[22] PROBST et al., 2002.

[23] SALDANHA, R. Portal corporativo e gestão do conhecimento. Disponível em: <http://webinsider.uol.com.br/vernotícias.php/Portal_corporativo_e_gestao_do_conhecimento/id/2803>. Acesso em: 7 jun. 2006.

a respeito de um tema particular, viabilizando a aprendizagem corporativa, pois permite a comunicação entre um grupo de pessoas com objetivos similares[24]. O fórum de discussão é uma ferramenta com potencial para auxiliar no processo de externalização do conhecimento tácito. A dificuldade para a administração do portal é de preparar o terreno, ou seja, "animar" as comunidades de discussão e de trabalho colaborativo "em carne e osso". Seja qual for a tecnologia, nenhum fórum funcionará eficientemente e por longo tempo sem a comunidade humana que existe para utilizar essa tecnologia.

UNIVERSIDADE CORPORATIVA — é um meio utilizado para a capacitação e formação dos integrantes da organização, buscando alinhamento às estratégias e competências essenciais da empresa. A universidade corporativa centraliza soluções de aprendizado para grupos de colaboradores de uma organização, utilizando a capacitação como meio de geração de massa crítica[25].

As universidades corporativas são extremamente importantes para que as organizações possam suprir suas necessidades de ativos de conhecimento frente às necessidades de acompanhar um mercado cada vez mais dinâmico.

Elas promovem um programa de capacitação orientado às estratégias e às competências essenciais da organização, garantindo uma mensagem unificada e uma linguagem comum entre os integrantes da empresa. Além da vinculação às estratégias e competências essenciais da organização, Meister destaca o caráter intensivo e permanente como[26]

> características diferenciadoras do provimento educacional oferecido pelas empresas. Essas duas características revelam os dois principais objetivos das universidades corporativas: ser um agente de mudanças na organização, e aumentar as qualificações, conhecimentos e competências relacionadas ao cargo.

[24] MENGALLI, N. M. O valor da ferramenta de fórum. Disponível em: <http://www.intranet portal.com.br/colab1/col13>. Acesso em: 5 jun. 2006.

[25] JUNQUEIRA, La C. Universidade corporativa: a experiência do Instituto MVC. Disponível em: <http://www.guiarh.com.br/PAGINA22U.htm>. Acesso em: 5 jun. 2006.

[26] MEISTER, apud ALPERSTEDT, C. Universidades corporativas: um *locus* de gestão do conhecimento. In: KNOWLEDGE MANAGEMENT/DOCUMENT MANAGEMENT — ISKM/DM, 2001, Curitiba. *Anais...* Curitiba, 2001.

As atividades que vêm sendo desenvolvidas pelas universidades corporativas revelam um novo *locus* de gestão do conhecimento[27].

ARENA DE APRENDIZAGEM — trata-se de um espaço próprio para a geração e disseminação do conhecimento. Mais do que um espaço físico, é uma cultura na qual as pessoas poderão desenvolver seu potencial criativo em prol do sucesso organizacional.

> As arenas de aprendizagem podem ser integradas com sucesso à empresa estabelecendo-se objetivos de aprendizado claramente operacionalizados, fornecendo recursos adequados e atribuindo responsabilidade pessoal de forma não ambígua[28].

Segundo os autores, são células embriões de pesquisa e desenvolvimento de conhecimento não limitadas à produção. Apesar de se sobre porem à estrutura, não a substituem e trabalham os campos de conhecimento que são especialmente importantes para as estratégias organizacionais.

PERGUNTE AO ESPECIALISTA — trata-se de um sistema de encaminhamento de perguntas. Quando algum integrante da cadeia produtiva tem uma dúvida, o sistema encaminha a questão a um especialista no assunto. Essa ferramenta pode estar embutida no fórum de discussão e/ou trabalhando atrelada às páginas amarelas e azuis. A ação se caracteriza por ser um atendimento pontual com vista à solução de um problema específico e consiste em uma solução híbrida de sistemas de distribuição de informação e referências a especialistas humanos[29].

COMUNIDADES DE PRÁTICA — em 1988, Wengler lançou o conceito de comunidades de prática, que apenas 15 anos depois começa a revolucionar a gestão do conhecimento nas organizações do mundo inteiro[30].

[27] ALPERSTEDT, 2001.

[28] PROBST et al., 2002, p. 127.

[29] PROBST et al., 2002.

[30] XAVIER, L. C. Etienne Wengler, le chercheur suisse qui révolutionne la gestion de la connaissance. *Journal Kapital*, 31 out. 2003.

Para o autor[31], comunidades de prática constituem-se em um grupo de pessoas no interior de uma organização que, de maneira informal, compartilham seus conhecimentos em um determinado assunto.

Segundo Brow e Duguid[32], comunidades de práticas são grupos auto-organizados, iniciados por integrantes da organização que se comunicam entre si e compartilham as práticas, interesses ou objetivos de trabalho.

A manutenção da conexão a estes grupos é decidida com base nas habilidades dos indivíduos de negociar informações práticas válidas[33].

Sucintamente foram apresentados os principais meios de interação humana que possibilitarão a transferência do conhecimento tácito no interior das organizações. Passamos agora às formas de armazenamento do conhecimento explícito que se realiza por meio de informações.

14.7 Informações como fonte de conhecimento

A tradição oral não é suficiente para transmitir o conhecimento de uma organização. Ela precisa, indubitavelmente, de outras maneiras de formalização baseadas principalmente na capitalização do *savoir-faire*[34].

Algumas maneiras de formalização do conhecimento que possibilitam armazenar conhecimentos explícitos, denominados por muitos autores como informação, são apresentadas no pilar referente às informações como fonte de conhecimento.

As informações possuem grande valor para as organizações e para os profissionais do conhecimento, ou seja, colaboradores que fazem uso massivo de conhecimento em suas atividades. Devido ao grande volume de informações geradas nas organizações, surge a necessidade de um eficiente gerenciamento que possa ajudar na melhoria da gestão do conhecimento nas empresas[35].

---

[31] WENGLER, apud XAVIER, 2003.

[32] BROWN e DUGUID, apud DAVENPORT e PRUSAK, 1998.

[33] NONAKA, I.; TAKEUCHI, H. *Criação de conhecimento na empresa*: como as empresas japonesas geram a dinâmica da inovação. Rio de Janeiro: Campus, 1997.

[34] BÜCK, 1999.

[35] CÂNDIDO, G. A.; ARAUJO, N. M. de. As tecnologias de informação como instrumento de viabilização da gestão do conhecimento através da montagem de mapas cognitivos. *Ciências da Informação*, v. 32, n. 3, 2003.

Vale destacar que não se trata apenas de acúmulo de informações, embora informações acumuladas estejam em sua composição. Não se trata de tecnologia, embora tecnologia seja uma ferramenta indispensável à sua gestão e disseminação[36]. Trata-se da gestão do conhecimento que, quando explicitado, transforma-se em informação e que poderá, na espiral do conhecimento preconizada por Nonaka e Takeuchi[37], voltar a se transformar em conhecimento.

Na Figura 14.7, abaixo, referente ao pilar *informações*, são apresentadas algumas ações utilizadas para registrar os conhecimentos explícitos, permitindo sua utilização pelos demais integrantes da organização.

Essas ações são descritas sucintamente a seguir.

BASE DE MELHORES PRÁTICAS — consiste na criação de uma base na qual constam as experiências bem-sucedidas vivenciadas pelos integrantes da organi-

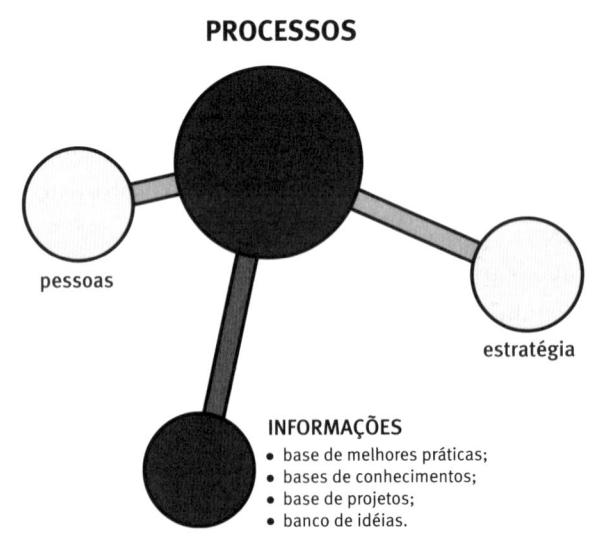

Figura 14.7 PORTAL DO CONHECIMENTO — PILAR INFORMAÇÕES

---

[36] PERSONA, M. Gestão do conhecimento para a inovação e criatividade na empresa. Disponível em: <http://www.mariopersona.com.br/gestaoconhecimento.html>. Acesso em: 15 jun. 2006.

[37] NONAKA e TAKEUCHI, 1997.

zação e que podem ser reutilizadas em outras partes da empresa, evitando a constante reinvenção da roda.

Um dos objetivos comuns desses esforços é compilar as melhores práticas dentro ou fora da organização. Essas práticas geralmente são armazenadas em bases de dados eletrônicas para serem compartilhadas por toda a organização[38].

A utilização dessas práticas deve ser como um quadro para a troca de experiências e informações, pois a pura e simples cópia de práticas não gera conhecimento real[39].

BASES DE CONHECIMENTO — são verdadeiras riquezas das organizações. Formam-se no decorrer do tempo e têm como objetivo materializar o conhecimento tácito em um conhecimento transferível e utilizável pelos demais integrantes da organização[40].

Segundo Bück, a valorização formal do conhecimento adquirido e experimentado é uma das maneiras de alavancagem que podem legitimamente permitir a constituição do capital intelectual acionável e que possibilita melhorar continuamente as competências coletivas.

A capitalização do conhecimento consiste em um conjunto de processos nos quais as informações e os conhecimentos são memorizados, avaliados, formalizados, codificados, classificados, comentados e sintetizados, de maneira a formar a base de conhecimento da organização.

É importante ressaltar, considerando que o conhecimento não é imutável — ao contrário, efêmero e temporário —, que uma base de conhecimento precisa ser constantemente renovada, caso contrário poderá se tornar obsoleta e inútil.

BASE DE PROJETOS — é uma base em que são armazenados os projetos da organização rejeitados, implantados com e sem sucesso.

[38] DAVENPORT e PRUSAK, 1998.

[39] SENGE, P. M. *A quinta disciplina*: arte e prática da organização de aprendizagem. 12. ed. São Paulo: Nova Cultural, Best Seller, 2002.

[40] BÜCK, 1999.

A razão de armazenar projetos rejeitados e implantados sem terem obtido sucesso deve-se à necessidade de evitar investimentos em idéias que não foram bem-sucedidas ou reaproveitar essas idéias em outros momentos ou realidades.

Cada projeto necessita de um *dossiê* que agrupe todos os documentos úteis a ele. Esses documentos devem ser completos, diretamente integrados em uma base a outras fontes de informação[41].

BANCO DE IDÉIAS — as organizações precisam estar constantemente se adaptando às necessidades do mercado em rápidas e constantes mudanças. Se o mercado muda, a organização deve se adaptar a essas mudanças.

Os colaboradores possuem um conhecimento abrangente da organização e do mercado, e uma das formas de se aproveitar esse conhecimento é por meio de um banco de idéias, ou seja, um banco de dados em que todos os colaboradores podem cadastrar suas idéias buscando a melhoria contínua.

Entre os objetivos do banco de idéias, podemos citar:

- proporcionar o compartilhamento do conhecimento na organização, a fim de que cada colaborador possa dar sugestões nos processos em desenvolvimento e contribuir com idéias que venham beneficiá-la em termos de melhoria contínua;
- desenvolver a atitude criativa dos colaboradores por meio da elaboração e implementação de projetos de interesse das organizações.

Passamos às considerações finais, após ter apresentado os três pilares que apóiam os processos e dão sustentação à proposta de um portal do conhecimento.

Nessa proposta, os processos são regidos pelas estratégias, nas quais as pessoas são envolvidas para gerar e utilizar as informações buscando a melhoria das ações organizacionais.

[41] BALLAY, 2002.

14.8 Considerações finais

Implementar um portal do conhecimento não é um projeto fácil, devendo, portanto, vir acompanhado de uma mudança organizacional e do envolvimento dos integrantes da empresa.

A mudança organizacional consiste na reestruturação da organização em processos organizacionais. De nada adianta "asfaltar o caminho da roça". A organização precisa repensar o seu fazer, definir suas estratégias, suas competências e quais informações e conhecimentos são estratégicos para a empresa.

Desde a fase de concepção, passando pelo projeto e pela implementação, é fundamental que haja uma participação efetiva dos integrantes da organização. Quem melhor do que eles para explicar suas reais necessidades?

Sendo assim, por um lado, necessita do envolvimento da alta administração por tratar-se de um projeto estratégico e, por outro, deve ser desenvolvido com base em uma reflexão consensual dos colaboradores e na tomada de consciência coletiva, buscando a conservação e preservação do conhecimento.

Bück entende também que, dentre os diferentes obstáculos que precisam ser transpostos, destaca-se a ruptura com o paradigma tradicional de gestão e a cultura organizacional[42].

O autor salienta que se trata de um projeto único para cada organização, partindo da análise das tecnologias existentes e procedendo-se inicialmente a uma triagem seletiva do que deve ser conservado, estocado, arquivado ou destruído, operação que acontece por meio da identificação de quais conhecimentos são realmente relevantes para a organização.

A relevância dos portais do conhecimento para as organizações está na criação de um meio ágil para competir em uma economia baseada na informação e no conhecimento, na qual as organizações começam a perceber a importância de administrar o intangível[43].

---

[42] BÜCK, 1999.
[43] PERSONA, 2006.

A adoção de portais do conhecimento é ainda lenta em virtude de sua complexidade, não apenas pelos aspectos tecnológicos, como também organizacionais e comportamentais, consistindo em um grande desafio das organizações da era da informação e do conhecimento.

14.9 Você viu neste capítulo

Ainda recente e sem que tenhamos aprendido muito com eles, os portais corporativos, como uma resposta à evolução das intranets, vieram para ficar e promover uma poderosa transformação no trabalho e nas organizações. Como grandes aliados da gestão do conhecimento, rapidamente se tornarão comuns na maioria das empresas.

Portal corporativo significa, para o colaborador, ter um único ponto para acesso a todas as informações relevantes, ferramentas de colaboração, aplicações e serviços de que ele necessita para fazer o seu trabalho. Do ponto de vista da organização, representa economia e produtividade aumentadas.

Do mesmo modo, como o sucesso dos portais corporativos é influenciado pela cultura organizacional, eles também conseguem apoiar a formação da cultura favorável ao conhecimento e sua gestão. Muitos resultados evidenciam a importância dos portais corporativos em estratégias do conhecimento. Isso porque os portais podem ser projetados coerentemente com os propósitos de gestão do conhecimento, ancorando muitas das iniciativas existentes e organizando o conhecimento em torno deles.

Em sua essência, o portal corporativo permite à empresa organizar tanto a distribuição e uso de seus ativos de tecnologia da informação quanto o acesso ao conhecimento em seu estado mais genuíno, ou seja, face a face, a partir do relacionamento humano.

Graças à sua alta capacidade de criação de contexto de uso das informações e facilidade de integração à interface de trabalho de aplicações como ERP, CRM, *e-mail*, agendas e calendários, ferramentas de escritório, de busca, gerenciamento de documentos, ferramentas de comunicação e colaboração e aplicações desenvolvidas internamente, os portais corporativos conseguem proporcionar muitos benefícios diferentes.

Entre esses benefícios, estão a oxigenação dos processos, a otimização dos recursos, a prontidão de respostas, os auto-serviços, a economia financeira, o trabalho em equipe, a renovação no trabalho, a inovação na entrega de produtos e serviços, a oferta diferenciada, o aumento da produtividade, entre outros.

Na proposta de portal do conhecimento baseada em processos tem-se um forte gerenciamento do conhecimento, um aumento do comprometimento e da satisfação dos colaboradores, um atendimento mais rápido e eficaz, a agilização na publicação de informações e a motivação à disseminação dos conhecimentos atingidos pela convergência dos fazeres organizacionais de maneira integrada.

14.10 Estudo de caso

PORTAL DIA-A-DIA EDUCAÇÃO: PROPOSTA CURRICULAR EM REDE COLABORATIVA

A Secretaria de Estado da Educação, Ciência e Tecnologia do Estado de Santa Catarina está em fase de implementação de um portal de conhecimento denominado Portal Pedagógico Dia-a-Dia Educação.

O Portal Pedagógico Dia-a-Dia Educação é um recurso tecnológico concebido para implementar e consolidar a Proposta Curricular do Estado de Santa Catarina em Rede Colaborativa. É um espaço virtual dinâmico para formação continuada dos educadores.

Esse portal tem como funcionalidade a interação, a comunicação, a colaboração e a informação, tendo como atores e autores os educadores, os alunos, a escola e a comunidade.

Foi desenvolvido com tecnologia de *software* livre, por meio de um processo de cooperação com a Secretaria de Estado da Educação do Paraná, como espaço de conteúdos educacionais público, gratuito e sem fins lucrativos.

Foi regido por um grande desafio para todos os que integram a rede pública estadual de ensino no sentido de desenvolver e alimentar uma rede colaborativa dinâmica, que contemplou as atividades de pesquisa, reflexão, crítica e construção coletiva de conhecimentos fundamentados na Proposta Curricular do Estado de Santa Catarina.

O Portal Dia-a-Dia Educação tem como missão promover uma reforma muito mais profunda e ampla do que a sociabilização do saber, implantando um modelo de aprendizagem colaborativa no hipermeio, reconhecendo e valorizando os saberes acumulados na Rede de Educação Pública Estadual. O objetivo é tornar-se um veículo de informação e de expressão cultural e acadêmica de seus educadores, atendendo a toda a comunidade escolar, em um processo aberto, interativo, constante e dinâmico, dando um salto cultural e social em Santa Catarina.

Rico em seu aspecto participativo e sociabilizante, o Portal Dia-a-Dia Educação implementa uma série de soluções tecnológicas baseadas no conceito de Aprendizagem Colaborativa Suportada por Computadores (CSCL — *Computer Supported Collaborative Learning*). Fomenta outras tantas ações nas escolas públicas estaduais que visam a favorecer o uso consciente dos serviços disponíveis na rede em favor dos interesses e necessidades da comunidade escolar, estruturando uma verdadeira cadeia de produção, recepção e retroalimentação da informação, que, embora seja permeada pelas novas tecnologias da informação e comunicação, tem como base de sustentação o próprio tecido social que a compõe.

Em uma época de mudanças estruturais, a universalização dos serviços de informação e de comunicação tem como ponto básico a inserção dos indivíduos como cidadãos. Entretanto, não se trata apenas de disponibilizar os meios de acesso a esses recursos, mas, sobretudo, de capacitar os indivíduos para tornarem-se usuários dos serviços da Internet, tornando-os também autores de conteúdos que circulam na rede. Com base nessa perspectiva, e na política de Governo do Estado de Santa Catarina, que prevê a implantação de no mínimo um computador em cada escola para fins pedagógicos, o Portal Pedagógico Dia-a-Dia Educação beneficiará, em breve, dependendo da infra-estrutura de rede para suportá-lo, todas as 1.204 instituições de ensino catarinenses, em seus 293 municípios.

O Portal Pedagógico Dia-a-Dia Educação não se traduz como uma iniciativa isolada no contexto socioeducativo no qual se insere. Ele está atrelado a uma série de iniciativas de capacitação do professorado e ao desenvolvimento de metodologias adequadas à utilização da Internet pelos educadores, alunos e escolas, bem como por mecanismos de avaliação de seus impactos na melhoria dos serviços públicos educacionais. Sendo assim, prevê:

- a instrumentalização dos educadores por meio do acesso a conteúdos concernentes às diversas áreas do conhecimento e outras informações e recursos didático-pedagógicos. Busca o resgate da identidade do professor da escola pública catarinense, propiciando a veiculação de sua produção intelectual e fomentando a criação de comunidades virtuais de aprendizagem, envolvendo todos os atores da Educação do Estado de Santa Catarina. Entre suas funcionalidades estão os ambientes pedagógicos (Universidade Corporativa), recursos didáticos (bases de dados com informações de apoio à atividade profissional), recursos de interação (fóruns de discussão) e recursos de informação (quadros de aviso);
- a divulgação de informações institucionais, tornando-se um receptáculo de dados advindos de diferentes instâncias da Secretaria de Estado da Educação, Ciência e Tecnologia de Santa Catarina. Focado nas escolas, suporta a gestão educacional por meio das funcionalidades: Gestão On-line (bases de conhecimento), InterAgindo (fórum de discussão), Consulta às Escolas, Recursos de Informação (bases de conhecimento), NREs e Net Escola;
- a estruturação de uma rede de comunicação efetiva entre todos os envolvidos no processo educativo e a comunidade educacional. Para apoiar este grupo de usuários, o portal disponibiliza as seguintes funções: De olho no estudo (melhores práticas), Tô a fim de saber, Tribo virtual (fórum de discussão), Profissão (melhores práticas), Política, Esporte, Recursos on-line (bases de dados com dados de apoio à atividade profissional), Faça sua Parte, Vida Escolar, Informe-se, Participe e Programas e Benefícios (quadro de avisos).

Destinado aos educadores, alunos, escola e comunidade, o Portal Pedagógico Dia-a-Dia Educação foi concebido como uma proposta diferenciada dos portais tradicionais, pois possui uma estrutura de navegação em camadas de acesso por público-alvo que visa a facilitar a navegação em ambientes personalizados, implementados com características conceituais e informacionais específicas aos seus destinatários.

O Portal foi desenvolvido para a Secretaria de Educação do Estado da Paraná, tendo sido já implantado com êxito naquele estado. Como produto, pertence à estrutura organizacional do Centro de Capacitação do Magistério do Paraná e foi cedido ao Estado de Santa Catarina para adaptação e utilização.

Fonte: Adaptado do Portal Educacional do Estado do Paraná.
Disponível na Internet em: <http://www.seed.pr.gov.br/portals/portal>.
Acesso em: 29 jun. 2006.

questões do estudo de caso

1 Classifique o presente portal e justifique.
2 Quais as características básicas de um portal que são identificadas no caso?
3 Qual a estratégia usada pela organização ao criar o portal?
4 Quais as características básicas de um portal que não estão implementadas no caso?
5 Identifique os pilares nas funcionalidades do portal.

14.11 Questões

1 O que é um portal? E um portal do conhecimento?
2 Quais as características básicas de um portal do conhecimento? Fale sobre elas.
3 Fale sobre a importância da organização por processos e a gestão do conhecimento.
4 Qual a importância do pilar referente às pessoas e quais as ações que as organizações podem empreender para potencializar o conhecimento organizacional?

5 Qual a importância das páginas amarelas e azuis? Quais as diferenças e semelhanças entre elas?

6 Qual a relação entre informação e conhecimento e quando a informação poderá se transformar em conhecimento tácito?

7 Qual a relação dos três pilares do portal do conhecimento com os processos organizacionais?

REFERÊNCIAS

ALMEIDA, M. A. P. de. Impacto da intranet na gestão do conhecimento. Disponível em: <http://www.cefag.uevora.pt/papers/wp_04_02.pdf>. Acesso em: 05 jun. 2006.

ALPERSTEDT, C. Universidades corporativas: um *locus* de gestão do conhecimento. In: KNOWLEDGE MANAGEMENT/DOCUMENT MANAGEMENT — ISKM/DM, 2001, Curitiba. *Anais...* Curitiba, 2001.

BALLAY, J. François. *Tous managers du savoir!* Paris: Éditions d'Organisation, 2002.

BÜCK, J. Y. *Le management des connaissances* — mettre en oeuvre un projet de knowledge management. Paris: Éditions d'Organisation, 1999.

CÂNDIDO, G. A. ARAUJO, N. M. de. As tecnologias de informação como instrumento de viabilização da gestão do conhecimento através da montagem de mapas cognitivos. *Ciência da Informação*, v. 32, n. 3, 2003.

CHOO, C. W. et al. *Web Work*: information seeking and knowledge work on the World Wide Web. Boston: Kluwer Academic Publishers, 2000.

COLLINS, H. *Enterprise knowledge portals*: next generation portal solutions for dynamic information access, better decision making and maximum results. Nova York: Amacon, 2003.

ECKERSON, W. 15 rules for enterprise portals. *Oracle Magazine*, v. 13, n. 4, p. 13-14, jul./ago. 1999.

DAVENPORT, T. H.; PRUSAK, L. *Conhecimento empresarial*: como as organizações gerenciam o seu capital intelectual. Rio de Janeiro: Campus, 1998.

DIAS, C. A. Portal corporativo: conceitos e características. *Ciência da Informação*, v. 30, n. 1, 2001.

HAMEL, G; PRAHALAD, C. K. *Competing for the future*. Boston: Harvard Business School Press, 1994.

JUNQUEIRA, La C. Universidade corporativa: a experiência do Instituto MVC. Disponível em: <http://www.guiarh.com.br/PAGINA22U.htm>. Acesso em: 5 jun. 2006.

LIMA, C. R. M. O *Balanced Scorecard* ajustado para uma universidade fundacional catarinense e desdobrado para sua escola de negócios, cursos e indivíduos. 2005. Tes (Doutorado em Engenharia de Produção) – Universidade Federal de Santa Catarina, Florianópolis, 2005.

MENGALLI, N. M. O valor da ferramenta de fórum. Disponível em: <http://www. intranetportal.com.br/colab1/col13>. Acesso em: 5 jun. 2006.

MURRAY, G. The portal is the desktop. *Intraspect*, out. 1999. Disponível em: <http://archives.groupcomputing.com//index.cfm?fuseaction=viewarticle&Conten tID=166>.

NASCIMENTO, J. D. do. Ambiente integrado de colaboração corporativa:estratégia de apoio à gestão do conhecimento. Disponível em <http://www.intempres. co.cu/Intempres2000-2004/Intempres2004/Sitio/Ponencias/2.pdf.> Acesso em: 4 jun.2006.

NONAKA, I.; TAKEUCHI, H. *Criação de conhecimento na empresa*: como as empresas japonesas geram a dinâmica da inovação. Rio de Janeiro: Campus, 1997.

PERSONA, M. Gestão do conhecimento para a inovação e criatividade na empresa. Disponível em: <http://www.mariopersona.com.br/gestaoconhecimento.html>. Acesso em: 15 jun. 2006.

PROBST, G. et al. *Gestão do conhecimento*: os elementos construtivos do sucesso. Porto Alegre: Bookman, 2002.

REIS, E. S. dos. O business intelligence *como tecnologia de suporte a definição de estratégias da capacitação docente: um estudo de caso na administração pública catarinense*. Florianópolis, 2004. 220 f. Dissertação (Mestrado em Administração) — Centro Socioeconômico, Universidade Federal de Santa Catarina.

SALDANHA, R. Portal corporativo e gestão do conhecimento. Disponível em: <http://webinsider.uol.com.br/vernotícias.php/Portal_corporativo_e_gestao_do_ conhecimento/id/2803>. Acesso em: 7 jun. 2006.

SENGE, P. M. *A quinta disciplina*: arte e prática da organização de aprendizagem. 12. ed. São Paulo: Nova Cultural, Best Seller, 2002.

SHILAKES, C. C.; TYLMAN, J. *Enterprise information portals*. Nova York: Merril Lynch, 16 nov. 1998. [on-line], out. 1999. Disponível em <http://www.sagemaker. com/home.asp?id=500&file=Company/WhitePapers/lynch.htm>.

SIMÃO, J. B.; RODRIGUES, G. Acessibilidade às informações públicas: uma avaliação do portal de serviços e informações do governo federal. *Ciência da Informação*, v. 34, n. 2, maio/ago. 2002.

STEWART, T. A. *Capital intelectual*: a nova vantagem competitiva das empresas. Rio de Janeiro: Campus, 1998.

THIVES Jr., J. J. *Workflow*—uma metodologia para transformação do conhecimento nas organizações. 2. ed. Florianópolis: Insular, 2001.

XAVIER, L. C. Etienne Wengler, le chercheur suisse qui révolutionne la gestion de la connaissance. *Journal Kapital*. 31 out. 2003.